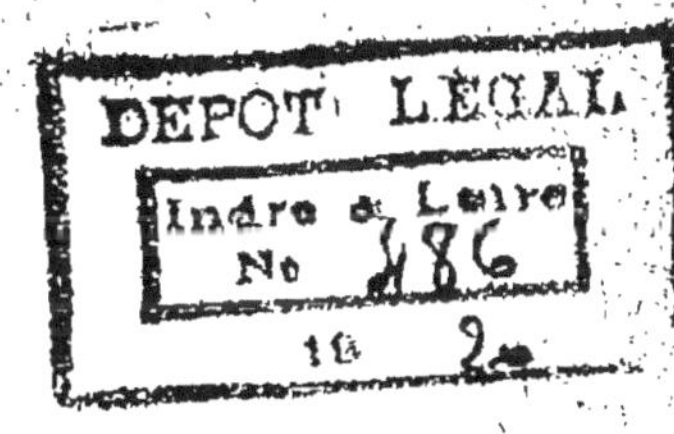

LE GÉNÉRAL CASSAN

ET

LA DÉFENSE DE PAMPELUNE

Baron HENNET DE GOUTEL

LE GÉNÉRAL CASSAN

ET

LA DÉFENSE DE PAMPELUNE

25 Juin — 31 Octobre 1813

D'après des Documents inédits et les Archives du Ministère de la Guerre.

PARIS

LIBRAIRIE ACADÉMIQUE

PERRIN ET Cie, LIBRAIRES-ÉDITEURS

35, QUAI DES GRANDS-AUGUSTINS, 35

1920

Tous droits de reproduction et de traduction réservés pour tous pays.

AU GÉNÉRAL DE ROINCÉ

Hommage d'affection et de respect

AVANT-PROPOS

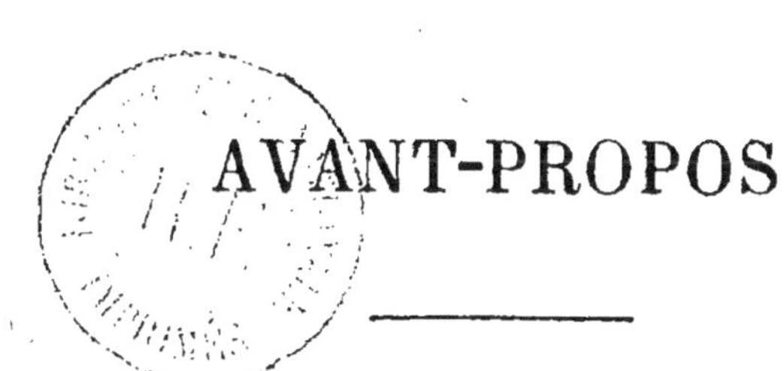

Il est de ces destinées que la fortune maligne semble vouer à l'obscurité. Une ombre les ensevelit, que des actions, dont la moindre eût promis à d'autres l'immortalité, ne suffit point à dissiper. Le général Cassan fit l'épreuve de cette loi malfaisante. Il fut un soldat admirable et, dans la plus haute acception du terme, dans tout ce qu'il comporte d'énergie, de savoir et de dévouement, un chef.

Alors que l'ennemi battait notre frontière du sud, il défendit Pampelune si magnifiquement que le vainqueur en fut ému. Mais ses compatriotes l'ont à peine su, et c'est tout juste si l'histoire a retenu son nom qui, par une coupable inadvertance, ne figure pas sur les stèles triomphales de l'Arc de l'Étoile parmi ceux de ses compagnons d'armes.

Nous avons tâché en ces pages, et dans une faible mesure, à rendre à sa mémoire un hommage mérité. Pour le faire, les documents ne nous ont point manqué. Les Archives historiques et les Archives administratives de la Guerre nous en ont fourni de nombreux et d'inédits. Nous saisissons cette occasion de remercier particulièrement M. Brun, archiviste-bibliothécaire du Ministère de la Guerre, dont la bienveillance a été précieuse à nos recherches. On trouvera, à la fin de ce volume, la liste des auteurs français, anglais et espagnols que nous avons mis par ailleurs à contribution.

LE GÉNÉRAL CASSAN

ET

LA DÉFENSE DE PAMPELUNE

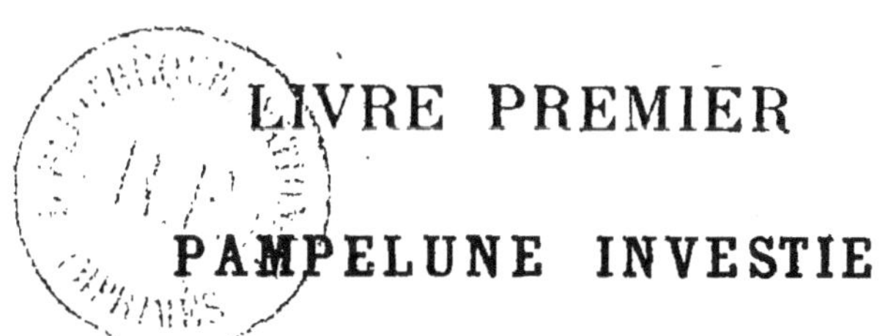

LIVRE PREMIER

PAMPELUNE INVESTIE

CHAPITRE PREMIER

LE PASSÉ DE PAMPELUNE

Dans tout le cycle impérial, il n'est guère de tragédie dont l'angoisse surpasse en durée et en incertitude celle de 1813. En cette année de gloire et de douleur, la marée napoléonienne, étale sur l'Europe, recule par degrés, découvrant les uns après les autres, royaumes et provinces, et tout le splendide apanage constitué par dix ans de conquêtes. Mais si terrible

1

est son reflux, si formidables en sont les re-
mous, qu'il semble à chaque instant que le flot
vainqueur, rompant les digues par quoi l'on
prétend l'enchaîner, va de nouveau battre son
plein. Ainsi, au cœur de la Germanie, à diverses reprises, l'Empereur contraint la fortune à lui sourire encore.

A l'autre extrémité du continent son absence
est sans remède. En Espagne, celui qu'on nom-
mera le Duc de Fer, appuyé des forces britanniques, dirige d'une main circonspecte et mesurée
la fougue d'une nation cabrée contre l'envahisseur. Il ne frappe que des coups sûrs. Il
chasse le roi Joseph. En vain Soult, réfléchi
dans ses conceptions, obstiné dans son énergie,
ose, malgré l'infériorité de ses ressources,
une lutte inégale. Il s'accroche aux marches de
Navarre, mais, en dépit de ses efforts, la frontière s'ouvre ; et de tous les coalisés, ce sont
les Anglo-Espagnols qui, les premiers, posent
le pied sur le sol inviolé de l'Empire.

Cependant, sur de rares points, au nord de
la Péninsule, continue à dominer le fier sym-
bole des aigles. Sous le commandement du général Cassan, une phalange de héros s'est en-
fermée à Pampelune. Là, des mois entiers, ils
poursuivent un combat acharné, obscur, sans
espoir. Moins favorisés que leurs camarades
de la Grande-Armée qui, animés par la présence
du maître, ont le droit de rêver de victoire, et

peut-être pour leurs services de quelque ultime faveur, ceux-ci n'attendent rien de personne. Même les passagères griseries de la
mêlée, l'enthousiasme des assauts repoussés,
manquent pour les réconforter, car leur détresse
est de celles qu'on ne se risque point à affronter.
Il suffit qu'autour d'eux s'élève, jalousement
gardée, la plus infranchissable des barrières.
C'est à la faim, à la soif, et jusqu'à la folie,
qu'il leur faut disputer de misérables journées
et des nuits sans sommeil, dont chaque heure,
implacable, pèse plus lourde que la précédente.
Isolés entre leurs murs, avec la certitude de
succomber et le devoir de retarder la chute
jusqu'aux limites suprêmes, leur froid courage
soutient contre eux-mêmes un duel silencieux,
plus redoutable que la sanglante orgie des batailles. Et quand enfin leurs forces trahissantes
laissent tomber les armes, c'est pour les geôles
d'outre-mer qu'ils échangent leur prison de
Pampelune.

L'antiquité eût gravé sur l'airain les noms
de ces hommes. Elle leur eût tressé des palmes
et décerné les honneurs triomphaux. Lorsque
à la pacification de 1814 ils revinrent de captivité, leur mémoire était oubliée, heureux encore si la rancune passionnée des partis ne tenait pas leurs exemples en suspicion. Ignorés
de leurs contemporains, ils sont presque incon-
nus de la postérité. C'est pourquoi il me plaît,

en ces jours commémoratifs, d'évoquer leur sacrifice.

Aussi bien, la leçon qui s'en dégage est profitable à tous, au dedans et au dehors. Le moment est venu où Français, Anglais, Espagnols, réconciliés par la logique d'une politique sage et féconde, peuvent ensemble célébrer leurs gloires. Elles ne se font point de tort. Elles se complètent et s'éclairent plutôt. Les coups portés et rendus en ces temps n'avaient point l'amertume que d'autres ont eue depuis. Il n'en reste qu'un grand souvenir, et si de vaines rivalités ont cessé de nous séparer de l'Empire britannique, de l'autre côté des Pyrénées, un prince ne règne-t-il pas, le plus illustre par ses origines de toute l'Europe, qui, unissant dans ses veines le sang de Louis XIV à celui de Charles-Quint, peut justement revendiquer, comme personnel et patrimonial, l'héritage d'honneur de l'une comme de l'autre nation ?

*
* *

C'est une antique et très illustre cité que celle de Pampelune. Une légende veut que, plus de 2000 ans avant notre ère, Tubal en ait été le fondateur. Sous la domination romaine, le grand adversaire de Sertorius, Pompée, la rebâtit presque entièrement. Aussi certains font-ils dériver le mot espagnol Pamplona du latin Pompéiopolis. En basque, son nom est Iruña. Au cinquième siècle, Euric, roi des Wisigoths, s'y établit, et dans la suite elle tomba au pouvoir des Francs, puis de nouveau des Wisigoths et des Vascons. Les Arabes s'en emparèrent à leur tour en 738, mais ne la gardèrent que jusqu'en 750, année où les Navarrais la reprirent. En 778, Charlemagne, revenant d'une expédition contre les Sarrasins d'Espagne, en renversa les murs et rattacha la Navarre à l'Empire. Louis le Débonnaire ayant fait de cette province un comté' Pampelune en fut la capitale désignée; et lorsque Garcia Ximenes, neveu du comte Aznar, eut proclamé son indépendance, lui et ses successeurs, avant de ceindre la couronne de Navarre, se contentèrent du titre plus modeste de rois de Pampelune. Thibaut II et Henri Ier, de la maison de Champagne, moururent dans cette ville au treizième siècle. Au Moyen Age, celle-ci se composait de trois cités distinctes, réunies en une seule en vertu du célèbre « Privilegio de la Union », concédé en 1423 par Charles III le Noble. Ce prince et la reine Léonor, sa femme, y accomplirent de grands embellissements. Sur un ancien édifice dont il subsiste quelques traces, ils reconstruisirent la cathédrale, merveille du style gothique le plus pur, décorée depuis, à la Renaissance, par le ciseau de Miguel de Ancheta, mais déparée au dix-huitième siècle par l'adjonction d'un portail gréco-

romain. Jusqu'au jour où, en 1512, Ferdinand
le Catholique occupa la Haute-Navarre et dé-
pouilla de leurs domaines transpyrénéens Jean
d'Albret et Catherine de Foix, Pampelune demeura le siège du gouvernement. Là, dans la
« Salle Précieuse », s'assemblaient les Cortès
du Royaume. En 1521, au nom de Henri
d'Albret jaloux de reconquérir sa capitale,
André de Foix en fit le siège, et c'est en en
défendant pour le Roi Catholique les remparts à
demi-écroulés que, le 20 mai, Ignace de Loyola
reçut cette blessure qui transforma sa vie.

Napoléon ayant, en 1808, ordonné de surprendre certaines places fortes de l'Espagne, le
général d'Armagnac [1] « déroba » la citadelle de
Pampelune par un artifice dont il ne fut pas
sans concevoir quelque scrupule [2]. La ville

1. D'Armagnac ou Darmagnac (Jean-Claude-Toussaint-Bar-
thélemy, baron), né le 1ᵉʳ novembre 1766, mort le 12 décembre 1855. Général de brigade en l'an XII, il fait les campagnes de 1806 et de 1807 contre les Prussiens et les Russes,
passe en Espagne en 1808, se signale au combat de Médina
de Rio Seco, où il est blessé, et est promu général de division. Louis XVIII lui confère (1816) la croix de Saint-Louis.
2. Voici en quels termes Thiers (*le Consulat et l'Empire*,
t. VIII, p. 489-90) raconte l'incident : « Mars 1808. — A Pampelune le général d'Armagnac, brave homme plein d'énergie et
de loyauté, qui aurait plus volontiers escaladé de vive force
que dérobé par surprise une place qu'on lui ordonnait d'occuper, employa un moyen très adroit pour pénétrer dans la
citadelle. Il était logé dans une maison peu distante de la
porte principale. Il y fit cacher cent grenadiers bien armés.
Les troupes avaient l'habitude d'aller le matin chercher leurs
vivres dans la citadelle même. Il envoya une cinquantaine
d'hommes choisis qui se rendirent sans armes à la porte de

comptait alors environ 15.000 habitants. Elle en a près du double aujourd'hui. Les voyageurs en ont décrit l'abord à la fois imposant et gracieux. A l'extrémité d'une vaste plaine bordée d'un majestueux horizon de montagnes, sur un plateau escarpé qu'enserrent les flots limoneux de l'Arga, la métropole navarraise, entourée d'une double ceinture de fortifications et de jardins, élève sous le ciel bleu d'Espagne la forêt dentelée de ses tours et de ses clochers. Placée sur l'ancienne route de Bayonne à Madrid par Saint-Jean-Pied-de-Port, sa valeur stratégique, très appréciable en d'autres temps, se trouvait déjà sous le Premier Empire amoindrie par l'ouverture de la nouvelle communication qui passe par Irun. Les Français, depuis qu'ils y étaient entrés, n'y avaient pas moins constitué un dépôt très important de matériel d'artillerie et de munitions de guerre[1].

la citadelle un peu avant la distribution, et qui, tout en feignant d'attendre, s'approchèrent du poste qui gardait la porte, se jetèrent sur lui, le désarmèrent, tandis que les cent grenadiers embusqués dans la maison du général d'Armagnac, accourant en toute hâte, achevèrent l'enlèvement. Les troupes françaises, secrètement réunies, survinrent dans le même moment et la citadelle fut conquise, mais au grand déplaisir du général d'Armagnac, qui écrivit au ministre de la Guerre en lui rendant compte de ce qu'il avait fait : « Ce sont là de vilaines missions ! »

1. J. BELMAS, *Journaux des sièges faits ou soutenus par les Français dans la Péninsule, de 1807 à 1814.* Paris, 1837, t. IV.

CHAPITRE II

PAMPELUNE AU LENDEMAIN DE VITORIA

Au commencement du mois de juin 1813, Pampelune servait de quartier général au commandant en chef de l'armée du nord de l'Espagne, Clausel [1]. Celui-ci, avec une louable per-

1. Clausel (Bertrand, comte), né à Mirepoix (Ariège) le 12 décembre 1772. Engagé volontaire en 1791, général de brigade (1799), il sert aux armées du Nord (1792-1793), des Pyrénées-Orientales, d'Italie (1799), de Saint-Domingue (1802). Général de division (1802), il passe successivement des armées du Nord et de Hollande à celle de Dalmatie. Envoyé en Espagne en 1809, il y déploie de hautes qualités militaires, se distingue aux Arapiles (1812), où Marmont blessé lui remet le commandement suprême. Général en chef de l'armée du nord de l'Espagne (1813), il seconde activement Soult dans sa résistance contre Wellington jusqu'à la bataille de Toulouse (1814), accueille froidement le retour des Bourbons, et se rallie à l'Empire pendant les Cent Jours. Condamné à mort par contumace (1816), il est amnistié (1820), siège à la Chambre parmi les libéraux (1827-1830), est nommé par la monarchie de Juillet commandant de l'armée d'Afrique (1830), maréchal de France (1831) et gouverneur de l'Algérie (1835). Ayant échoué devant Constantine (1836), il rentre en France (1837) et meurt dans la retraite le 21 avril 1842.

sévérance, s'efforçait à purger la Navarre des guerilleros de Mina[1], que leur audace, leur parfaite connaissance du pays, leur extrême mobilité rendaient dangereux. Le 8 juin, des bataillons de Mina, trois étaient dans l'Aragon; un, sur les confins du Baztan; un autre, disséminé entre le Roncal, le Salazar et la frontière aragonaise; un sixième dominait la vallée d'Araquil, et les deux derniers tenaient la campagne entre Treviño et Santa-Cruz. « Tous, expliquait Clausel au duc de Feltre[2], ministre de la Guerre, à l'exception de ceux qui sont en Aragon, sont continuellement en mouvement. Les

1. Mina (Francisco Espoz y), chef de partisans espagnols, mène pendant cinq ans une lutte acharnée contre les Français en Navarre, en Aragon, au pays basque. Nommé maréchal de camp par les Cortès (1813), il se déclare contre l'absolutisme de Ferdinand VII, tente d'enlever Pampelune (1814) et se réfugie en France. Les constitutionnels, vainqueurs en 1820, lui donnent la capitainerie générale de la Navarre, puis le commandement de l'armée de Catalogne, province qu'il défend contre les Français en 1823. Exilé une seconde fois (1823), puis une troisième (1830), il rentre définitivement dans sa patrie en 1834 pour combattre au nom de la reine Isabelle les carlistes de Navarre et meurt en 1835 à l'âge de 51 ans.

2. Clarke (Henri-Jacques-Guillaume), comte d'Hunebourg et duc de Feltre, maréchal de France, né le 17 octobre 1765, mort le 28 octobre 1818. Secrétaire des commandements du duc d'Orléans avant la Révolution; lieutenant-colonel de dragons (1792); général de brigade (1793); suspendu de ses fonctions, réintégré (1795); ambassadeur en Toscane (1801-1804); secrétaire intime de Napoléon; gouverneur de Vienne (1805); de Berlin (1806); ministre de la Guerre (1808) jusqu'à la fin de l'Empire, il s'attache aux Bourbons, suit Louis XVIII à Gand pendant les Cent Jours et redevient ministre de la Guerre sous la seconde Restauration.

uns et les autres ont considérablement de déserteurs qui rentrent dans leurs familles, mais ces déserteurs fuient aussi à l'approche de nos colonnes. Mina rôde avec douze cavaliers et se tient tout près de l'Ebre pour passer sur la rive droite de ce fleuve. Sa cavalerie est dispersée vers Calahorra[1]. » Les divers corps du célèbre partisan, incapables en réalité d'enlever Pampelune ou même d'en entreprendre régulièrement le siège, « bloquaient moralement » la place. Le mot est employé par le major Le Gentil de Quélern et par M. de Maucune dans l'exposé qu'ils ont tracé de la défense de cette ville, et il n'en est pas qui caractérise plus nettement la situation. Depuis dix-huit mois, en effet, Mina fusillait sans pitié tout individu coupable d'apporter des vivres à Pampelune. Quelques paysans, bravant sa défense, s'y étaient hasardés cependant. Les uns avaient été passés par les armes, d'autres s'en étaient tirés avec les oreilles coupées. Bientôt chacun se tint coi[2].

Ce sont ces déplorables conditions que tâchait d'améliorer Clausel; et il y réussissait en quelque manière, non que les opérations de police qu'il faisait exécuter dans les montagnes

---

1. A G. (Correspondance de l'armée d'Espagne, juin 1813). Rapport du général Clausel au duc de Feltre, ministre de la Guerre, 8 juin 1813.

2. Rapport du général Cassan au ministre, 1ᵉʳ novembre 1813. Analyse du *Journal du blocus de Pampelune* par l'adjudant commandant baron Louis DE MAUCUNE, etc.

d'Estella et la Sierra de Andia par le général Taupin, en Biscaye et dans le Guipuzcoa par Foy et Sarrut, corrigeassent les « insurgés », pour employer le style des rapports officiels, mais parce que, dégageant la route de France, ne laissant aucun repos aux bandes, ces diversions lui donnaient le moyen d'introduire en ville d'importants convois de vivres rassemblés au-delà des Pyrénées. C'est ainsi que, le 14 juin, le général Abbé [1] amena d'Hernani à Pampelune 350 voitures chargées de subsistances et d'effets d'habillement : « La place est approvisionnée pour trois mois en pain, farine ou biscuits. On s'occupe d'y faire entrer de la viande sur pied », écrivait, non sans satisfaction, le lendemain, Clausel à Clarke [2]. Et il avait vraiment de quoi se féliciter, car jamais, sans cette opportune précaution, l'ancienne citadelle des rois de Navarre n'eût été en mesure d'offrir aux Alliés l'étonnante résistance qu'ils allaient y rencontrer dans quelques jours.

Les événements en effet se précipitaient. Inégal à une tâche qu'il eût fallu tout le génie de l'Empereur pour mener à bien, Joseph,

---

1. Abbé (Jean-Nicolas-Louis, baron), né le 26 août 1764, mort le 9 avril 1834. Engagé en 1784, il prend part de 1793 à 1799 à toutes les batailles de l'armée d'Italie, devient aide de camp du général Leclerc qu'il suit à l'armée du Rhin et à Saint-Domingue, général de division (1811), officier de la Légion d'honneur et chevalier de Saint-Louis.

2. A G., Clausel au duc de Feltre. Pampelune, 15 juin 1813.

privé de sa capitale, voyait chaque jour lui échapper quelque lambeau de son royaume. N'ayant su ni s'élever au-dessus des querelles des maréchaux, ni gagner l'affection de ses nouveaux sujets, ni s'imposer à l'ennemi par le prestige de ses qualités, longtemps le changeant caprice du destin l'avait balancé à son gré, et maintenant, dans la plus grave des conjonctures, ses honnêtes et médiocres talents, pas plus que la science de son major général Jourdan [1], n'étaient de taille à sauver sa couronne. Tous deux, pressés par l'offensive britannique, embarrassés de la foule bigarrée de ces fonctionnaires, « josephinos » de tout rang et de toute catégorie, courtisans du régime qui s'écroulait, et que les baïonnettes françaises protégeaient seules contre les colères nationales, reculaient en désordre, attendant que, définitif, survînt un engagement qui rétablît leur fortune ou décidât de leur ruine.

1. Jourdan (Jean-Baptiste, comte) né le 29 avril 1762, mort le 23 novembre 1833. Lieutenant des chasseurs de la Garde nationale (1790); général de division (1793), il gagne la bataille de Wattignies, puis commande l'armée de Sambre-et-Meuse (1794). Président de l'Assemblée des Cinq Cents; mis à la tête de l'armée du Danube (1798); inspecteur général d'infanterie et de cavalerie (1800); maréchal de l'Empire (1804); conseiller militaire de Joseph à Naples et en Espagne; major général, démissionnaire après Vitoria, il accepte pendant les Cent Jours le commandement de Besançon. Gouverneur de Grenoble en 1816; pair de France (1819); ministre des Affaires étrangères du 3 au 11 août 1830, il est nommé par Louis-Philippe gouverneur des Invalides.

Le Roi sentait le péril. Dès le 7 juin, de Torquemada, il priait Clausel d'envoyer à Burgos celles des troupes de l'armée du Portugal dont il disposait et d'y conduire aussi l'armée du Nord. A cette injonction, réitérée de Burgos le 10 juin, Clausel se mit en devoir d'obéir. Il interromprait la chasse qu'il donnait avec succès aux insurgés, et, après avoir laissé des garnisons à Pampelune, Bilbao, Castro, Santoña, et assuré les communications d'Irun à Vitoria, dirigerait sur Burgos toutes les forces disponibles des deux armées. Au reste, il ne pourrait fournir à Joseph plus de 5.000 hommes de l'armée du Nord [1], car à moins qu'on ne fît venir de France une colonne mobile sur Bergara et la Descarga, la province une fois dégarnie, il n'y aurait plus moyen de faire passer de courriers, les bandes ne devant pas manquer de se rassembler promptement, de s'établir à nouveau sur la route et d'intercepter la correspondance [2]. A Paris, où l'on affichait assez de confiance dans le succès de cet effort, ces dispo-

---

1. Clausel pouvait d'autant moins amener de monde que ses effectifs, comme ceux de toute l'armée d'Espagne, se trouvaient fort diminués par les rappels de troupes ordonnés en 1813 par l'Empereur, plus soucieux de se maintenir en Allemagne que dans la Péninsule. Clausel reçut presque en même temps l'appel de Joseph et l'injonction de « faire diriger sans aucun retard sur Bayonne » un corps important d'infanterie et de cavalerie (A G. Rapport du ministre de la Guerre à l'Empereur, 16 juin 1813).
2. A G., Clausel au duc de Feltre. Pampelune, 15 juin 1813.

sitions furent approuvées, et Clausel vivement sollicité d'agir. Le duc de Feltre se flattait qu'une telle concentration permettrait au Roi qui avait déjà sous son commandement les armées du Centre et du Midi, « de reprendre l'offensive et de changer à son avantage... l'état actuel des opérations[1] ».

Clausel quitta Pampelune le 17 juin, confiant au général Cassan la garde de la place. Le 19, il arrivait à Logroño, où il ne trouva pas les instructions qu'il espérait et qui l'eussent « mis à portée de participer » à cette affaire générale que tout le monde prévoyait, et dont les désastreuses conséquences lui furent connues le 22. Clausel alors marcha sur Saragosse[2]. Le 21 juin, en effet, les Anglo-Espagnols de

1. « Je viens », lit-on dans un rapport du 22 juin adressé par Clarke à l'Impératrice, « de donner ordre au général Clausel... de renvoyer sur-le-champ au Roi les divisions de l'armée de Portugal qui ont été momentanément mises à sa disposition, de rassembler lui-même toutes les forces dont il peut disposer, après avoir pourvu à la sûreté des principaux postes de la Navarre et de la Biscaye, et de se rendre avec ces forces et de sa personne sous les ordres de Sa Majesté Catholique. Quoique l'armée aux ordres de lord Wellington soit évaluée à plus de 80.000 hommes, Anglais, Portugais ou Espagnols, ce qui me paraît exagéré d'un tiers au moins, il y a lieu d'espérer que Sa Majesté Catholique, une fois qu'elle aura réuni aux armées du Midi et du Centre les troupes disponibles des armées de Portugal et du Nord, reprendra l'offensive et changera à son avantage, ainsi qu'elle en a le projet, l'état actuel des opérations. » A G. Rapport à l'Impératrice, 22 juin 1813.

2. A G., le maréchal Jourdan au duc de Feltre. Elizondo, 26 juin. — Le général Clausel au duc de Feltre. Saragosse, 30 juin.

Wellington venaient de heurter à Vitoria les soldats fatigués de Joseph, les avaient vaincus, et changé en débandade leur mouvement de retraite. Le Roi et Jourdan, poursuivis, se retiraient sur la frontière.

A Pampelune, dans la matinée du 23, des rumeurs coururent, apportées on ne sait d'où, annonçant la défaite. Esprit réaliste et que l'on n'abusait pas facilement, Cassan y coupa court en faisant rechercher activement les auteurs de ces bruits. Il n'était informé officiellement de rien et n'entendait point que de fausses nouvelles ébranlassent le moral de la garnison. Il fallut pourtant bien se rendre à l'évidence. Vers les midi, du haut des remparts, on aperçut, pointant sur la route de Tolosa, la tête d'une colonne que l'on prit d'abord pour un convoi venant de France, ce qui était peu vraisemblable, puisque aucun n'était attendu. A l'émoi universel, on reconnut, confondus « dans un pénible désordre[1] », des officiers de lamaison du Roi et des grands quartiers des corps d'armée du Centre et du Midi et même de l'armée de Portugal. Ces grands quartiers généraux arrivèrent eux-mêmes dans la journée, et à huit heures du soir, Joseph, ses ministres et sa cour faisaient leur entrée dans la ville, tandis que les divisions du Midi bivouaquaient aux envi-

---

1. A G. (MAUCUNE, *Analyse du journal du blocus de Pampelune.* — *Journal du blocus de Pampelune,* etc.)

rons immédiats. Le lendemain 24, celles-ci s'établirent sur le chemin de Pampelune à Saint-Jean-Pied-de-Port, s'échelonnant de Villaba jusqu'à Zubiri, et celles du Centre les remplacèrent sous la place. Ces dernières partirent pour Elizondo le 25, à 3 heures du matin. Leur arrière-garde était encore visible, qu'apparurent, débouchant de Berrioplano, les premiers escadrons ennemis. Leur masse se forma « sur un rideau peu incliné qui regarde la citadelle » et, se portant rapidement sur la route et sur les hauteurs qui la flanquent, se mit à pourchasser quelques traînards qui s'attardaient. Le canon de Pampelune, dont plusieurs coups furent opportunément tirés, donna le temps à la plupart de ceux-ci d'échapper. Quant à l'armée de Portugal, dès le 23, elle avait pris à gauche par Irursun, gagnant la vallée du Baztan et laissant la majeure partie de sa cavalerie en avant des troupes du Midi et du Centre[1]. Joseph passa à Pampelune la nuit du 23 au 24 et la journée entière du 24. Il s'en alla le 25, à une heure du matin, précédant la garde et l'armée du Centre. La Cour le suivit. L'intendant, le commissaire général de police, le directeur des douanes et le contrôleur, tous résidant à Pampelune, l'accompagnèrent.

---

1. Rapport de Cassan. — Journaux de Maucune. — *Mémoire sur la défense de Pampelune pendant l'année 1813*, par le major Le Gentil de Quélern.

Quelques historiens anglais ou espagnols et particulièrement le colonel sir John Jones et le comte de Toreno[1], assurent que des scènes de violence marquèrent à Pampelune le passage des vaincus de Vitoria. Le désarroi eût été tel, que le gouverneur, craignant les pires excès, se serait vu contraint de faire fermer les portes devant eux. Les soldats exaspérés auraient alors tenté d'escalader les murailles et n'auraient pu être arrêtés que « par un feu réuni de canon et de mousqueterie[2] ». Le rapport du maréchal Jourdan au duc de Feltre ne contient aucune allusion à des incidents de cette nature. On n'en trouve pas davantage de traces dans celui du général Cassan, non plus que dans le journal du blocus que tint M. de Maucune, et cependant ces deux derniers relatent par le menu les plus petits faits qui signalèrent les journées des 23, 24 et 25 juin. Maucune affirme que les portes ne furent fermées qu'après le départ du Roi

---

1. Comte DE TORENO, *Historia del Levantamiento, guerra y revolucion de España desde 1806 hasta 1814*, 5 vol., 1835-1837, Madrid, trad. par L. Viardot, 3 vol., 1835-1838. — *Histoire de la guerre d'Espagne et de Portugal pendant les années 1807 à 1813, plus la campagne de 1814 dans le midi de la France*, par le colonel Sir JOHN JONES, avec des notes et des commentaires par M. ALPH DE BEAUCHAMP. Paris, 1819, 2 vol.

2. JONES, vol. II, p. 118.

3. Le billet suivant, adressé par Jourdan à Cassan le 24 juin, vient à l'appui de ce dire : « Monsieur le gouverneur, je vous préviens que le Roi partira à minuit cette nuit, et que l'ennemi est très près d'ici; en conséquence vous devrez fermer vos portes demain matin et vous tenir sur vos gardes. » (A G.)

Lapène[1] et Pellot[2], témoins bien placés pour tout voir, gardent le même silence sur des agissements dont la gravité n'eût pas manqué d'attirer leur attention. Le second nous montre Pampelune se présentant aux Français en déroute comme « un abri tutélaire ». Au surplus, Cassan avait pris, selon sa propre expression, « toutes les mesures convenables » pour éviter autant que possible dans les rues une confusion toujours à craindre en pareil cas[3]. Par ses soins, les logements en ville furent triplés et même quadruplés pour recevoir les officiers sans troupes, les éclopés et les réfugiés des deux sexes[4]. De mille à douze cents blessés ou malades, qui purent ensuite se retirer avec l'armée, furent pansés à l'hôpital où on leur distribua des vivres[5]. « La garnison s'empresse dans cette malheureuse circonstance d'obéir aux lois de l'hospitalité », ajoute Maucune. Nous voilà en vérité fort loin de la prétendue fusillade et de l'escalade du colonel Jones.

---

1. *Campagnes de 1813 et de 1814 sur l'Èbre, les Pyrénées et la Garonne, précédées de considérations sur la dernière guerre d'Espagne*, par EDOUARD LAPÈNE. Paris, 1821. L'auteur, alors capitaine d'artillerie, faisait partie de la division Taupin. Chef d'escadron (1830), il fut promu général en 1849.

2. *Mémoire sur la campagne de l'armée française dite des Pyrénées en 1813 et 1814*, par JOSEPH PELLOT, commissaire des guerres en non-activité. Bayonne, 1818.

3. Rapport de Cassan.

4. MAUCUNE.

5. *Ibid.*

Dans les entretiens qu'il eut avec Joseph, le gouverneur lui fit connaître ce qu'il savait de Clausel. A vrai dire, il était sans nouvelles de lui depuis le 18. Il fournit au souverain des renseignements détaillés sur la situation de la place, ses ressources, et lui remit l'état des approvisionnements de siège et du matériel de l'artillerie [1]. Le Roi se borna à lui prescrire de faire sur-le-champ ses préparatifs de défense. Le comte Gazan [2], commandant de l'armée du Midi, mettrait à sa disposition un chef de bataillon, 250 canonniers et 6 attelages d'artillerie, ainsi que les officiers du génie et les sapeurs qui seraient jugés nécessaires d'après le rapport du général Garbé [3]. Un détachement de gendarmerie, arrivé le 23 dans la ville, y resterait aussi, et son chef prendrait les ordres du gouverneur [4].

1. Rapport de Cassan. Journal de Maucune.

2. Gazan de la Peyrière (Honoré-Théodore-Maxime, comte), né à Grasse le 29 octobre 1765, mort au même lieu le 9 avril 1845. Garde du corps du Roi en 1786, il fait en 1792 partie de l'armée du Rhin. Général de division (1799), il suit Masséna en Suisse et en Italie, se distingue en Allemagne à Iéna, et en Espagne aux deux sièges de Saragosse et à Talavera. Inspecteur général de l'infanterie sous la première Restauration, il est nommé par Napoléon pair de France aux Cent Jours, et reste en disgrâce jusqu'à l'avènement de la monarchie de Juillet qui lui rend (1831) son siège à la chambre des Pairs.

3. Garbé (Théodore-Marie-Urbain, baron, puis vicomte), né le 25 mai 1769. Professeur de mathématiques, engagé volontaire (1790); capitaine (1796); général de brigade du génie (1809); baron (1812); vicomte (1822); lieutenant général (1823); député du Pas-de-Calais (1830); mort le 10 juillet 1831.

4. A G., Le maréchal Jourdan au général Cassan, gouverneur de Pampelune, 24 juin 1813.

« Les approvisionnements de la place de Pampeluné en vivres et en munitions se trouvent fort au dessous des besoins. C'est ce qui a engagé Sa Majesté à ne point augmenter la garnison qui y avait été laissée par M. le général Clauzel », écrivait trois jours après, d'Élizondo, Jourdan au ministre de la guerre[1]. Et Joseph un peu plus tard mandait à l'Empereur : « J'ai trouvé Pampelune en mauvais état sous tous les rapports ; j'en ai renforcé la garnison... Cette place a besoin d'être secourue et ne tiendra pas trois mois si elle est attaquée vigoureusement[2] ». Au major général qui lui communiqua la volonté du prince, Cassan répondit par un court billet, dans lequel, après avoir scrupuleusement dénombré les effectifs qu'il devait à Clauzel, il ne cachait pas le peu d'illusions qu'il fondait sur les renforts qu'on voulait bien lui concéder. Il terminait ainsi : « D'après les ordres de Votre Excellence, il a dû rester ici toute la gendarmerie à pied qui venait de Vitoria, mais il paraît que bien des gens de ce corps étaient déjà partis lorsque votre ordre est parvenu, et que ce qui est resté ne monte pas à 200 hommes. Je dois vous prévenir, Monsei-

---

1. A G. le maréchal Jourdan au duc de Feltre. Elizondo, 26 juin.

2. *Mémoires et correspondance politique et militaire du roi Joseph*, publiés par A. du Casse. Paris, 1854, t. 9, p. 322. Joseph à Napoléon, 27 juin.

gneur, que les isolés des 3e et 104e régiments sont partis. Je ne sais en vertu de quel ordre[1]. » Quelques heures plus tard, le gouverneur informait Jourdan que ses ressources pécuniaires étaient nulles, « que le payeur n'avait aucun fonds dans sa caisse et qu'il ne fallait compter sur son assistance ni pour les travaux de la place, ni pour la solde de la troupe ». Cassan saisissait cette occasion d'avertir le maréchal que 500 blessés et 260 fiévreux étaient encore en traitement à l'hôpital, susceptibles, d'après lui, d'être évacués quant aux deux tiers, « si l'on en avait les moyens[2] ».

Cependant, le Roi et l'armée s'éloignaient à peine que, dans la matinée du 25, l'ennemi, suivant la route qui longe la chaîne de montagnes depuis le San Cristoval, entrait à Villaba, à Huarte et fermait les abords de la place. Le blocus de Pampelune était commencé.

1. A G. (Cassan à Jourdan. Pampelune, 24 juin 1813).
2. A G. (Cassan à Jourdan, même jour).

CHAPITRE III

CASSAN, MAUCUNE, QUÉLERN

Avec cette partie du royaume de Valence, de
l'Aragon et de la Catalogne où se maintenaient
le duc d'Albuféra [1] et le général Decaen [2], avec

1. Suchet, duc d'Albuféra (Louis-Gabriel), né le 2 mars 1772
Engagé volontaire dans la garde nationale du Rhône (1791),
général de brigade (1798), puis de division (1799), il sert en
Italie et ensuite dans la Grande Armée où il se distingue
particulièrement à Austerlitz, à Saalfeld, à Iéna. Comte de
l'Empire (1808), il commande en Espagne le 2ᵉ corps (armée
d'Aragon), couvre le siège de Saragosse, prend Tarragone
(1810), Valence (1812). Maréchal de France (1810), duc d'Albuféra (1813), pair de France (1814), il se déclare en faveur de
Napoléon après le retour de l'île d'Elbe. Placé à la tête de
l'armée des Alpes, il est forcé par les Autrichiens de se replier sur Lyon et obtient pour la ville une convention honorable. Rayé de la liste des pairs (1815), réintégré par Decazes
(1819), il meurt le 3 janvier 1826.

2. Decaen (Charles-Mathieu-Isidore, comte), né en 1769,
mort en 1832. Engagé dans l'artillerie de marine (1787),
adjudant major sous Kléber au siège de Mayence (1792),
général de brigade (1796), de division (1800), il contribue
grandement à la victoire de Hohenlinden. Gouverneur de
l'Inde française de 1804 à 1811, il remplace Macdonald au
commandement de l'armée de Catalogne. Grand-croix de la
Légion d'honneur (1814), il subit après Waterloo un empri-
sonnement de quinze mois.

Saragosse et Jaca occupées par Clausel, Saint-Sébastien où le brave général Rey[1] allait soutenir un siège héroïque, et Santoña[2], Pampelune demeurait l'un des derniers vestiges par où se perpétuât en Espagne la conquête impériale. Nul mieux que Cassan n'était qualifié pour en assurer la conservation.

Issu d'une honorable famille de Lézignan, au Languedoc[3], la Révolution le trouve à vingt ans capitaine au 2e bataillon de l'Aude, et tout de suite commence pour lui, de frontière en frontière, une course vertigineuse qui durera plus de vingt nouvelles années. Partout où l'on se bat, du sommet des Alpes à ceux des

1. Rey (Louis-Emmanuel) né en 1769, mort en 1846. Général de brigade (1796), gouverneur de Burgos (1812), de Saint-Sébastien (1813), nommé général de division pour la défense acharnée qu'il fait de cette ville (6 novembre 1813). Prisonnier de guerre en Angleterre, il rentre en France en 1814.

2. Cette place ne se rendit qu'à la paix. Le commandement y était exercé par le général comte Charles de Lameth (1757-1832). Employé sous Rochambeau pendant la guerre d'Amérique, colonel de cuirassiers et député de la noblesse en 1789, il siège au côté gauche de l'Assemblée constituante. Maréchal de camp (1792), il proteste contre les événements du 10 août, est arrêté, puis relâché, se réfugie à Hambourg où il monte une maison de commerce avec son frère Alexandre et le duc d'Aiguillon. Rentré en France sous le Consulat, il est rappelé (1809) à l'activité et nommé successivement gouverneur de Wurtzbourg et de Santoña. Rallié aux Bourbons en 1814, il devient successivement lieutenant général et député de Seine-et-Oise (1829).

3. Louis-Pierre-Jean-Aphrodise Cassan naquit à Lézignan le 23 avril 1771, du mariage de Jean-Baptiste Cassan, notaire royal, et de Catherine Daure.

Pyrénées, sur mer, des bords du Rhin au golfe de Tarente, Cassan promène sa tranquille bravoure. Au second plan, derrière la troupe étincelante des grands chefs, sa silhouette se profile, énergique et grave. Intrépide au feu, en même temps audacieux et mesuré, très maître de lui, d'une loyauté qui force l'estime, avec un fonds de réserve un peu distante, de dignité un peu froide, par où son caractère prend du relief, il est par excellence l'homme du devoir militaire. En 1792, il fait ses premières armes contre les Piémontais. Quelques mois après, à l'armée des Pyrénées-Orientales, il se signale par une action d'éclat. A l'affaire de Montesquieu, il pénètre à la tête de sa compagnie de chasseurs dans les retranchements espagnols, s'y empare d'une pièce de canon, la tourne contre l'ennemi, et oblige celui-ci à reculer sous sa propre mitraille[1]. Mais la Convention ayant, en 1795, conclu la paix avec le Roi catholique, Cassan, rappelé, passe une seconde fois les Alpes, et sous les ordres de Bonaparte, prend part en 1796 et 1797 à la triomphale expédition d'Italie. Il est de toutes les victoires. A Priamolano et à Bassano, sa belle conduite lui vaut le grade de chef de bataillon. Au pont d'Arcole, il se tient aux côtés du futur empereur. Cependant, l'Autriche vaincue, le Directoire

1. A G. (Archives administratives). Dossier du général Cassan.

ordonne la formation sur les côtes de l'Océan d'une « armée d'Angleterre », destinée à opérer contre la Grande-Bretagne. Désigné pour y servir, Cassan traverse la France sans désemparer, embarque sur la canonnière « la Tempête » et se distingue au combat de la baie de Caen et à l'attaque des îles Saint-Marcouf. Il fait ensuite en Batavie et sur le Rhin les campagnes des ans VIII et IX.

Nommé en l'an XII colonel du 20e de ligne, et successivement membre et officier de la Légion d'Honneur, il accompagne son régiment à l'île d'Elbe, en Corse, puis en 1806 à l'armée de Naples, où il reçoit le titre de baron de l'Empire que lui confère Napoléon par un décret du 15 août 1810[1]. Au printemps de 1811, un ordre lui parvient au fond de la Calabre et l'avise de son envoi prochain en Espagne. Cassan se met en route, et de Lyon où il séjourne le 26 mai, sollicite du duc de Feltre un congé de deux mois « avec solde, parce que je ne suis pas riche », avoue-t-il au ministre, car il est vrai que, plus scrupuleux que beaucoup d'autres, le glorieux soldat ne rapporte dans ses bagages qu'un simple tribut d'honneur :

1. Les armoiries de Cassan furent réglées comme il suit : « Écartelé, au 1er d'azur à la croix fleuronnée d'or ; au 2e, de sinople à deux épées d'argent, posées en sautoir ; au 3e, de sinople à la tour crénelée de 3 pièces d'argent, ouverte, ajourée et maçonnée de sable, mouvante du bas de l'écu ; au 4e, d'azur au vol ouvert d'or. »

« J'ose me flatter, Monseigneur, ajoute-t-il, que vous ne trouverez pas mauvais qu'après dix ans d'absence et à la veille d'entrer en campagne, j'éprouve le besoin d'aller voir mes parents, de régler mes affaires et d'assurer un domicile fixe à ma femme et à mes enfants, et qu'en cette considération, je prie instamment Votre Excellence de m'accorder la faveur que je lui demande, m'engageant dans tous les cas à joindre mon régiment en poste[1]. »

Le 6 août de la même année, Cassan est promu général de brigade. Employé d'abord au corps de réserve et, à partir d'avril 1812, à l'armée du nord de l'Espagne, il déploie contre Mina et les insurgés de Navarre une brillante vigueur. A deux reprises il est blessé, et notamment d'un coup de feu au pied gauche, le 12 septembre. C'est alors que le général en chef Caffarelli[2], qui apprécie justement sa valeur, réclame pour lui la dignité de commandeur dans la Légion d'Honneur. Clarke, bien

1. A G., Dossier du général Cassan. Le général Cassan au duc de Feltre. Lyon, 26 mai 1811.
2. Caffarelli (François-Marie-Auguste, comte), dernier des cinq frères Caffarelli, né en 1766, mort en 1849, s'engage comme dragon en 1791. Chef d'état-major de la garde consulaire après le 18 brumaire, gouverneur des Tuileries, général de division (1805), ministre de la Guerre du royaume d'Italie (1806), employé en Espagne (1810), il accompagne à Vienne l'Impératrice Marie-Louise (1814) et, pendant les Cent Jours, défend Metz contre les Russes. Louis-Philippe le nomme pair de France en 1834.

disposé, accueille cette proposition. Mais Napoléon « remet à un autre temps sa décision »; et le ministre, en transmettant la réponse impériale, la fait suivre de ce bref commentaire : « Le général Cassan doit chercher, en continuant à donner des preuves de son zèle pour le service de Sa Majesté, à mériter la récompense que j'ai sollicitée en sa faveur[1]. » Il n'y faillira pas.

Aussi bien, c'est à Pampelune que, par un trait définitif, achèvera de se fixer l'expression d'une figure à laquelle manque encore la consécration de l'adversité. Là, dans les angoisses du présent et l'incertitude de l'avenir, grandira chez Cassan cette fermeté d'âme, supérieure par son essence au courage du champ de bataille, et si difficile aux humains, que les anciens y reconnaissaient chez leurs héros la marque des dieux.

Les moyens sur quoi pouvait compter le général cadraient mal par leur faiblesse avec la lourdeur de la tâche qui lui était assignée. 500 hommes détachés des 114e, 115e, 117e et 121e régiments de ligne ; 1.600, du 52e ; 500 gendarmes à pied ou à cheval ; 132 isolés ; 49 vétérans espagnols ; 12 miquelets de même nationalité et 121 artilleurs et ouvriers d'artillerie ; au total 2.974 soldats, voilà tout ce qu'une sage prudence avait permis à Clausel de distraire de

1. A G., Dossier Cassan. 25 février 1813.

son armée pour la sécurité de Pampelune . Les gendarmes, artilleurs et sapeurs, qui, sur l'ordre du roi Joseph, demeurèrent dans la ville, portèrent la garnison à un ensemble de 3.551 combattants, les officiers compris [2], chiffre d'une insuffisance notoire, si l'on prend garde à l'importance de la place et à l'étendue de son développement [3].

Ces troupes, sous la direction suprême du gouverneur, assisté de son chef d'état-major, le colonel baron Louis de Maucune, étaient commandées, l'infanterie par le colonel baron Grenier [4], du 52e; l'artillerie, par le colonel

1. A G., Cassan à Jourdan, 24 juin 1813. L'état de situation au 1er juillet 1813 dit 2.951 hommes.

2. A G., Rapport au ministre de la Guerre. Précis des opérations relatives au blocus de Pampelune d'après les pièces envoyées par le gouverneur et autres officiers commandant dans la place. Sans date. Classé au 31 octobre 1813. Voir également le Mémoire de Quélern et le journal de Maucune.

3. « Il aurait fallu 10.000 hommes pour compléter la garnison de Pampelune et de sa citadelle », dit le major Le Gentil de Quélern. — « Le développement de la place exigeait une garnison trois fois plus forte » (*Analyse du journal du blocus* de MAUCUNE). — « La garnison n'était pas, tant s'en fallait, en nombre proportionné au développement de la place » (Rapport de Cassan).

4. Grenier (Jean-Georges, baron), né à Sarrelouis le 11 novembre 1771. Entré au service le 1er septembre 1791 dans les volontaires de la Moselle, sous-lieutenant au 96e d'infanterie le 15 du même mois, lieutenant le 30 octobre 1793, il fait les campagnes de 1792 et 1793 aux armées du Nord et de la Moselle et passe ensuite à celle de Sambre-et-Meuse en qualité d'aide de camp de son frère, le général Grenier. Capitaine (16 ventôse an V), chef de bataillon (4 floréal an VII), il commande, de l'an VIII à l'an X, un bataillon de la 37e demi-brigade de ligne à l'armée du Rhin et au corps d'observa-

Doguereau, « 'officier d'une grande expérience et d'un zèle infatigable [1] » ; les gendarmes, par le colonel Vincent ; le génie, par le major Le Gentil de Quélern. Les chefs de bataillon van

tion de la Gironde. Envoyé à la Guadeloupe, il est blessé le 6 germinal an X à la prise de Bambrège, retourne en France (an XI), puis sert en Italie jusqu'en 1806 et en Dalmatie (1807-1808), où il se distingue au passage de la Piave et à l'assaut du fort de la Pradella. Promu colonel du 52e de ligne le 30 mai 1809, il se signale à la tête de ce corps en Italie, en Hongrie, à Wagram. Le 15 août de la même année, il est créé baron de l'Empire et, peu après, attaché à l'armée d'Espagne. Il était encore prisonnier en Angleterre à la suite de la capitulation de Pampelune, lorsque, le 25 décembre 1813, Napoléon le nomma général de brigade. Rentré en France le 17 mai 1814, la Restauration lui donne la croix de Saint-Louis (19 juillet) et celle de commandeur de la Légion d'honneur. Pendant les Cent Jours, l'Empereur l'emploie au 1er corps d'armée qui devait agir en Belgique. Mis en non-activité (août 1815), inspecteur général des troupes de la 13e division militaire (1816), placé en disponibilité (1820), admis à la retraite le 1er décembre 1826, le gouvernement de Juillet le rappelle un moment à l'activité (1831). Il prend définitivement sa retraite en 1832 et meurt le 6 novembre 1835.

1. Rapport de Cassan. — « M. le colonel Doguereau a donné des preuves qu'il n'est pas de circonstances embarrassantes pour ceux qui comme lui servent avec une grande distinction. » (MAUCUNE, *Analyse du journal du blocus*.)

Jean-Pierre, baron, puis vicomte Doguereau, maréchal de camp, né à Orléans le 11 janvier 1774, mort à la Fère le 20 août 1826. Élève sous-lieutenant à l'école de Châlons (1793) ; lieutenant (1794) ; capitaine (1798) ; chef de bataillon (1800), directeur d'artillerie (1806) à Saint-Domingue (*sic*) ; il commande le 2e régiment d'artillerie à pied (1807), puis l'artillerie de Pampelune (1808). Prisonnier de guerre (1813), il rentre en France en 1814, est nommé directeur d'artillerie à Paris (21 juin 1814), maréchal de camp (1821), et commandant de l'école régimentaire d'artillerie à la Fère (1822). Il avait fait les campagnes des armées du Rhin (1794-1797), des côtes de l'Océan (1803-1805), de la Grande Armée (1805-1808), d'Espagne

der Cappellen et Mortemart remplissaient respectivement les fonctions de commandant de la place et de la citadelle. Ce sont ces sept officiers qui, avec M. Stouhlen, commissaire des guerres, faisant l'office d'ordonnateur de la Navarre, composèrent le conseil de défense assemblé par Cassan le 25 juin, à la première apparition de l'ennemi.

Parmi ceux que le récit des opérations du blocus nous fera connaître, il convient encore de relever les noms du lieutenant-colonel de gendarmerie Germain[1]; des chefs de bataillon Rousset et Marin, du 52e; des capitaines Calté,

(1808-1813), et assisté aux sièges de Manheim, de Saint-Jean-d'Acre, d'Aboukir, du Caire, d'Alexandrie et de Pampelune. Il ne doit pas être confondu avec son frère cadet, Louis, baron Doguereau, lieutenant général (1832), député du Loir-et-Cher (1837), directeur de l'École polytechnique (1839) et pair de France (1845). Jean-Pierre Doguereau a laissé un *Journal de l'expédition d'Égypte* publié en 1904 (Paris, Perrin) par le Ct C. de la Jonquière, qui, dans son introduction, donne quelques détails sur le rôle de Doguereau à Pampelune.

1. Germain (Nicolas), né le 24 janvier 1772 à Saint-Quirin (Meurthe). Soldat au 62e d'infanterie (1792), sous-lieutenant pendant le siège de Mayence (1793), il passe à l'armée de l'Ouest, sert sous les ordres de Kléber contre les Vendéens, puis de nouveau sur le Rhin (ans IV et V). Envoyé en Égypte, il est nommé chef de bataillon à l'état-major de l'armée d'Orient le 1er messidor an VIII. Rentré en France (an IX), il reçoit le commandement du 6e escadron de la 3e légion de gendarmerie nationale au Mans et la croix de la Légion d'honneur (an XII). Il fait ensuite, dans le corps du duc de Castiglione, les campagnes de Prusse et de Pologne et est présent à Eylau (1807). En Espagne, il se signale au combat d'Alba de Tormès (1809) et, en Portugal, au siège d'Almeida et à Busaco (1810). En 1812, il est atta-

du 8ᵉ escadron de gendarmerie ; Chauveau, du 6ᵉ régiment d'artillerie à pied ; Barat, du 52ᵉ de ligne ; des lieutenants Pomade, aide de camp du gouverneur ; Gitard de l'Archantel, commandant la compagnie d'ouvriers militaires, et Callot, commandant les sapeurs. Ce corps d'officiers, très uni, très énergique, tout à fait à la hauteur des circonstances, fut pour Cassan d'un précieux concours, et contribua par un exemple remarquable à maintenir l'esprit des troupes.

Il est deux de ses membres dont la personnalité s'affirme si prépondérante, dont le rôle au cours de quatre mois d'efforts fut d'un ordre si capital, qu'on ne saurait, sous peine d'injustice, passer sans leur accorder autre chose qu'une simple mention. J'ai nommé MM. de Maucune et Le Gentil de Quélern. Très opposés d'allures et de caractère, l'un complète l'autre admirablement. Le premier, toujours prêt à fondre sur l'adversaire et à pratiquer sabre au clair de larges trouées dans ses rangs, est l'homme des randonnées superbes et téméraires ; le second, technicien distingué, s'ingénie à couvrir Pampelune de retranchements et de fortifications si habi-

ché à l'armée du Nord de l'Espagne. Pendant les Cent Jours, Napoléon l'emploie au corps d'armée du Rhin à Strasbourg, sous les ordres de Rapp. Il est admis à la retraite le 13 mars 1822 et meurt à Nancy le 17 septembre de l'année suivante. Le colonel Germain avait été fait trois fois prisonnier de guerre par les Autrichiens ou les Anglais.

lement agencés, qu'il faudra bien que les Alliés renoncent à donner l'assaut. Tous deux sont avec Cassan l'âme de la résistance, et constituent entre les mains expertes du gouverneur de merveilleux instruments de combat offensif et défensif.

Louis Popon de Maucune, baron de l'Empire[1], qui ne doit pas être confondu avec son frère aîné, le général de division[2], employé comme lui à l'armée d'Espagne, appartenait à l'ancienne aristocratie. Lorsque ce fils lui naquit en 1775, son père s'intitulait « écuyer et gentilhomme de Madame, commensal de la Maison du Roi ». Maucune n'en reçut pas moins en pleine Révolution son brevet de sous-lieutenant au 80e d'infanterie[3]. Au terroir de Périgord, son pays d'origine, il avait puisé de brillantes qualités et de savoureux défauts. Brave comme son épée, hardi comme personne, aventureux et chevaleresque, il était ami du plaisir autant que du

1. Louis Popon de Maucune, né à Montbazillac (Dordogne) le 28 mai 1775, fils de Louis Popon de Maucune, écuyer, gentilhomme de Madame, commensal de la maison du Roi, et de Dame Madeleine-Jeanne-Marie-Angélique de Peincepré.
2. Antoine-Louis Popon de Maucune, baron de l'Empire par lettres patentes du 10 septembre 1809, donataire en Westphalie par décret impérial du 17 mars 1808; sous-lieutenant (1786); lieutenant (1792); chef de bataillon (1797); adjudant commandant; général de brigade (1807), de division (1811); commandeur de la Légion d'honneur et chevalier de Saint-Louis; né à Brive-la-Gaillarde le 21 février 1762, mort à Paris le 18 février 1825.
3. Son brevet est du 9 juillet 1792.

danger et, par surcroît, autoritaire et passable ment querelleur : un véritable cadet de Gascogne et, comme eût dit Marot, « au demeurant le meilleur fils du monde ».

Ses débuts furent heureux et rapides. Lieutenant le 22 août 1794, il conquiert en moins de six années tous ses grades sur le champ de bataille jusqu'à celui de colonel auquel, le 27 juillet 1800, le Premier Consul l'élève pour ses prouesses à Marengo. Il est vrai que Maucune n'a pas boudé à la besogne. Pour commencer, il se bat en Espagne, où l'attend sa première blessure, et fait partie de l'expédition d'Irlande. De là, il court à l'armée de Sambre-et-Meuse et y a son cheval tué sous lui en traversant une rivière. En l'an VI, il est à Saint-Domingue, d'où, le 29 thermidor, l'agent du Directoire Hédouville [1] le renvoie en France

1. Hédouville (Gabriel-Marie-Joseph-Théodore, comte d') né en 1755. Page de la Reine; lieutenant au régiment de dragons du Languedoc (1788); colonel (1792); général de brigade (1793); emprisonné à l'Abbaye, rendu à la liberté après le 9 thermidor; général de division et commandant de l'armée des côtes de Brest (1795), il sert en Vendée sous Hoche, est envoyé à Saint-Domingue (1797), puis de nouveau, en Vendée (1799). Chargé d'une mission diplomatique en Russie (1801); ambassadeur près du prince de Lucques et de Piombino (1805); chef d'état-major du roi de Westphalie (1806-1807); gouverneur de Bayonne (1808-1809); plénipotentiaire à Francfort et chambellan de l'Empereur, il vote le 1er avril 1814 la déchéance de Napoléon. Nommé pair de France par Louis XVIII, il se tient à l'écart pendant les Cent Jours, reçoit des Bourbons le titre de comte (1810) et meurt en 1825.

avec le général Watrin [1] annoncer au gouvernement l'évacuation complète de la colonie par les Anglais. Débarqué à la Corogne, Maucune dévore à franc étrier les quatre cents lieues qui séparent cette ville de Paris, pour remettre plus tôt ses dépêches au ministre de la marine, Bruix [2]. Il sert ensuite sous Macdonald [3], dans le royaume de Naples, et met, le premier, le pied dans deux redoutes à Salerne. Versé à l'armée de réserve d'Italie, il trouve encore, avant de s'illustrer à Marengo, le moyen de se faire blesser au passage de la Chiessella, non loin d'Ivrée, et à celui du Pô, près de Broni.

Colonel à vingt-cinq ans, Maucune pouvait tout espérer de l'avenir. Mais son mauvais génie, ou

---

1. Watrin (Pierre-Joseph) né en 1772. Simple soldat dans la légion belge, général de division (1794) à l'armée du Nord, il dirige une partie des troupes destinées à l'expédition d'Irlande, passe à l'armée de Sambre-et-Meuse, puis accompagne Hédouville à Saint-Domingue. Affecté à son retour (1799) à l'armée d'Italie, il est nommé général de division, et commande l'avant-garde de l'armée de réserve au passage du mont Saint-Bernard. Envoyé une seconde fois à Saint-Domingue (1802), il meurt à l'âge de 30 ans.

2. Bruix (Eustache) né en 1759, mort en 1805. Lieutenant de vaisseau au moment de la Révolution ; renvoyé comme noble (1793) ; réintégré (1795) ; major général de l'escadre de Villaret-Joyeuse, il prend part à l'expédition d'Irlande. Contre-amiral ; ministre de la marine, il commande la flotte de Brest (1799). Napoléon le mit en 1803 à la tête de la flotte rassemblée à Boulogne.

3. Macdonald (Jacques-Étienne-Alexandre), duc de Tarente et maréchal de France, né le 17 novembre 1765, mort le 25 septembre 1840. Sous-lieutenant dans la région irlandaise (1784) ; général de division (1796) ; il est employé sur le Rhin, puis en Italie, et succède à Championnet à la tête de l'armée

pour mieux dire, son intraitable caractère, intervient, qui brouille tout. Nommé au commandement du 35e de ligne, à Bréda, il constate qu'une longue incurie en a fâcheusement altéré l'esprit. Avec sa fougue habituelle il s'attaque au mal et, au bout d'un peu plus de deux ans, acquiert, dit le général Marmont[1], qui en l'occurrence n'est pas suspect de partialité, « le mérite bien connu d'avoir réorganisé et restauré le 35e régiment[2] ». A la vérité, si le but est louable, les procédés sont de l'espèce la plus déplorable : abus de pouvoir, gestion arbi-

de Naples (1799). Appelé de nouveau à celle du Rhin (1800), il se fait remarquer par une brillante campagne dans les Grisons (1801), mais son amitié pour Moreau lui vaut une sorte de disgrâce jusqu'en 1809, où il se signale à Raab et à Wagram. Il commande en Styrie (1809-1810), en Catalogne (1810-1811), dirige le 10e corps de la Grande Armée pendant la campagne de Russie et le 11e lors de celle de 1813. Pair de France (1814), il reste fidèle aux Bourbons pendant les Cent Jours, et est nommé successivement major général de la garde royale et grand-chancelier de la Légion d'honneur, poste qu'il conserve jusqu'en 1831.

1. Marmont (Auguste-Frédéric-Louis-Viesse de), duc de Raguse, maréchal de France, né le 20 juillet 1774. Aide de camp de Bonaparte en Italie (1796) ; général de brigade ; il fait la campagne d'Égypte et contribue au coup d'État de brumaire. Inspecteur général de l'artillerie (1801), il commande en Hollande (1805), en Dalmatie (1806) ; gouverne les provinces illyriennes ; remplace Masséna en Espagne (1811) et y perd la bataille des Arapiles (1812). Chef du 6e corps (1813), il traite de la reddition de Paris (1814). Louis XVIII le crée pair de France, chevalier de Saint-Louis et capitaine des gardes du corps. Il suit le Roi à Gand en 1815, est nommé chevalier du Saint-Esprit (1825), ne peut empêcher la révolution de triompher à Paris (1830) et meurt à Venise en 1852.

2. A. G., Dossier Maucune. Rapport de Marmont au ministre. Prairial an XII.

traire, dilapidation, correspondance soustraite de force à la poste de l'armée de Batavie, rien n'y manque; et les choses arrivent à ce point que, le 29 fructidor an XI, les officiers du 35e adressent à Berthier, ministre de la guerre, une dénonciation motivée contre leur colonel[1]. Celui-ci, de son côté, demande son changement, en quoi il est approuvé par Victor[2], le futur duc de Bellune, à qui cette mesure paraît indispensable, « attendu l'animosité qui existe entre ce chef et ses subordonnés[3] ». Berthier ouvre une enquête dont il charge le général de brigade Gratien et le sous-inspecteur Porte qui, après avoir vainement tenté de rétablir l'harmonie entre les parties, sont obligés, malgré tous ses services, de reconnaître les torts

1. A G., Rapport de Berthier au Premier Consul, 24 brumaire an XII.

2. Claude-Victor Perrin, dit Victor, duc de Bellune, né en 1764, mort en 1841. Tambour au 4e d'artillerie ; volontaire au bataillon de la Drôme (1792) ; général de brigade ; de division ; ambassadeur en Danemark (1805) ; commandant du 10e, puis du 1er corps (1806-1807) ; maréchal de France après Friedland ; gouverneur de Berlin ; duc de Bellune (1808). Nommé par la première Restauration commandant de la 2e division militaire et pair de France, il suit Louis XVIII à Gand. Au retour des Bourbons, il préside la commission chargée d'examiner la conduite des officiers pendant les Cent Jours. Ministre de la Guerre (1821) ; organisateur de l'expédition d'Espagne (1823) ; major général de la garde royale (1830), il rentre dans la vie privée après la révolution de Juillet.

3. A G. Rapport au ministre, 15 brumaire an XII. Le général de division Vignolles, chef d'état-major de Victor, partageait l'opinion de ce dernier. Maucune avait été favorablement noté en l'an X et en l'an XI par les généraux inspecteurs Baraguey d'Hilliers et Tilly.

de Maucune; et voilà le bouillant colonel contraint d'envoyer sa démission au ministre qui l'accepte le 24 brumaire an XII.

Il ne se décourage point pour si peu, se rend à Paris, multiplie les démarches, crie à l'injustice, assiège les Tuileries et n'a de repos qu'il n'ait obtenu[1], au bout de quatre mois de sollicitations, « la faveur » d'être jugé par ses pairs. Incontinent, il retourne aux Pays-Bas. Marmont qui commande le camp d'Utrecht s'alarme de son arrivée. Il considère ce procès « comme une calamité publique ». « Si l'ex-colonel Maucune, écrit-il à Berthier, passe en conseil de guerre, il sera condamné à plusieurs années de galères... La lettre de la loi est là... Il entraînera dans sa chute ou compromettra d'une manière grave vingt officiers de son ancien régiment, qui tous ont partagé les fautes dont il s'est rendu coupable, et ce régiment, qui est aujourd'hui dans un état florissant, se trouvera entaché. » A son sens, le mieux serait qu'on expédiât Maucune dans un poste éloigné, « soit aux colonies, soit partout ailleurs ». En attendant, confiant dans la sagesse du gouvernement, il croit de son devoir de surseoir à toute action judiciaire, eu égard « au scandale et à ses conséquences[2] ». A quoi le ministre répond

1. Le 26 ventôse an XII
2. A G., Marmont à Berthier. La Haye, 26 floréal an XII.

« que, si le colonel Maucune persiste à être jugé, son procès doit être commencé de suite ». Au reste, il ne se fait pas faute de rappeler au principal intéressé[1] les suites que cette affaire peut comporter, et le met en garde contre un entraînement irréfléchi. Mais Maucune n'en démord pas. Il joue le tout pour le tout. Il lui faut un éclat ; et bien lui prend de son obstination, car le conseil de guerre de la première division de l'armée de Batavie, réuni à Zeist le 13 vendémiaire an XIII, l'acquitte à l'unanimité. Un autre se fût tenu pour satisfait d'un succès si peu attendu. Maucune, lui, se répand en propos inconsidérés. Il annonce qu'il reprendra sa place au 35e, qu'il en chassera le nouveau colonel et saura châtier ses détracteurs. Bref, il triomphe avec tant d'indiscrétion, qu'après deux jours de patience, Marmont excédé le prévient que, si dans vingt-quatre heures il n'a pas vidé les lieux, il le fera reconduire par la gendarmerie. Alors seulement Maucune s'en va.

Cette dernière incartade indispose l'Empereur qui, malgré les instantes prières de Maucune et celles de son frère, le laisse en réforme jusqu'au 31 octobre 1806, date à laquelle il le rappelle à l'activité pour servir à l'état-major de la Grande Armée en Prusse et en Pologne.

1. A G., Berthier à Marmont, 12 prairial, — à Maucune, même date.

En réalité, c'est fait du bel avancement de Maucune. Il restera vingt-quatre ans dans ce grade de colonel jadis si lestement enlevé. Nommé adjudant commandant le 27 juin 1809, il passe en 1810 en Espagne et se conduit brillamment à l'affaire de Tiébas, près de Pampelune le 21 août 1812. Il était alors chef d'état-major du 3e gouvernement de l'armée du Nord. C'est en cette qualité qu'il se trouve à Pampelune, et là, sous tous les points de vue, il se montrera digne des éloges que lui décernera Cassan dans son rapport du 1er novembre au duc de Feltre. « L'assistance de M. l'adjudant commandant baron de Maucune, dit le gouverneur, m'a été d'un grand secours. Votre Excellence remarquera qu'il a commandé dans presque toutes les sorties majeures, où il a déployé beaucoup de bravoure et d'expérience. Son zèle et son activité sont d'autant plus méritoires que, depuis plusieurs mois, il est atteint de douleurs qui le font beaucoup souffrir, surtout lorsqu'il a monté à cheval. » Ce détail peint Maucune tout au vif. Nous savons en effet par un certificat de Dubois, chirurgien consultant de l'Empereur, qu'il était atteint d'une affection grave, mais ce diable d'homme avait du feu dans les veines et s'embarrassait bien de semblables vétilles !

Le Gentil de Quélern, né en 1775, la même année que Maucune, était comme lui, plus que lui, même, d'extraction noble[1]. Un de ses aïeux ayant en 1694, quand les Anglais débarquèrent à Camaret, puissamment contribué à les en repousser, Vauban avait donné le nom de « lignes de Quélern » aux fortifications qui, dans ce coin du Finistère, traversaient les propriétés de sa famille. A cette parité d'origine se réduisait à peu près la ressemblance. Quélern, en effet, élevé sur le granit breton, possédait à un degré supérieur le sens d'une race positive et réfléchie. Son courage était autant discipliné que celui de Maucune était impétueux, et il alliait la science de l'ingénieur à l'élan du soldat.

Sorti de l'École polytechnique, et affecté en 1798 comme sous-lieutenant à l'armée d'Orient, il en revient capitaine en 1801. Entre temps, il a levé « les cartes de la Thébaïde et des cataractes d'Eléphantine et de Syène » et, plus tard, celle de la basse Égypte (1801); dirigé les travaux défensifs des forts du Phare et du Pharillon, des places d'Aboukir où il est frappé d'un éclat d'obus, de Gaza, de Syène, de Kos-

1. Emmanuel-Marie-Jean-Evangéliste naquit à Quimper, le 29 décembre 1775, de Pierre Le Gentil de Quélern, écuyer, et de Marie-Renée-Augustine Le Meslou de Trégain. La famille Le Gentil, originaire de Bretagne, et connue authentiquement depuis le quatorzième siècle, a formé plusieurs branches maintenues dans leur noblesse le 30 août 1669. Citons celle de Coatinon et de Poulers, éteinte; celle des comtes de Rosmorduc, représentée de nos jours ; celle des marquis de Paroy, récemment éteinte, et celle des seigneurs de Quélern, Kerlern ou Klern, à laquelle appartenait l'auteur du mémoire sur la défense de Pampelune.

seir, de Damiette, de Mansourah et des îlots
du lac Màréotis; assisté aux prises d'Alexandrie et du Caire et à la bataille d'Héliopolis.
Mais ce n'est qu'un début. Après quelque repos
pris comme chef du génie à Turin (1805) et à
Brest (1806), il fait les campagnes de Prusse et
de Pologne, est blessé à Mohrungen et nommé
membre de la Légion d'honneur (1807). A partir
de 1808, sa carrière se déroule en Espagne. Cinq
longues années, il sillonne les routes de la Péninsule, des cimes pyrénéennes jusqu'au fond
de l'Andalousie. Promu chef de bataillon (1808),
il arrache à Ucles (1809) un drapeau à l'ennemi,
lui enlève à Medellin une pièce de canon, et
capture de sa main plusieurs prisonniers. Il
commande en chef le génie aux attaques de
Séville et de Puerto-Real (1810) et se couvre de
gloire au siège de Cadix, ce qui lui rapporte le
grade de major ou lieutenant-colonel. A Chi-
clana, il est gravement atteint d'une balle dans
les reins. A peine remis, il monte en personne
à l'assaut de Tarifa (1812). Placé à la tête du
génie de l'armée du Centre, il est présent à la
triste journée de Vitoria et accepte de Joseph
la délicate mission de soutenir la retraite des
troupes « en semant des obstacles dans les défilés pour retarder la marche des Anglo-Espagnols [1] ». Il s'en acquitte de son mieux, et le Roi

1. A G., Dossier Le Gentil de Quélern. Quélern au général
Évain, 29 novembre 1819.

le laisse à Pampelune, comme le plus propre à en améliorer les ouvrages considérés comme défectueux. « Toujours, écrit de Quélern le général Villatte [1], qui fut longtemps son chef direct, j'éprouverai une nouvelle satisfaction à rendre justice au zèle soutenu, à l'activité, aux talents et aux services de M. le major Legentil [2]. » Tout l'homme est dans ces quelques lignes, et cette appréciation, si honorable pour celui qui en fait l'objet, indique mieux qu'un vain commentaire quelle estime ses supérieurs avaient conçue de lui.

Au reste, si efficace que fût à Pampelune l'action militaire exercée par MM. de Maucune et de Quélern, un autre titre d'une indiscutable valeur les recommande à l'attention de l'historien. A tous deux en effet nous sommes redevables d'un récit détaillé des événements dont, quatre mois durant, ils furent à la fois les témoins et les acteurs. Le premier a tenu un *Journal* quotidien du blocus de Pampelune,

1. Villatte (Eugène-Casimir), comte d'Outremont, né en 1770. Sous-lieutenant au régiment de Bourbonnais; aide de camp de Bernadotte (1795); adjudant-commandant (1799); général de brigade (1803), il fait contre l'Autriche et la Prusse les campagnes de 1805, 1806, 1807. Envoyé en Espagne (1808) il se distingue à Medellin, à Cuença, à Talavera de la Reyna, est présent à Vitoria (1813) et commande la réserve sur la Bidassoa. Il se rallie à Louis XVIII qui le nomme (1814) inspecteur général d'infanterie dans la 20e division. Il meurt en 1834.

2. A G., Dossier Le Gentil de Quélern. Note du général Villatte, 1er février 1812.

dont il a extrait une *Analyse* envoyée au ministre ; le second a rédigé un important *Mémoire* sur la défense de la même ville. Ces trois documents, qui concordent entre eux et que nous croyons inédits [1], constituent avec le rapport de Cassan à Clarke [2], la source capitale dont la connaissance est indispensable à quiconque prétend étudier sérieusement l'effort désespéré que, dans la cité de Charles le Noble, quelques milliers de Français opposèrent, depuis le 25 juin jusqu'au 31 octobre 1813, aux soldats coalisés de l'Espagne et du Royaume-Uni.

1. *Le Journal du blocus de Pampelune*, l'*Analyse de ce journal* et le *Mémoire sur la défense de Pampelune* sont conservés tous les trois aux Archives historiques du ministère de la Guerre (correspondance de l'armée d'Espagne), à la date du 31 octobre 1813.

2. Publié intégralement par J. BELMAS, chef de bataillon du génie, en 1836-1837, dans son important ouvrage sur *les Sièges faits ou soutenus par les Français dans la Péninsule de 1807 à 1814*.

CHAPITRE IV

L'ORGANISATION DE LA DÉFENSE
ET LES PREMIÈRES SORTIES

Encore que le nombre des troupes enfermées dans la place fût singulièrement réduit, le gouverneur ne pouvait compter, pour les nourrir, que sur des ressources comparativement plus restreintes encore. Elles consistaient presque uniquement dans ce convoi que le général Clausel avait eu l'heureuse inspiration de faire venir un peu plus d'une semaine auparavant, et pouvaient, au 23 juin, se décomposer de la sorte. Il y avait pour 77 jours de pain et de biscuit, soit 411.967 rations entières. L'approvisionnement de riz montait à 1.088.000 rations; celui de viande, très faible, en comprenait tout juste 141.051. Le sel était dans une proportion relativement satisfaisante; le vin rare; l'eau-de-vie assez abondante. Pour peu que le siège se prolongeât, il y aurait dans cette situation matière à de graves difficultés.

L'état délabré des fortifications ne causait pas moins d'inquiétude. Édifiée à 420 mètres d'altitude, sur un vaste plateau taillé presque à pic du côté de la plaine, Pampelune était, au nord et à l'est, protégée par le torrent de l'Arga, parfois guéable. Une muraille non terrassée, couronnant les hauteurs, complétait cette défense naturelle. Sur les autres points, plus vulnérables, courait une enceinte bastionnée, entourée d'un fossé avec chemin couvert et demi-lune. A l'angle des fronts sud et est, la lunette de San Bartholome, revêtue et fermée à la gorge par un mur crénelé et bastionné, muni de souterrains à l'épreuve de la bombe, battait une partie du vallon de l'Arga, dont elle surplombait l'escarpement. Au sud-ouest, s'élevait la citadelle, vaste et lourd monument, agrandi et remanié en 1521 et 1551. Sorte de pentagone régulier de 180 mètres de côté extérieur, avec escarpe et contrescarpe entourées de chemins couverts, dont plusieurs minés, elle abritait une caserne pour 1.000 hommes, des logements pour les officiers et des magasins. Hors de la ville et à droite, pour la préserver d'un commandement dangereux, se dressaient les forts de l'Infante et du Prince, tous deux en terre, très imparfaits et non achevés [1]. Au delà, des champs

---

1. *Journaux des sièges faits ou soutenus par les Français dans la Péninsule de 1807 à 1814*, rédigés d'après les ordres du gouver-

de blé s'étendaient, interrompus çà et là par quelque boqueteau; et plus loin, une série de petits villages s'étageaient sur les contreforts verdoyants des premiers côteaux.

Cet ensemble fortifié, d'une valeur certaine, avait malheureusement été fort négligé depuis la paix de 1795 entre la France et l'Espagne. Ce n'est qu'en 1812, pour garantir la place d'une surprise possible de la part de Mina, que l'on se décida à prendre quelques mesures de conservation. Il existe au ministère de la guerre, à la date du 16 juin 1813, un mémoire technique intitulé : « État sommaire des ouvrages entrepris à Pampelune en 1812, avec indication des ouvrages les plus urgens à exécuter en 1813[1]. » L'auteur, le capitaine du génie Daguenet, nous donne la liste des travaux effectués sur quatorze points dans la ville et sur sept dans la citadelle. A la vérité, dans le premier comme dans le second cas, on s'est contenté de soutenir ou de remettre en état ce qui existait déjà. Le plan conçu par le capitaine Daguenet pour l'année suivante est d'une envergure bien différente. Il ne s'agit plus de réparations poussées plus ou moins à fond ; ce sont de nouveaux bâtiments qu'il faudrait cons-

nement sur les documents existant aux archives de la guerre et aux dépôts des fortifications, par J. BELMAS, chef de bataillon du génie. Paris, 1836-1837, vol. 4, pp. 750-826.

1. A G., Correspondance de l'armée d'Espagne, juin 1813.

truire, une digue à élever pour exhausser le niveau des eaux de l'Arga, des caponnières et des demi-caponnières à pratiquer dans les fossés pour assurer la communication avec les postes extérieurs, des blindages horizontaux et inclinés à établir dans la citadelle, et de multiples aménagements encore, qui eussent permis à Pampelune de défier une attaque en règle. Daguenet énumère dix-neuf de ces « ouvrages urgens » à réaliser dans la ville et quatorze dans la citadelle. Il ne s'illusionne d'ailleurs aucunement sur le sort qui leur est réservé, et en fait précéder la nomenclature de cette remarque : « Les ouvrages proposés pour améliorer les fortifications de Pampelune et en augmenter la force, sont pour la plupart des projets de longue haleine, et ne peuvent être exécutés en ce moment, parce qu'il faudrait ouvrir la place et qu'ils absorberaient un temps et des fonds considérables. » Au surplus, le capitaine Daguenet avait à peine terminé son étude que survenait la catastrophe de Vitoria. Désormais, dans Pampelune investie, il ne fut plus question que de parer au plus pressé.

Donc, sous le triple rapport de la modicité des effectifs, de l'épuisement probable des vivres, et du médiocre entretien des remparts, Cassan se trouva, dès le principe, dans une position d'autant plus précaire, qu'il rencontra toujours devant lui un corps de siège d'au moins

10 à 12.000 hommes[1]. Les Anglais du lieutenant général sir Thomas Picton[2] qui formèrent

1. Cassan, dans son rapport, et Quélern, dans son mémoire, évaluent à 20 et 25.000 hommes les forces des Alliés devant Pampelune. Ils comprennent vraisemblablement dans ce chiffre les corps de Mina, placés à quelque distance, et prêts à soutenir les troupes du blocus en cas de nécessité. M. le lieutenant-colonel J.-B. Dumas (*Neuf mois de campagne à la suite du maréchal Soult*, p. 133) estime les effectifs d'O'Donnell et de Don Carlos de España à un total de 10 à 12.000 hommes. M. le général Lamiraux (*Études de Guerre. La manœuvre de Soult*, p. 187) admet le chiffre de 10.000 hommes. Lapène (p. 68) dit que le général O'Donnell « était en personne depuis le 26 juin devant Pampelune avec 12.000 hommes ».

2. Picton (sir Thomas), fils de Thomas Picton, *esq[r] of Poyston*, né en août 1758. Enseigne au 12e régiment d'infanterie (1771), lieutenant (1775), capitaine (1778), il est, lors de la réduction des effectifs militaires en 1783, placé en demi-solde et demeure douze ans dans cette position. Aide de camp de sir John Vaughan (1794), il s'embarque pour les Indes occidentales, est promu major (1795) et, après la mort de Vaughan, reste comme aide de camp auprès de son successeur, sir Ralph Abercrombie. Il assiste à la prise de Sainte-Lucie (1796) et retourne en Angleterre comme lieutenant-colonel. Renvoyé à la Martinique (1797); gouverneur de la Trinité enlevée aux Espagnols, brigadier général (1801), il se fait des ennemis qui l'accusent auprès du ministre Addington. Celui-ci accepte sa démission (1803). Arrêté en Angleterre, puis mis en liberté sous caution, Picton soutient, de 1803 à 1810, plusieurs procès pour « cruautés » commises dans son gouvernement de la Trinité et finit par en sortir avantageusement après la mort du colonel Fullarton, son principal accusateur. Major général (1808), il commande la 3e division de l'armée de Portugal, se distingue à Busaco et à Ciudad Rodrigo (1812). Blessé à Badajoz, il rentre en Angleterre où le Régent le crée chevalier de l'Ordre du Bain. Lieutenant général (1813) et revenu dans la Péninsule, il prend une part importante à la bataille de Vitoria et fait avec Wellington la campagne de 1813-1814 contre Soult. Frappé d'une balle à la tempe, il est tué le 18 juin 1815 à Waterloo, à la tête de la 5e division.

d'abord le blocus, furent, dans la nuit du 13 au 14 juillet[1], relevés par 10.000 Espagnols de l'armée de réserve d'Andalousie, aux ordres de Don Jose Enrique O'Donnell, comte de la Bisbal[2]. Ceux-ci furent renforcés et en partie remplacés le 27 juillet par la division de Don Carlos de España, arrivée de Galice. Il convient de joindre à ces troupes les quelques milliers de soldats et les 500 chevaux de Mina, postés dans les défilés des Pyrénées, et prêts à intervenir si la garnison fût venue à bout de percer les lignes des assiégeants.

Le premier soin de Cassan fut, le 25, dès 7 heures du matin, de rappeler dans ses murs les hommes casernés au dehors, c'est-à-dire à la Maison-Rouge, à l'hôpital Saint-Pierre et à la poudrerie. Exception fut provisoirement faite

1. Belmas et rapport de Cassan.
2. O'Donnell (Jose Enrique), comte de la Bisbal ou l'Abisbal, né en 1769, entre à quinze ans dans la garde royale espagnole, et sert en 1795 contre les Français sous les ordres du prince de Castel-Franco. Général commandant en Catalogne, lors des luttes contre Napoléon, il se signale à l'affaire de La Bisbal. Membre de la Régence (1812), ses dissentiments avec les Cortès l'obligent à démissionner. Placé à la tête de l'armée d'Andalousie, il bloque Pampelune (1813), et coopère aux opérations qui rejettent les Français hors d'Espagne. Ferdinand VII le nomme capitaine général d'Andalousie, grand-cordon de l'ordre de Charles III, président de l'audience de Séville et gouverneur de Cadix (1818). En 1830 il passe au parti constitutionnel; mais ses idées politiques incertaines le rendent suspect à la fois aux royalistes et aux libéraux. Chargé de couvrir Madrid en 1823, il est déposé par ses propres troupes et se réfugie en France où il meurt en 1834.

pour le piquet établi depuis le 18 au faubourg de la Rochapea[1]. A mesure que ces bâtiments étaient évacués, on transportait à la citadelle ce qu'ils contenaient de précieux, et notamment le matériel et les palissades du moulin à poudre. Ce moulin, que couvraient les batteries de la place, avait été entouré d'une enceinte et d'un fossé en vue de prévenir un coup de main des insurgés. Dans l'éventualité d'un siège régulier, il devenait essentiel d'empêcher que sa possession ne favorisât quelque entreprise contre le front de la Rochapea. C'est pourquoi l'on détruisit ce qu'on ne put enlever.

2.500 piques empruntées à l'arsenal furent montées sur le parapet des courtines de la ville et de la citadelle, pour le cas où l'ennemi eût tenté une escalade. Sur les 7 heures et quart, un détachement de cavalerie prit la garde au pont de Tolosa, et les habitants des faubourgs de la Rochapea et de la Madeleine furent avertis qu'ils eussent à quitter leurs demeures exposées au feu de la forteresse. Ce fut environ un quart d'heure plus tard, vers les sept heures et demie, que l'on signala les colonnes britanniques, et que se produisit, entre leur avant-garde et l'arrière-garde française soutenue par le canon de Pampelune, l'échauffourée dont il a été question précédemment.

1. Rapport de Cassan.

Cassan s'attendait à ce que les Alliés fissent sans tarder un effort pour s'emparer de Pampelune. Son entourage partageait cet avis. Il importait donc de compléter l'armement de l'artillerie et de mettre au plus vite les fortifications en état de résister à une entreprise prochaine, sinon imminente. Le gouverneur, Maucune, Doguereau et Quélern procédèrent dans cette matinée du 25 à une visite minutieuse des divers ouvrages, dont toutes les parties faibles furent notées. Les travaux, commencés sur-le-champ, furent poussés sans relâche. Dès le 5 juillet, Pampelune pouvait soutenir un assaut. Le 15, son système défensif, remanié dans les limites où les moyens des assiégés le leur permettaient, ne laissait rien à désirer. Cette pénible besogne, à quoi s'ajoutaient les fatigues du service, les soldats n'abandonnant l'atelier que pour aller passer la nuit sur les remparts où ils bivouaquaient, fut accomplie « avec autant de précision que de célérité » par les compagnies d'artilleurs, de sapeurs et d'ouvriers, secondés des hommes de corvée et d'auxiliaires des autres corps. On rivalisa d'entrain. « L'activité égale la situation où l'on se trouve », constate Maucune dans son journal. « Pas de doute qu'avec le bon, l'excellent esprit dont la garnison est animée, elle aura l'occasion de prouver à l'Empereur comme à l'ennemi, que des revers sans doute passagers ne peuvent l'influencer. » Le rapport de Cassan donne une note analogue. Mais c'est Quélern qui, en la circonstance, fournit le plus de renseignements. Si l'on eût voulu plus sûrement éviter, observe-t-il, le risque de quelque brusque tentative « de la part d'une armée nombreuse dont l'enthousiasme venait d'être porté au comble par des succès récents », il eût été opportun de s'étendre dans la campagne et de se saisir de quelques positions favorables. C'est ainsi que l'occupation des forts du Prince et de l'Infante, restaurés et liés par une double caponnière aux chemins couverts de la citadelle, eût constitué un avantage appréciable. « Un ouvrage sur le plateau de San Roque, pour éclairer les plis du terrain d'où s'écoulent les versants de l'Arga », des lunettes sur les capitales des bastions 2, 3 et 4 de la citadelle, regardant les bas-fonds des routes de Tafalla, de Cordovilla et de Puente Reyna, eussent non moins efficacement concouru à éloigner l'ennemi des endroits les plus accessibles. Mais la faiblesse de la garnison, à peine assez nombreuse pour surveiller le vaste périmètre qu'elle avait à garder, n'autorisait pas que l'on prît ces projets en considération. Le temps faisait défaut, et la présence des coalisés en eût rendu l'exécution très difficile, peut-être même impraticable.

Il fallut se borner aux améliorations possibles. Le palissadement des chemins couverts, passablement détérioré, fut renouvelé sur tout leur parcours, et l'on fraisa les traverses de ceux que leur situation exposait le plus aux insultes de l'ennemi. Des baraques mirent à couvert les rares postes extérieurs conservés à cause de leur proximité. Des matériaux furent préparés pour construire des réduits en forme de block-haus dans les places d'armes rentrantes des fronts sur lesquels l'on présumait que porterait l'attaque des Anglo-Espagnols. Les escaliers en maçonnerie descendant de la contrescarpe dans les fossés furent masqués. Des échelles mobiles, aisées à retirer, leur furent substituées. Les murs séparant les fossés de la ville de ceux de la citadelle furent crénelés et disposés pour la fusillade ; les communications avec le corps de place, assurées par des caponnières et des de-mi-caponnières dans les fossés ; les poternes inutiles, condamnées ; les demi-lunes et contre-gardes, pourvues de tout ce que nécessite une défense prolongée.

Et l'énumération n'est point close. Sous la diligente impulsion de Quélern, les travaux succèdent aux travaux. C'est un fossé creusé au pied de l'escarpe, qui en augmente la hau-teur partout où le besoin s'en fait sentir ; ce sont les flancs bas des bastions de la citadelle qui, malgré les précautions déjà prises, pa-raissent encore dangereux par leur peu d'élévation, et que l'on couronne d'un rang de fortes palissades crénelées ; c'est l'intérieur de la citadelle que l'on distribue de manière à pouvoir à la rigueur y continuer « une résistance successive et opiniâtre ».

Des pièces légères sont placées dans les saillants des chemins couverts. A mesure que l'artillerie construit ses plates-formes, pratique ses embrasures, infatigables, les sapeurs consolident et exhaussent les banquettes, rechargent les parapets affaissés par la vétusté, règlent leurs plongées, les gazonnent et font disparaître, sur les glacis et au delà, tout ce qui est de nature à gêner le tir des bouches à feu. Derrière les batteries, des magasins blindés renferment les dépôts des munitions destinées à la consommation quotidienne. On blinde également l'ouverture des magasins à poudre ; on accommode les casemates de façon à recevoir la garnison au cas d'un bombardement ; et comme les abris voûtés ne sont point suffisants, on y supplée en appuyant une galerie blindée le long des murs de l'église.

Le faubourg de la Rochapea, maintenant désert, n'avait point été occupé par l'ennemi. Il pouvait lui offrir de grandes facilités pour approcher de ce front dont les flanquements étaient de médiocre valeur. Pour y obvier, on démolit un certain nombre de maisons et on coupe les arbres susceptibles de servir de couverts. Le faubourg de la Madeleine subit le même sort le 1ᵉʳ juillet.

Et tout ceci n'empêche pas qu'on ne répare à la fois les fours et la boulangerie, les moulins à bras, les puits et les citernes, les pompes à incendie, les portes et les barrières, les ponts-levis et les ponts dormants, ainsi que les locaux transformés en ambulances.

Doguereau ne déploie pas moins de zèle. Grâce à lui, l'artillerie est promptement réorganisée. Les affûts, pour la plupart vermoulus et tombant en poussière, sont remplacés. Un parc de campagne de 54 bouches à feu, muni de caissons et d'un approvisionnement complet, est constitué dès les premières semaines pour être remis aux Français, lorsque ceux-ci, on ne veut pas en douter, viendront débloquer Pampelune.

Telle est, esquissée dans ses traits essentiels l'œuvre menée à bien sous les auspices de Cassan, par le major Le Gentil de Quélern et le colonel Doguereau. La tactique des Alliés, trompant l'intention qu'on leur supposait de vouloir agir sur-le-champ et vigoureusement, en permit le laborieux accomplissement.

Pendant les journées des 25, 26 et 27 juin, il fut loisible du haut des remparts de suivre leurs évolutions. Reproduisant en partie les mouvements de celles de Joseph, leurs troupes longèrent les monts San Cristoval et Ezcava pour aller prendre le chemin de Villaba à Roncevaux. L'on vit des divisions obliquer sur les vallées du Baztan et de Lanz, et d'autres sur Tafalla par Orcoyen, les deux Zizurs[1] et Noain[2]. Tandis que défilait le gros des forces combinées, les régiments de Picton achevaient d'investir la place. Le 26, ils s'installèrent à Cordovilla et à la Maison-Blanche, établirent un camp dans les bois de Sarregar[3], et s'emparèrent des couverts avoisinants. Le 30, ils se retranchèrent dans les villages de Beriozar, d'Ansoain et d'Artica. Leurs ingénieurs circulaient de jour et de nuit pour reconnaître les entours de la forteresse. Tout le monde à Pampelune crut qu'ils s'apprêtaient à ouvrir la tranchée. Cette opinion fut confirmée par la nouvelle que l'ennemi fabriquait un grand nombre d'échelles à Villaba et à Burlada[4]. Le 4 juillet, il commença à monter des batteries sur les hauteurs de Mendillori et de Sainte-Lucie, ainsi que sur d'autres points dans les directions de Baranain, de Cordovilla et de Mutiloa. Ces travaux furent conduits « avec tant de célérité malgré notre feu, dit Cassan, qu'il ne restait aucun doute que nous serions bien-

---

1. Zizur menor et Zizur mayor.
2. « Sans doute dans l'intention de rejoindre l'armée du Nord (Clausel) à Saragosse », dit le rapport de Cassan.
3. A G., Maucune.
4. Quélern.

tôt attaqués. La garnison s'y attendait et sa contenance n'en fut que plus ferme [1]. »

Soit que, conformément au témoignage catégorique du gouverneur et de ses officiers, l'attitude résolue des assiégés eût impressionné les Anglo-Espagnols, soit que, connaissant la place mal fournie en vivres, ils se flattassent d'y pénétrer bientôt sans consentir les sacrifices que ne manquerait pas d'exiger un assaut, ni sir Thomas Picton, ni O'Donnell, ni après eux Don Carlos de España ne hasardèrent cette offensive qui, dans les premiers temps, avait semblé leur principal objectif. Prudents et patients, ils s'appliquent à changer la Cuença de Pampelune en un immense camp retranché où, bravant l'impétueuse ardeur de leur adversaire, ils épient le moment où la famine le livrera à leur merci. Contre un acte désespéré, toujours à craindre de la vaillance d'un Maucune ou d'un Vincent, ils imaginent un réseau si compliqué de défenses qu'on serait tenté de croire les rôles renversés. De nouveaux retranchements renforcent les batteries de Sainte-Lucie et de Mendillori. Une série de postes est disséminée dans la plaine, hors de portée du canon de la citadelle. Des batteries fermées et des redoutes dressées derrière de profonds ravins, les protègent. A la fin, ces ouvrages sont

---

1. Rapport de Cassan.

multipliés de telle sorte qu'on en compte plusieurs lignes successives jusqu'à une distance de
trois lieues environ [1]. Des coupures, pratiquées
de loin en loin, interdisent l'accès de toutes les
routes qui mènent à la ville. Une multitude de
signaux hérisse les montagnes. Il y a des
camps derrière Sainte-Lucie, à Berrioplano,
auprès de Cordovilla, à Badastrain, à Huarte et
à Villaba. Tous ces villages regorgent de
troupes qui s'y sentent si peu en sûreté qu'elles
en barricadent les avenues et qu'elles fortifient
les maisons où elles logent [2]. La sévérité du blocus, pas plus que le souci de contenir la garnison, ne suffisent à expliquer ce luxe inusité de
précautions. Il se justifie amplement au contraire par l'appréhension de voir l'armée française, reformée par Soult derrière les Pyrénées, bousculer celle de Wellington, et prendre
sa revanche de Vitoria en délivrant Pampelune.
De fait, l'événement faillit donner raison à ce
calcul.

Quoi qu'il en soit, les résultats de la méthode
expectante adoptée par les Alliés se firent
bientôt sentir dans la place. La grave question
des subsistances s'y posa presque aussitôt. Cassan aborda le problème sous son double aspect:
diminuer le nombre des consommateurs, régle-
menter strictement la consommation de ceux

1. Quélern.
2. Quélern.

qui demeureraient. En ce qui concerne le premier terme, la politique se trouva d'accord avec la nécessité. Il y avait urgence à maintenir dans le respect une population dont les sentiments sympathiques à l'égard des assiégeants prenaient tout juste la peine de se dissimuler. C'est pourquoi, dès le commencement du blocus, le général ne balança pas à faire arrêter et garder à vue le baron d'Armendaritz, maréchal de camp, le brigadier Ramirez, le colonel Bodet, le lieutenant-colonel Juan Demiguél et Don Firmin Mengos, officier de cavalerie, tous cinq Espagnols de marque, jusque-là prisonniers de guerre sur parole, et dont l'influence sembla pernicieuse. Le lendemain 26 juin, une décision du gouverneur intima aux « parents des insurgés et aux personnes suspectes et dangereuses » l'ordre de s'en aller. Pareille injonction atteignit ceux des habitants qui ne seraient pas en état de prouver la possession de trois mois de vivres au moins. 1.750 hommes, femmes ou enfants quittèrent la ville en exécution de ces mesures [1]. Le 28, on fit un recensemènt officiel de la population ; et une commission, présidée par le chef de bataillon Marin et le capitaine Calté, fut instituée dans le but d'examiner les ressources de chacun en comestibles et en combustible, et de faire rentrer dans les magasins les

---

1. MAUCUNE, *Journal du blocus* et rapport de Cassan.

denrées abandonnées dans leurs maisons par les émigrés, et celles qui, chez les autres, excéderaient le dépôt obligatoire de trois mois. La commission inaugura ses fonctions le 29. Des visites domiciliaires eurent lieu dans les seize quartiers, effectuées à la fois par un membre de la municipalité, un commissaire de quartier, un officier de la garnison et un employé de l'administration de l'armée. Mais quelque minutieuses que fussent ces investigations, l'interdit lancé jadis par Mina avait été si scrupuleusement observé, qu'on n'en retira qu'un mince profit. Toutefois 10.620 rations de pain, 15.603 de vin, 5.221 de lard et 37.600 mesures d'huile vinrent grossir les réserves de la citadelle. Le 9 juillet, 469 individus des deux sexes, incapables de justifier de trois mois de vivres, furent conduits aux avant-postes ennemis. La même opération fut répétée le 10 pour dix hommes et six femmes surpris à mendier, et le 16, pour 236 habitants nécessiteux. A la vérité, ce n'était qu'un palliatif et non un remède efficace contre une pénurie de plus en plus menaçante.

Aussi bien, dès le début, la plus rigoureuse économie avait-elle été de règle dans l'administration des subsistances. La viande de bœuf qui, pendant les trois premiers jours, avait été distribuée aux troupes à la ration ordinaire de 8 onces, ne le fut plus, à partir du 28 juin, qu'à celle de 4 onces, à quoi l'on adjoignit 2 onces de riz, en compensation. Le 8 juillet, nouvelle diminution : on ne donne plus de viande fraîche qu'un jour sur deux. Le reste du temps il faut se contenter de 3 onces de lard. Le 24, la ration de riz elle-même est abaissée à 2 onces [1]. Quant à la boisson, ce que l'on possédait de vin était si peu de chose que, même avant le blocus, on avait renoncé à en faire boire aux hommes. Les officiers s'en privèrent aussi, et ce qu'on en garda fut envoyé aux hôpitaux. Cassan s'était d'abord montré assez parcimonieux d'eau-de-vie. Il voulait la réserver comme un stimulant exceptionnel, pour les jours où l'ennemi ferait quelque grande entreprise. Mais l'hypothèse d'un assaut paraissant de moins en moins devoir se réaliser, et la quantité de cette liqueur étant relativement considérable, la ration, supprimée de moitié, fut rétablie dans son entier le 11 juillet. Ainsi, après un mois d'investissement, la situation de la garnison, au point de vue alimentaire, était déjà très resserrée ; non qu'on en désespérât, mais force était de convenir que, si le secours attendu n'arrivait pas de l'extérieur ou si quelque raison n'obligeait point les Alliés à se retirer, l'heure pourrait venir où de sérieuses résolutions seraient à envisager.

Préoccupé de reculer cette éventualité, Cas-

---

1. Elle était précédemment de 3 onces.

san usa d'un expédient qui, s'il avait l'inconvénient de valoir aux troupes un surcroît de fatigue, présentait ce triple avantage d'affermir en elles l'esprit militaire, d'améliorer quelque peu leur triste ordinaire, et de tenir les Anglo-Espagnols perpétuellement en haleine. Pampelune était entourée de champs cultivés et de jardins plantés de légumes et d'arbres fruitiers. Il résolut d'aller y chercher le supplément destiné à augmenter la maigre pitance des hommes et le fourrage indispensable aux chevaux et aux bœufs du parc. La récolte, à vrai dire, ne promettait point d'être opulente comme en temps normal. Le séjour de la majeure partie de la cavalerie de l'armée du Nord, au mois de juin, l'avait extrêmement endommagée ; plus récemment, le passage des armées du Centre et du Midi avait occasionné de nouveaux dégâts. C'est donc moins office de moissonneurs que de glaneurs qu'ont à remplir les assiégés. L'ennemi, acharné à leur disputer de misérables restes, ne se fait point faute de les harceler, et souvent, à la nuit tombée, s'aventure jusque sous le canon des remparts, pour enlever quelques grains ou pour incendier un peu de paille. Deux fois par semaine d'abord, ensuite tous les deux jours, à la fin presque quotidiennement, une escouade sort des murs « pour

1. Cassan, Maucune, Quélern.

aller faire du verd », selon l'expression consacrée. Un second détachement la suit, attentif à détourner d'elle toute agression inopportune. Parfois, l'opération se passe tranquillement, ou bien l'on se tiraille sans trop se faire de mal; mais souvent aussi des renforts arrivent respectivement de la ville et du camp adverse, et c'est une bataille rangée qui s'engage. Au surplus, grâce à leurs retranchements et à leur artillerie, les soldats d'O'Donnell ont beau jeu à incommoder les travailleurs, et la fréquence de ces « sanglantes récoltes » accrédite rapidement dans leurs rangs l'opinion que Pampelune est aux abois. Désireux d'affaiblir chez eux ce sentiment de leur supériorité, Cassan riposte en mettant une coquetterie obstinée, lorsque ses fourrageurs sont trop vivement repoussés, à les soutenir, à les réconduire à la charge et à ne jamais les laisser rentrer, que leur besogne ne soit accomplie, et les coalisés dispersés.

Le 30, une aubaine imprévue s'offre à la garnison. Un troupeau de bœufs est aperçu, qui côtoie le San Cristoval et semble faiblement escorté. Aussitôt, le chef de bataillon Van der Capellen avec 100 hommes d'infanterie et 40 chevaux, médite de s'en emparer. L'audacieux coup de main échoue pourtant. Les Espagnols étaient sur leurs gardes. Ils se massent en force devant la Maison Rouge et sur les hauteurs d'Ansoain. Maucune, qui venait à la rescousse, fait revenir les troupes[1].

Les jours suivants, à l'exception de deux reconnaissances poussées, l'une le 1er juillet, par le capitaine Calté jusqu'à la maison Suza, l'autre, le 5, par le chef d'escadron Germain vers le fort du Prince, on ne relève guère que les habituels incidents du fourrage et le tir assez peu efficace de la ville contre les ouvrages situés à droite du bourg de Cordovilla, de la Maison-Blanche et de la route de Puente La Reyna.

Plus sérieux est le combat qui se livre le 11 juillet. Ce jour-là, les moissonneurs, partis comme de coutume par la porte de la Taconera, rencontrent une troupe nombreuse et décidée qui les rejette en arrière. A cette vue, Maucune, prenant 300 fantassins et 50 chevaux, s'élance et les ramène « au verd ». Une violente mêlée commence. L'ennemi, habilement attiré à portée des canons de Doguereau, est contraint de rétrograder en désordre. Une charge de cavalerie achève de rompre ses rangs. Pour couvrir sa retraite, il fait avancer deux pièces d'artillerie légère qui ouvrent un feu très nourri, mais les boulets de la citadelle les démontent presque immédiatement. Au cours de l'action, plusieurs obus tombent sur la ville sans éclater. On coupe un fourrage abondant, après quoi

1. Maucune.

les Français, maîtres du terrain, regagnent leurs quartiers. L'affaire leur a coûté un officier, M. Moreau, du 52ᵉ de ligne, frappé mortellement, 3 hommes et un cheval tués et 17 hommes et deux chevaux blessés. Les Espagnols, balayés à plusieurs reprises par le feu des remparts, ont subi des pertes plus importantes [1].

Nouvelle escarmouche le 14 [2]. Le chef de bataillon Germain, étant allé en avant de la porte Saint-Nicolas protéger 200 moissonneurs, une compagnie de grenadiers du 52ᵉ reçoit la mission d'enlever le fort du Prince et y réussit sans coup férir. Mais O'Donnell envoie tant de monde pour le reprendre, que les Français, inquiétés par les batteries de Mendillori et de Cordovilla, sont obligés de se replier, non sans avoir fait une abondante récolte.

Le 19, le gouverneur ordonne « un grand fourrage », sur le plateau qui s'étend devant le faubourg de la Madeleine. 160 hommes d'infanterie et tous les gendarmes à cheval disponibles, commandés, les premiers, par le chef de bataillon Roussel, les seconds, par le capitaine Boutard, sous la direction supérieure du colonel de gendarmerie Vincent, se mettent en marche à 4 heures du matin par la porte de France. Ils atteignent à peine le champ d'exploi-

---

1. Maucune, Cassan, Quélern.
2. Le journal de Maucune donne la date du 14; le rapport de Cassan, celle du 15. Quélern ne parle pas de cette sortie.

tation que 1.500 fantassins et 120 cavaliers leur barrent le chemin. En un instant, la fusillade crépite sur toute la ligne. Les batteries de la Madeleine, grâce à leur proximité et à leur précision, exercent de tels ravages parmi les Alliés, que ceux-ci, déjà ébranlés par une charge du capitaine Boutard, se retirent, découragés, vers Burlada et la Maison-Rouge. On ramasse le foin sans se presser, et les gendarmes, croyant la lutte terminée, rentrent dans les fossés près des palissades. Mais l'ennemi veut sa revanche. Sans bruit, il rassemble un corps de cavalerie derrière la Maison-Rouge. Hommes et chevaux arrivent par dix et à la file, des divers cantonnements. Soudain, divisés en trois escadrons forts chacun de 80 cavaliers, à la tête desquels figure la compagnie d'escorte du comte de la Bisbal, reconnaissable à ses colbacks, ils font irruption hors de leurs retranchements. Vincent averti accourt, leur fait front et, malgré la disproportion du nombre, les aborde brillamment. L'infanterie de Roussel, de son côté, se bat furieusement. Si violente est la mêlée, que Vincent, entouré, court un moment le danger d'être pris, et ne doit son salut « qu'au courage qui le distingue et à l'intrépidité de sa troupe [1] ». Finalement, les Anglo-Espagnols, sabrés, culbutés, « taillés en pièces [2] », se réfugient à Bur-

1. Analyse du *Journal du blocus* (MAUCUNE).
2. A G., Quélern.

lada, laissant plus de 150 hommes hors de combat. On ne leur fit que 7 prisonniers, alors qu'on eût pu leur en capturer 100, « mais il eût fallu les nourrir, et cela eût diminué les approvisionnements de siège [1] ». Dans la soirée, Vincent et Roussel regagnent Pampelune au milieu des acclamations des soldats, qui, massés sur les murs, ont assisté aux péripéties de ce glorieux fait d'armes.

Le lendemain, un arrêté de Cassan décida qu'il serait à l'avenir délivré, à titre de gratification, une ration de vin aux hommes employés au fourrage et une d'eau-de-vie à ceux qui seraient chargés de les couvrir.

Du 20 au 26 un calme relatif régna autour de la place. L'ennemi semblait absorbé par la construction d'une nouvelle redoute, située entre celle de la Chapelle et le fort du Prince, et par le soin qu'il apportait à retrancher le hameau de Baranain, derrière lequel il avait entrepris de grands travaux. Réserve faite d'une démonstration vainement esquissée le 22 par le chef d'escadron Caux, contre ce même fort du Prince, on ne note pendant cet intervalle qu'une inutile et mutuelle canonnade.

1. A G., Quélern.

CHAPITRE V

LE MIRAGE DE LA DÉLIVRANCE

Le 26 juillet, un coup de théâtre se produit, susceptible de modifier totalement la fortune des assiégés. Dès le matin, on observe dans les lignes anglo-espagnoles des signes d'effervescence et de confusion. A mesure que la journée s'avance, ces marques augmentent d'intensité. A 4 heures du soir, un feu continu de mousqueterie et d'artillerie éclate brusquement dans la direction de Zubiri, pour ne cesser qu'à 9 heures. Plus de doute. Les Français sont aux prises avec les Alliés et marchent au secours de la place. Rapide comme la foudre, la nouvelle vole dans Pampelune, et le gouverneur, en hâte, se prépare à tirer parti des événements.

Depuis un mois, Cassan ignorait tout de l'armée. Deux fois il avait essayé de communiquer avec elle. Ce fut d'abord, le 2 juillet, par un billet envoyé à Jourdan. Il lui rendait compte des mesures qu'il avait cru devoir prendre pour organiser la résistance, et l'informait que les régiments britanniques avaient suivi « les directions de Taffalla en passant par Zizur Mayor et Menor, et de Roncevaux en passant par Beriozar, Artica, Ansoain, Villaba et Huarte [1] ». Mais cette dépêche ne toucha pas le maréchal. Une seconde, du 16 juillet, le renseignait sur la situation matérielle et morale des assiégés et sur l'étendue des travaux ordonnés par O'Donnell autour de Pampelune. « J'ai 670 hommes de plus que ceux portés sur l'état que j'ai eu l'honneur de vous remettre le 24 juin, ajoutait Cassan, et de 937 hommes qui étaient à l'hôpital, il en reste 618. Je fournis aux hôpitaux avec l'approvisionnement de siège. Du reste la garnison est en bonne santé et bien disposée [2]. » Cette missive confiée à une certaine Bracilia Olondri, native d'Eugui, qui, moyennant une assez forte somme, promit d'en rapporter la réponse, ne parvint pas davantage à son destinataire. Au surplus, depuis quatre jours, à l'autorité chancelante du roi Joseph et de Jourdan avait succédé le commandement du duc de Dalmatie.

Ces tentatives étant demeurées infructueuses, les seules indications que reçut le gouverneur le furent par l'intermédiaire de déser-

---

1. A G., Correspondance de l'armée d'Espagne. Cassan à Jourdan. Pampelune, 2 juillet.
2. *Id.*, 16 juillet.

teurs qui, en nombre respectable, se présentè-
rent aux portes de la ville. Le 27 juin, c'est un
Français, ancien soldat du 14e de ligne, pris
en Calabre et enrôlé de force dans les rangs
britanniques; le 1er juillet, un Polonais qui a
subi le même sort; le 9, deux enfants espagnols
venant de Beriozar et originaires de Pampelune;
le 12, un militaire, Allemand de nationalité; le 19
et le 20, deux fantassins, dont l'un Français de
naissance; le 21, quatre prisonniers également
Français, qui, contraints d'accepter du service à
l'étranger, se sauvaient à la première occasion;
le 25, trois autres dans des conditions analo-
gues[1]. Interrogés avec soin, tous abondèrent en
détails sur la journée de Vitoria, sur l'emplacement et sur la consistance des ouvrages édifiés
par les assiégeants, sur le passage de lord Wellington à Tiebas, sur la composition des régiments cantonnés dans la Cuença, sur le siège
de Saint-Sébastien, mais de Joseph et de ses
troupes ils ne savaient rien ou presque rien, et
sur ce sujet, ne procurèrent à Cassan que des
données vagues et insignifiantes.

Celui-ci, à vrai dire, avait son plan tout formé.
Une trouée héroïque à travers les escadrons
anglo-espagnols, outre que l'élan s'en fût probablement brisé devant leur épaisseur et sur
leurs retranchements, n'était dans tous les cas

1. A G., *Journal du bloous* (MAUCUNE).

réalisable que si le général y employait la totalité
de ses forces. Encore, dans ces conditions, l'infériorité de ses moyens lui ôtait-elle presque toute
chance de réussite. Cet expédient, admissible
pour une garnison acculée aux extrémités, avait
de plus, en supposant même qu'il fût couronné
de succès, le tort essentiel de livrer Pampelune
à O'Donnell. C'est pourquoi Cassan, fidèle au
poste d'honneur qu'il avait assumé, refusa
de souscrire à la glorieuse folie que réclamaient
les enthousiastes de son entourage. Il préféra
concentrer son effort dans une diversion aussi
vigoureuse que possible, qui détournant une
bonne part des troupes du blocus, favoriserait
d'autant le mouvement de celles qui se portaient
à son aide.

Donc, le 26, sur les 11 heures du soir, une
opération préliminaire est prescrite à l'effet de
déblayer le terrain. Trois grands bâtiments,
l'hôpital Saint-Pierre, le couvent des Capucins
et la Maison-Rouge constituaient aux abords de
la place une série de points d'appui précieux à
l'ennemi. Le départ précipité du roi Joseph avait
empêché qu'on ne les détruisît avant l'investissement. Cassan charge le capitaine Roland, du
52ᵉ, de réparer cette omission. 200 fantassins et
20 sapeurs, munis de haches et de fascines, em-
portent sans difficulté l'hôpital Saint-Pierre et
les Capucins, mais à la Maison-Rouge les Espagnols se défendent si opiniâtrément que la

colonne revient sans avoir pu y pénétrer.

Le lendemain 27, le désarroi remarqué la veille dans les lignes du comte de la Bisbal prend des proportions inquiétantes. Des convois de blessés et de bagages filent de Villaba sur Berrioplano [1]. Par endroits, l'horizon s'empourpre de lueurs sanglantes et, d'instant en instant, des explosions se font entendre. Ce sont les magasins qui sautent. Enflé par l'écho des montagnes, le bruit de la canonnade arrive de plus en plus distinctement jusqu'à la citadelle. Une espèce de panique semble avoir saisi les coalisés.

A 7 heures du matin, Maucune avec 300 fantassins et une centaine de gendarmes à cheval [2], fait irruption par le pont de la Madeleine, renverse les tirailleurs qui s'opposent à son passage, et entre dans la maison Suza que ses artificiers se mettent en devoir d'incendier. Puis, à la tête de la cavalerie, il dévale à travers la plaine, sabre tout ce qui s'y trouve et donne aux moissonneurs le temps de faire une ample provision. Entraîné par son mouvement jusqu'auprès de Villaba, il aperçoit sur les hauteurs qui dominent l'arrière de ce village, les feux croisés de l'infanterie française fouettant le versant de l'Arga. Tandis que son chef d'état-major pousse victorieusement cette offensive, Cassan

1. A G., Journal de Maucune.
2. A G., Journal de Maucune.

dépêche le chef de bataillon Marin, avec 200 hommes et une pièce de 4, sur la gauche du couvent de Saint-Pierre, pour menacer la Maison-Rouge et attirer l'ennemi de son côté. La manœuvre réussit à souhait ; et cet officier prend si adroitement ses dispositions que les Espagnols, qui s'apprêtent en nombre à le déborder, sont arrêtés tout net. L'action, très meurtrière pour les Alliés, ne cesse que sur les 6 heures du soir. La garnison a 2 hommes tués et 47 blessés, parmi lesquels le brave lieutenant de gendarmerie Hostein qui ne tarde pas à succomber. Les soldats ont manifesté un tel entrain qu'il faut les ordres réitérés de Maucune pour les faire revenir en ville.

Là, une impressionnante vision les attend. Tout Pampelune s'agite sur les remparts et, de cette multitude anxieuse, haletante, une clameur s'élève, tandis que se succède le fracas des détonations, présage d'une délivrance prochaine. Un sursaut d'espoir fait tressaillir les cœurs. Militaires de tout grade, employés de l'administration, tout ce que la cité renferme de Français éclate d'une joie bruyante, bat des mains, appelle du geste et de la voix l'armée libératrice. « Jamais, s'écrie Quélern, spectacle ne fut plus touchant ni plus animé... Cette scène d'enthousiasme et d'attendrissement est impossible à rendre. Pour l'ébaucher il faudrait la plume d'un Homère ou le pinceau d'un Raphaël. L'ardeur de nos soldats était à son comble. Tous se disputaient l'honneur d'être les premiers à communiquer avec leurs frères d'armes. Aucune barrière ne leur paraissait assez forte pour les empêcher d'aller se joindre aux troupes qui venaient à leur secours. Des masses anglaises, portugaises et espagnoles d'une énorme profondeur ne leur paraissaient pas un obstacle insurmontable, et certes, si cette barrière n'était pas franchissable, elle aurait du moins été bien ensanglantée. »

A la nuit, un tableau pittoresque et réconfortant réjouit la vue de la garnison. Toutes les montagnes des vallées de Zubiri et d'Esteribar[1], resplendissent des feux des divisions de Soult. On se refuse à quitter les murailles. On y campe jusqu'à l'aube. Chacun se persuade que quelques heures à peine le séparent de la liberté. Le haut commandement partage cette conviction. « Tout laissait présumer, dit Maucune, que les ennemis se retiraient. Ils avaient même fait sauter une partie de leurs munitions. » Le rapport de Cassan n'est pas moins affirmatif. « Vers les 7 heures du soir, y lisons-nous, on vit l'ennemi réunir de fortes masses sur le plateau à droite de Huarte et couronner le mont San-Miguel entre Huarte et Villaba, les montagnes en avant d'Arre et le mont Ezcava. Il dé-

---

1. A G., Quélern (Mémoire).

sarmait ses batteries et mettait le feu à ses munitions. Tout portait à croire que sa retraite était décidée et la levée du blocus assurée pour le lendemain... Une partie de notre armée couronnait les montagnes au-delà d'Olloqui et au-dessus de Gorraiz [1]. »

Cette journée du 28, objet de tant d'impatience, se passa dans la même fièvre. Des ouvrages de Pampelune, on distinguait nettement les adversaires en présence, conservant leurs positions de la veille. Les Alliés, toutefois, semblaient avoir reçu d'importants renforts. A l'aurore, la fusillade reprit.

Dès 6 heures du matin, le gouverneur fit sortir les moissonneurs. Le chef de bataillon Roussel, à la tête de 600 hommes, s'établit devant le faubourg de la Madeleine pour surveiller le fourrage, mais les assiégeants qui, on l'apprit depuis, venaient de se grossir de la division de Don Carlos de España, évitèrent tout engagement, se bornant à tirer sur la ville de leur batterie de Sainte-Lucie [2]. Dans la confusion générale, vingt déserteurs, ayant appartenu à des régiments français et incorporés par les Anglais, purent s'échapper et furent recueillis dans la citadelle. Ils assurèrent que les magasins de Huarte avaient été livrés à discrétion à la troupe, de peur qu'ils ne tombassent aux mains

1. A G., Rapport de Cassan.
2. A G., Journal de Maucune-Rapport de Cassan.

du duc de Dalmatie, et que la retraite d'O'Donnell était imminente. Ils évaluèrent à plus de 40.000 hommes les forces britanniques, que lord Wellington commandait en personne.

Vers les 3 heures, il y eut dans la direction d'Arre une recrudescence dans la canonnade. Gassan, supposant que la droite de l'armée tâcherait à déboucher par la vallée de Escavarte, sur les cols formés par les monts San-Cristoval et Ezcava, d'où il lui serait facile de donner la main à la garnison, se tint prêt à tenter au moment favorable une sortie en masse avec de l'artillerie.

Mais le soleil se coucha sans amener rien de décisif. A Pampelune pourtant, on ne se résignait pas à désespérer. Comme la nuit précédente, la foule s'obstina à veiller sur les remparts, ballottée tour à tour par l'espérance ou par la crainte, selon que les feux faisaient mine de s'approcher ou bien de s'éloigner. Au bout de quelques heures, leur éclat commença de faiblir.

Le 29, les bruits du combat, encore qu'ininterrompus, diminuèrent d'intensité. On vit l'ennemi, prolongeant sa gauche, se porter vivement en avant. Dans l'après-midi, le chef d'escadron Caux alla en reconnaissance jusqu'au fort du Prince qu'il trouva inoccupé, y prit 150 grenades et le fit sauter.

Le 30, aucune illusion ne fut plus permise.

A peine percevait-on la fusillade. Les Alliés, pressant leur offensive, gagnaient du terrain vers Zubiri. Au crépuscule, les feux des bivouacs, dont l'apparition avait excité tant d'allégresse, cessèrent de briller. La montagne resta sombre. Il fallut se rendre à l'évidence. Les Français battaient en retraite.

Le coup fut rude après les transports du 27. Un morne abattement courba les défenseurs de Pampelune. Mais ils se ressaisirent vite. « Nous dûmes perdre l'espoir d'être débloqués », dit Cassan avec son ordinaire concision. « La garnison en fut affectée, mais elle ne perdit rien de son ardeur, ni du bon esprit qui l'a toujours animée. Ce jour-là même encore, comme dans plus de quarante sorties... elle fit preuve de sa résolution. »

Ainsi, par un cruel désappointement finit le mois de juillet, prélude au douloureux labeur que l'avenir ménageait à Cassan et à ses compagnons d'infortune.

LIVRE II

L'EFFORT DE SOULT

CHAPITRE PREMIER

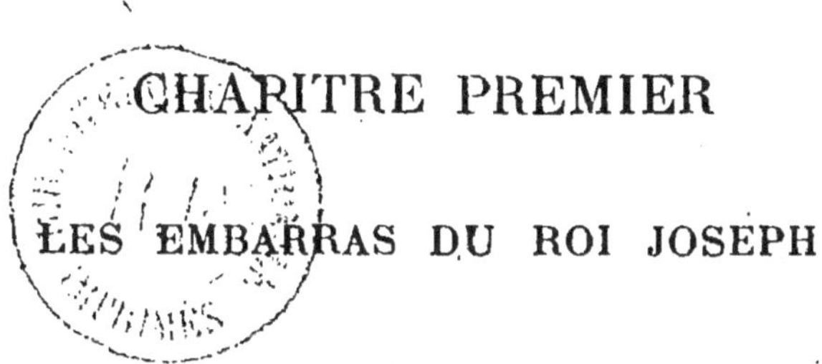

LES EMBARRAS DU ROI JOSEPH

C'était bien en effet dans l'intention de secourir Pampelune, que les Français avaient poussé en avant cette pointe qui venait d'émouvoir si justement la garnison. Pour comprendre la genèse du mouvement, il nous faut remonter à cette matinée du 25 juin, où le roi Joseph, quittant Pampelune, s'était dirigé vers Lanz[1]. Le

---

1. Il ne saurait être question de recommencer ici l'historique de la campagne que mena le maréchal Soult sur la frontière des Pyrénées. De plus qualifiés que nous s'en sont acquittés avec une autorité qui s'impose. Qu'il nous suffise de nommer le commandant CLERC, dont le livre (*la Campagne du maréchal Soult dans les Pyrénées occidentales en 1813-1814*, Paris, 1894) a, parmi beaucoup d'autres, le mérite d'une documentation de tout premier ordre; le lieutenant-colonel J.-B. DUMAS, dont le maître ouvrage (*Neuf mois de campagne à la suite du maréchal Soult*, Paris, 1907) contient, lumineusement exposés et raisonnés, les moindres actes de la difficile résistance que, du mois de juillet 1813 à celui d'avril 1814, le duc de Dalmatie opposa à Wellington; le général LAMIRAUX, qui, dans ses *Études de guerre* (Paris, 1902), s'est fait le théoricien distingué de la *Manœuvre de Soult, 1813-1814*. Aussi bien

26, il établit son quartier général à Elizondo. A la fin du mois, définitivement installé à Saint-Jean-de-Luz, il s'occupait à remettre un peu d'ordre dans l'armée, dont les derniers événements avaient profondément affecté le moral.

Ses troupes, que les soldats de Wellington[1],

notre but est-il tout différent. C'est de la défense de Pampelune, peu ou point étudiée jusqu'ici, — à part le récit de BELMAS, dans ses *Journaux des sièges faits ou soutenus par les Français dans la Péninsule, de 1807 à 1814* (Paris, 1836-1837), nous ne connaissons sur ce sujet qu'un intéressant, mais court article de M. GEOFFROY DE GRANDMAISON dans la *Revue hebdomadaire* du 11 octobre 1913, — que nous prétendons traiter ; et, si, avec l'aide des documents des archives historiques du ministère de la Guerre, des sources françaises, anglaises et espagnoles, dont la liste est indiquée à la fin de ce volume, et des œuvres des savants auteurs que nous venons de citer, nous avons dû retracer quelques-unes des opérations du maréchal Soult, ce n'est que dans la mesure où elles ont eu un lien certain avec le blocus de la capitale de la Navarre. Dès que diminue cette condition essentielle, ou qu'elle vient à cesser, notre résumé se fait succinct jusqu'à ne plus présenter que les traits généraux indispensables à noter.

1. Wellington (Arthur Wellesley, duc de), né à Dublin le 29 avril 1769. Elève à l'école militaire d'Angers (France) (1786), il entre dans l'armée anglaise (1787), sert en Hollande (1794), puis aux Indes, où il remporte contre les Mahrattes les victoires d'Assaye (1802) et d'Argoun (1803). Membre du Parlement (1806), il est mis à la tête de la réserve de l'armée de Zélande et prend part à l'expédition danoise (1807). Lieutenant général (1808), envoyé en Portugal, il signe la convention de Cintra, lutte dans la péninsule contre Soult (1809), Masséna et Marmont, puis, en 1813, de nouveau contre Soult qu'il oblige à reculer jusque sous les murs de Toulouse (1814). Ambassadeur à Paris (1814), à Vienne (1815), il dirige les forces britanniques aux Quatre-Bras et à Waterloo. Il représente l'Angleterre au congrès de Vérone (1822), et forme avec Peel un cabinet (1828). Premier lord de la Trésorerie, il démissionne (1830), pour redevenir (1834) secrétaire d'État à l'Intérieur, puis ministre des Affaires étran-

alourdis par le butin pris à Vitoria, ralentis par une certaine hésitation de leur chef et par la résistance de Saint-Sébastien et de Pampelune, suivent, selon l'heureuse expression d'un historien de cette campagne [1], « à pas de loup », sont réparties en trois tronçons. L'armée du Midi, aux ordres du général Gazan tient à la fois la vallée de Saint-Jean-Pied-de-Port et le bassin de Sare; celle du Portugal, commandée par le général comte Reille [2], ét grossie le 1er juillet de 16.000 hommes que Foy [3] amène de

gères. Ministre sans portefeuille dans le second cabinet Peel, la chute de ce dernier (1846) met fin à sa carrière politique. Commandant en chef de l'armée (1842), Wellington ne s'occupe plus que de questions militaires jusqu'à sa mort survenue le 14 septembre 1852.

1. Le commandant Clerc.

2. Reille (Honoré-Charles-Michel-Joseph, comte), né en 1775, mort en 1860. Engagé (1791) ; lieutenant (1793); aide de camp de Masséna; capitaine (1796); général de brigade (1803) ; chef d'état-major de Lannes ; aide de camp de Napoléon ; comte de l'Empire (1808), il commande l'armée de Portugal (1812), et le 2e corps pendant les Cent Jours. Pair de France (1819); gentilhomme de la chambre du Roi (1820), il est nommé maréchal de France en 1847.

3. Foy (Maximilien-Sébastien), né le 3 février 1775, mort le 25 novembre 1825, entre à 15 ans à l'école d'artillerie de la Fère. Lieutenant à l'armée du Nord, puis capitaine, il est emprisonné par ordre du représentant Joseph Lebon, et remis en liberté à la réaction thermidorienne. Chef de brigade (1799), il vote contre le consulat à vie (1802), et s'oppose à l'Empire, puis rend de grands services en Moravie (1805), en Dalmatie (1806), à Constantinople (1809). Envoyé en Espagne, promu général de brigade (1809), de division (1810), il dirige l'arrière-garde française à Salamanque (1812), et se fait gravement blesser à Orthez (1814). Grand officier de la Légion d'honneur et inspecteur général d'infanterie à Nantes sous la première Restauration, il se rallie à l'Empire des

Biscaye, défend Vera, la Rhune, Hendaye et le cours inférieur de la Bidassoa ; celle du Centre, enfin, dirigée par le comte d'Erlon[1], garde les débouchés de Maya et la vallée de Baztan.

Ce n'est point en l'occurrence une mince affaire que d'assurer la subsistance de cette multitude, de la fournir de munitions, de maintenir surtout la discipline dans ses rangs. Joseph fait en ce sens de louables efforts. Le surlendemain de Vitoria, il écrit non sans quelque découragement au duc de Feltre : « L'armée n'a ni pain, ni artillerie. La perte en hommes n'est pas très grande, mais il faudra remonter l'artillerie, et il est instant que l'Empereur s'occupe de ses armées d'Espagne. Le pays ne leur fournit rien, et la Navarre surtout est fort mal disposée[2]. » Le même jour, Jourdan prescrit au géné-

Cent Jours et commande une division dans le corps de Ney aux Quatre-Bras. Député de Péronne (1819), élu en 1824 à la fois à Paris, à Saint-Quentin et à Vervins, il prend place parmi les orateurs les plus écoutés de l'opposition libérale.

1. Drouet, comte d'Erlon (Jean-Baptiste), né le 29 juillet 1765, mort le 25 janvier 1844. Général de brigade (1799), de division (1803), il se distingue à Iéna, à Friedland ; commande le 9ᵉ corps en Portugal (1810), l'armée du centre de l'Espagne (1812) et le 1ᵉʳ corps à Fleurus et à Waterloo. Exilé (1815), compromis dans la conspiration de Didier et condamné à mort par contumace (1816), il est amnistié (1825), nommé gouverneur de l'Algérie (1834-1835) et maréchal de France (1843).

2. A G., correspondance de l'armée d'Espagne. Joseph au duc de Feltre, 23 juin.

ral L'Huillier[1], qui commande à Bayonne, de diriger de suite des provisions et du fourrage sur Saint-Jean-Pied-de-Port et Saint-Jean-de-Luz, afin que l'armée qui se replie sur ces villes puisse à son arrivée y « trouver les moyens de subsister[2] ». L'Huillier proteste de son bon vouloir, mais, remarque-t-il, « la réserve ne donnera que 12 à 14 jours de vivres à l'armée ». Il n'en ramassera pas moins tous les moyens possibles, encore qu'il manque d'argent et de transports[3]. De fait, le 26 juin, il put envoyer 500.000 cartouches aux endroits indiqués.

Telle est la pénurie générale que Joseph, dépêchant à Napoléon le comte de Melito[4],

1. L'Huillier de Hoff (François, baron), né en 1759, fait sous les ordres de Bouillé les campagnes de 1779, 1781, 1882, 1783, sur les côtes de l'Océan. Chef de bataillon (1794) ; employé à l'armée d'Italie, puis à celle d'Orient; chef de brigade (1801), il sert dans la Grande Armée et se distingue au combat de Hoff, contre les Russes (1807). Général de brigade (1807), baron de l'Empire (1808), il est présent à Eckmuhl, à Wagram et nommé général de division le 31 juillet 1811. En 1813, il commande la ville de Bayonne, puis l'armée de réserve des Pyrénées, et ensuite la 11ᵉ division militaire (Bordeaux), jusqu'au 18 octobre 1814. Napoléon le met pendant les Cent Jours à la tête de la 10ᵉ division à Toulouse. Il meurt le 8 mai 1837.

2. A G., le Maréchal Jourdan au général L'Huillier. Irurzun, 23 juin.

3. A G., lettre de L'Huillier. Bayonne, 23 juin.

4. Miot de Melito (André-François, comte), né le 9 février 1762. Commissaire des guerres (1788), contrôleur général de l'Administration des étapes et convois militaires après le 10 août; ministre en Toscane (1795), commissaire extraordinaire en Corse; ministre en Piémont (1706); conseiller d'État (1798); Joseph Bonaparte l'emmène à Naples et en fait son ministre de la Guerre et de l'Intérieur (1806). Ayant

prie la reine Julie de remettre 8.000 francs à ce dernier lorsqu'elle le verra à Paris, « afin qu'il puisse faire convenablement sa route » et rapporter au plus vite la réponse impériale. « Ma maison », constate-t-il, « coûte encore 300.000 francs par mois et je n'ai pas un sou pour la payer; elle vit depuis la funeste journée du 21 avec le peu d'argent que chacun de mes officiers ou de mes domestiques avait dans sa poche, et pour te donner une plus parfaite idée de ma position, je dois ajouter que je suis resté avec un napoléon en or dans mes poches après le massacre de M. Thibaud[1] que je regrette beaucoup[2]. »

D'autre part, les soldats qui, au cours de la guerre, ont pris des habitudes de rapine et de maraudage, commettent jusque sur le territoire français de regrettables excès, que la faiblesse du commandement ne réprime que difficilement. Les autorités civiles s'émeuvent. Voici quelle peinture le comte d'Angosse, préfet des Landes[3],

suivi ce prince en Espagne, il revient en France après Vitoria, reprend sa place au Conseil d'État et est nommé comte de Melito (1814). Il meurt membre de l'Institut, le 5 janvier 1841.

1. Trésorier du roi, tué à Vitoria.

2. *Mémoires et correspondance politique et militaire du roi Joseph*, publié par A. du Casse. Paris, 1854, t. IX, p. 342, Joseph à la reine Julie. Saint-Jean-de-Luz, 1er juillet.

3. Angosse (Pierre-Constant-Charles-Joseph, comte, puis marquis d'), né en 1769; chambellan de l'Empereur (1806); préfet des Landes (1810); comte de l'Empire; préfet du Haut-Rhin pendant les Cent Jours; pair de France au titre de marquis (1819); commandeur de la Légion d'honneur (1821).

fait de la situation dans les départements limitrophes de la frontière : « Les routes, dit-il, sont couvertes de fuyards. Un cordon placé sur les bords du Gave mettra un terme à cette défection. J'ai prescrit dans mon département les mesures les plus sévères. Tout individu militaire, voyageant hors des routes d'étapes et non pourvu de feuille de route, est arrêté par les habitants et conduit au gîte le plus voisin ou à la brigade de gendarmerie. Les passages d'eau sont spécialement surveillés. Il est cependant à craindre que les scènes de dévastation et de pillage qui ont eu lieu près de Saint-Jean-Pied-de-Port ne se renouvellent dans les campagnes[1]. »

Au mal qui se développe, la bonne volonté de Joseph n'apporte que d'insuffisants remèdes. Malgré que dans sa correspondance avec la Reine et d'autres, ce prince ne cache pas le désir qui l'anime de retrouver « après tant d'orages » un peu de ce « calme » dont l'idée seule lui « donne quelque soulagement[2] », jamais il ne se multiplie davantage qu'au terme de son éphémère grandeur. Il fait armer et ravitailler Saint-Sébastien, fortifier Bayonne, rassemble « des approvisionnements en munitions de guerre et de bouche pour Pampelune, afin

1. A G., extrait d'une lettre de M. le comte Dangosse (*sic*), préfet des Landes, datée de Saint-Esprit, près Bayonne, le 20 juin 1813.
2. Joseph à la reine Julie. Lettre citée plus haut.

que, si l'on se décide à faire une tentative en faveur de cette place, tout soit prêt ». Il avertit le duc de Feltre de ces préparatifs et lui laisse entendre « qu'à moins d'événements et d'ordres contraires », son intention est de « tenter un mouvement du côté de Pampelune sur la grande communication [1] ».

De Paris, Clarke l'y pousse extrêmement. Soit qu'il s'adresse au Roi, soit qu'il s'adresse à Jourdan, la même idée revient sous sa plume. Au premier, il écrit le 2 juillet : « Il est instant qu'il n'y ait pas de temps perdu pour se porter en avant afin de dégager Pampelune et Santoña », et le 5, il insiste pour qu'on mette sans retard « à l'abri des attaques des ennemis Saint-Sébastien, Bormeo, Guetaria, Santoña et Pampelune, qu'il est important de délivrer promptement ». Au major général il tient un langage analogue. Il le prie « de recommander à l'attention de Sa Majesté Catholique les places de Pampelune, Saint-Sébastien, Saint-Jean-Pied-de-Port et Santoña [2] ». Il lui répète quelques jours plus tard : « Encore une fois, Monsieur le Maréchal, veuillez représenter à S. M. C. l'importance que l'Empereur met à la conservation de Saint-Sébastien comme à celle de Santoña et de Pampelune [3]. »

---

1. *Mémoires... du roi Joseph*, t. IX, pp. 363-364. Joseph à Clarke, duc de Feltre. Saint-Jean-de-Luz, 4 juillet.

2. A G., le duc de Feltre au maréchal Jourdan. Paris, 2 juillet.

3. *Id.*, 6 juillet.

Joseph sait que Napoléon est aussi mal satisfait de sa stratégie que de sa politique. Le duc de Feltre ne l'ignore pas non plus. Interprète des sentiments du maître, il ne cherche pas à les dissimuler et n'est point avare d'observations mortifiantes pour l'amour-propre du Roi. Il critique la faiblesse, l'irrésolution de Joseph. C'est une offensive hardie qu'il aurait fallu, qu'il faudrait encore prendre. Et Joseph, piqué au vif, de répliquer : « Vous désirez que l'on prenne l'offensive, et vous retirez en même temps treize régiments de cavalerie, et vous ne m'annoncez aucun renfort en infanterie... J'ai à peine reçu votre lettre du 2 que j'ai cru devoir la communiquer au maréchal Jourdan, aux généraux en chef Reille et d'Erlon. J'ai voulu aussi consulter le comte Gazan sur le projet d'entrer en Espagne. Leur opinion a été unanime, et j'ai pensé comme eux que ce serait vouloir perdre sans fruit l'armée française, que de la rejeter dans le cœur de l'Espagne [1]. »

Entre le frère de Napoléon et son ministre, la polémique va jusqu'au démenti. Revenant sur la bataille de Vitoria, le duc de Feltre déclare : « Votre Majesté disposait de quatre armées, dont la force totale s'élevait, en présents sous les armes, à 118.828 hommes [1]. » « Sous Vitoria

---

1. A G., Joseph au duc de Feltre. Saint-Jean-de-Luz, 6 juillet.

l'armée était de 35.000 et non de 118.000 hommes. Comme ce sont des faits, ils ne peuvent pas être contestés... Je puis supporter le malheur, Monsieur le Duc, mais non les reproches indirects, » riposte sèchement Joseph [2]. Et la dispute arrive à ce degré d'aigreur que, le 16 juillet, alors que Soult assume déjà le commandement en chef des troupes, Clarke, dans son rapport à l'Empereur, croit devoir s'expliquer sur ce point délicat : « Votre Majesté, lit-on dans ce curieux document, trouvera ci-joint copie de ma correspondance avec le Roi depuis le 9 avril où se terminait le compte que j'avais eu l'honneur de rendre à V. M. sur le même objet. Je dois d'autant plus lui soumettre ce que j'ai fait dans cette occasion, que le Roi, dans ses dernières lettres, a paru affecté de quelques phrases où il a cru entrevoir des reproches indirects de ma part, auxquels il a été sensible. Je dois donc désirer que V. M. puisse juger par elle-même si mon zèle pour son service et pour l'honneur de ses armes m'aurait entraîné à témoigner avec trop de chaleur la peine que j'ai éprouvée de tout ce qui s'est passé. Il paraît, d'ailleurs, que la manière dont j'avais exprimé ce sentiment a produit sur l'esprit du Roi

1. *Mémoires et correspondance du roi Joseph*, t. IX, p. 344. Le duc de Feltre à Joseph. Paris, 2 juillet.

2. *Ibid.*, pp. 385 à 388. Joseph au duc de Feltre. Saint-Jean-de-Luz, 6 juillet.

une impression assez forte pour le décider à un mouvement offensif dans le but de dégager Pampelune. L'attaque de l'ennemi sur le général Gazan[1] le 8 de ce mois a dérangé les projets du Roi, mais du moins l'impulsion était donnée par mes lettres, et je ne regrette point la force de mes représentations, si elles ont engagé S. M. C. à surmonter toute hésitation pour prendre un parti décisif et approprié aux circonstances[2]. »

Il n'est pas douteux que les remontrances du ministre, par cela même qu'elles contenaient d'humiliant, contribuèrent à ancrer dans l'esprit de Joseph la détermination d'aller au secours de Pampelune; mais il n'est pas moins avéré — l'examen de sa correspondance le démontre surabondamment[3] — que ce prince avait eu de lui-même pleine conscience de l'intérêt que méritaient le sort de cette ville et celui de Saint-Sébastien. Invité à « faire connaître son opinion sur ce qu'il était convenable d'entreprendre contre l'ennemi », Jourdan lui soumit le 5 juillet un plan complet d'opérations[4]. Après avoir fait ses réserves sur la connaissance imparfaite

1. Voir p. 19.
2. A G., rapport du ministre de la Guerre à l'Empereur, 16 juillet 1813.
3. Et notamment sa lettre du 9 juillet à Clausel, dont on trouvera plus loin l'analyse.
4. *Mémoires et correspondance du roi Joseph*, t. IX, pp. 369-376. Le maréchal Jourdan au Roi à Saint-Jean-de-Luz, 5 juillet.

qu'on avait des effectifs exacts des Alliés, comme aussi bien de ceux qu'on pourrait leur opposer, le major général envisageait trois partis. Le premier consistait à « attaquer le corps qui était en présence du comte Reille[1], à le pousser d'abord au-delà de Tolosa et même plus loin »; on laisserait des troupes en observation devant lui, et on marcherait avec le reste de l'armée sur Pampelune par la grande route de Tolosa, à moins qu'on ne voulût se diriger sur Vitoria ou même sur l'Èbre, menaçant ainsi les communications des Anglais qui se verraient contraints de quitter la Navarre. Dans ces deux hypothèses, Clausel devrait rentrer dans cette province, faire des démonstrations du côté de Pampelune, et s'il le pouvait, se réunir au Roi. Ce projet avait l'avantage d'écarter immédiatement l'ennemi de la frontière et de dégager Saint-Sébastien. Il comportait en revanche le risque de permettre à Wellington, placé entre Clausel et Joseph, de s'opposer à leur jonction et d'accabler l'un ou l'autre du poids de toutes ses troupes. Les Français auraient encore des motifs sérieux de craindre pour leurs communications, puisque celles-ci dépendraient entièrement des 15.000 hommes qui contiendraient

1. « Il y a, dit Jourdan, en présence du comte Reille, à Irun et en arrière, un corps de troupes espagnoles dont on ignore la force et même la composition ; on prétend que ce corps est soutenu par un corps de troupes anglaises, mais on ignore la force de ce corps. »

les Espagnols devant Irun. Si l'on allait jusqu'à Vitoria, on éloignerait, il est vrai, ces derniers ; mais Wellington serait sans doute tenté de déboucher par la route de Pampelune à Tolosa, restée libre derrière l'armée, et d'isoler celle-ci de la frontière.

Le second parti se recommandait de la rapidité avec laquelle Pampelune pourrait être débloquée. L'on emprunterait, pour atteindre cette place, « la ligne la plus courte », c'est-à-dire la vallée de Roncevaux, et la liaison avec Saint-Jean-Pied-de-Port ne courrait aucun péril. Clausel, d'une part, le corps d'observation posté sur la Bidassoa de l'autre, joueraient le même rôle que précédemment. Mais l'on agirait, comme dans le premier cas, « séparément du général Clausel, et avec des forces qu'on devait supposer inférieures à celles de l'ennemi ». En outre, le maréchal « n'était pas bien assuré que l'on pût conduire de l'artillerie » par ce chemin, et, ajoute-t-il, « on doit s'attendre qu'en débouchant on trouvera l'armée anglaise disposée à livrer bataille avec tous ses moyens ». L'événement devait, vingt jours plus tard, justifier cette appréhension.

Les deux premiers partis avaient de plus cet inconvénient commun de contraindre l'armée à manœuvrer dans une région où la population lui était particulièrement hostile, où le système orographique favorisait les Espagnols, et qui enfin n'offrait aucune ressource pour faire vivre les troupes.

Le troisième parti semblait le plus sûr. Il supposait, comme les autres, la Bidassoa défendue par 15.000 hommes. L'on se porterait « en Aragon par la vallée de Jaca, afin de se réunir au général Clausel et au duc d'Albuféra, et de former une masse capable de chercher l'armée anglaise partout où elle serait ». A ce dessein on pouvait objecter que l'exécution en exigerait un certain temps, et que Pampelune, si elle était sérieusement attaquée, succomberait peut-être avant qu'on ne fût en mesure de venir à son aide. Jourdan pensait toutefois « que ce parti serait celui qu'il conviendrait le mieux de prendre ».

Joseph, soit qu'il voulût faire vite, soit pour toute autre raison, n'en jugea pas de même. Il donna la préférence au second plan et commença de l'esquisser. Le 4 juillet, il avait envoyé l'armée du Midi (Gazan) relever dans le Baztan celle du Centre (d'Erlon), jugée trop faible. Le 7, il alla en personne à Espelette, mais le lendemain Gazan fut délogé de la Maya par les Anglais[1]. C'est le combat auquel le duc de Feltre fait allusion dans son rapport à l'Empereur. Le Roi interrompit alors son mouvement

---

1. *Mémoires et correspondance du roi Joseph*, t. IX, p. 392. Joseph à Clarke. Saint-Pé, 8 juillet ; *Ibid.*, pp. 398-399. Joseph à Napoléon. Saint-Pé, 10 juillet. — Commandant Clerc, p. 12.

et décida d'attendre, pour le reprendre, l'arrivée de Clausel qu'il sommait d'avoir à le rejoindre sans retard.

Celui-ci se trouvait à Jaca, se plaignant de manquer d'instructions et de ne point savoir s'il devait rentrer en France, ou bien se tenir à portée « de soutenir le mouvement du maréchal duc d'Albuféra, auquel il ne paraissait pas qu'on ait donné des ordres de se retirer sur l'Èbre[1] ». Cette dernière idée lui souriait assez ; et tout d'abord, il eût souhaité retourner sur Saragosse, dont le gouverneur Pâris avait été attaqué le 8 par 10 à 12.000 hommes[2]. L'ordre du Roi, reçu le 11 juillet, coupa court à ces velléités.

Joseph aimait peu Clausel. Il lui gardait rancune de son absence à Vitoria, oubliant que, dans la conjoncture, les torts n'étaient point d'un seul côté. C'est pourquoi, le 9, il lui expédia de Saint-Pé une missive pathétique et désobligeante : « C'est Pampelune et Bayonne qu'il faut tirer d'embarras... L'armée combat tous les jours, M. le Général, et vous êtes perdu pour elle. Il est possible que la tentative que je veux entreprendre pour sauver Pampelune m'oblige à une bataille dans laquelle je compte essentiellement sur le corps que vous commandez... Vous sentez que Pampelune et la fron-

1. A G., Clausel au duc de Feltre. Jaca, 9 juillet.
2. A G., Clausel au duc de Feltre, 12 juillet.

tière sont autrement importantes que Valence...
Vous savez mieux que personne ce que vous
avez laissé dans Pampelune; et quelle que fût
ma bonne volonté, je n'ai pu y laisser en plus,
pendant le court séjour que j'y ai fait, que des
officiers du génie, des canonniers dont elle
manquait, et quelque infanterie. Ainsi, cette
place tombera si elle n'est pas secourue bientôt.
On ne peut la secourir qu'en s'exposant à une
affaire générale, s'il est indispensable; et je ne
puis, ne veux et ne dois l'entreprendre qu'avec
la totalité des forces des armées que je commande. Sauvons Pampelune, battons les Anglais, et tous les autres embarras, surtout les
embarras volontaires, cesseront. Si par votre
faute, M. le Général, Pampelune tombe, elle de-
viendra la place d'armes des ennemis; elle a
tout à sa portée pour cela. Vous savez qu'elle
est entourée de tous les établissements militaires qui peuvent fournir abondamment à sa
défense et à l'attaque des frontières de la
France. L'ennemi, maître de Pampelune, en
fera un boulevard inexpugnable. Hâtez-vous
donc, M. le Général, et craignez déjà d'avoir,
par l'hésitation de quelques jours, donné naissance à des événements dont les suites sont
incalculables... Je compte sur vous du 15 au 16,
et peut-être plus tôt[1]. »

1. A G., Joseph au général Clausel. Saint-Pé, 9 juillet (publ.
dans les *Mémoires et Correspondance du roi Joseph*, pp. 393-395).

Clausel était un vigoureux soldat. Napoléon l'estimait, et le ministre auprès de qui, par un rapport daté de Saragosse le 30 juin, il avait justifié de sa conduite lors de l'événement du 21, savait le couvrir au besoin[1]. Fort de tels appuis, il n'eut garde de s'incliner, assura le Roi de son obéissance, mais s'éleva véhémentement contre « des reproches immérités ». « Je sais », répondit-il avec quelque hauteur à Joseph, « que j'ai laissé à Pampelune 3.000 hommes, lorsqu'il m'était recommandé de ne laisser qu'une faible garnison dans la citadelle. Je sais que j'ai fait tout au monde pour y faire entrer des vivres et un approvisionnement qui n'existerait pas, et que, probablement, sans ma persévérance à le faire venir de France, et à le faire entrer dans la place malgré tant de difficultés, Pampelune serait déjà au pouvoir de l'ennemi sans que cela fût de ma faute. Je me suis toujours cru à l'abri de faire naître des embarras volontaires et d'empêcher ainsi l'exécu-

1. « Je ne puis ici m'empêcher de rendre justice à la célérité avec laquelle le général Clausel s'est décidé, au premier ordre du Roi, à abandonner les opérations en Navarre pour se porter à son secours. Sa Majesté Catholique paraît n'être pas parfaitement instruite à cet égard; mais il est certain que le général Clausel n'a guère employé que quatre jours à réunir ses divisions éparses dans la Navarre, et à se mettre en marche sur le grand quartier général; seulement, il est malheureux que les ordres du Roi ne lui soient pas parvenus avec plus de promptitude. » Voilà ce que, le 0 juillet, Clarke écrivait à Jourdan, parlant de la conduite de Clausel lors de l'affaire de Vitoria. A Joseph il tenait, le 9,

tion des dispositions prises par Votre Majesté. Ceux qui m'en accusent auprès d'elle seraient fort embarrassés, Sire, de lui en fournir la moindre preuve [1]... » Ainsi, jusqu'en cette heure où sombrait en Espagne la monarchie napoléonienne, se manifestaient ces dissensions jalouses, cet esprit particulariste auxquels l'Empereur seul était capable d'imposer silence, et qui, hors de sa présence, avaient pour une si large part contribué à l'effritement de la domination française dans la Péninsule [2].

Le 12 juillet, Clausel exposa ses griefs au duc de Feltre. Il cédait aux injonctions de Joseph et se mettait en marche, non sans dégager formellement devant le ministre sa responsabilité quant à l'abandon qu'on le forçait à faire du maréchal Suchet. Le 13, il était à Oloron et,

sur le même sujet un langage analogue : « Je me bornerai, dit-il, à faire observer à Votre Majesté que le rapport du général Clausel sur ses mouvements à son départ de Pampelune établit d'une manière assez positive qu'il a fait, dans sa position, tout ce qu'il devait et pouvait faire. » Thiers qualifie la marche de Clausel sur Saragosse de « miracle de courage et de présence d'esprit ».

1. A. G., Clausel au roi Joseph. Jaca, 11 juillet 1813.

2. Quelques jours plus tard, l'humeur de Joseph se radoucit passablement. Au moment de quitter l'armée, il adressait à Clausel ces lignes significatives : « Je suis peiné que quelques expressions de ma lettre aient pu vous être désagréables ; je n'ai point eu en vue vos opérations én vous parlant d'embarras volontaires, et je n'hésite pas à vous renouveler l'assurance de mon estime et de mon attachement. » (*Mémoires et Correspondance du roi Joseph*, t. IX, p. 405. Joseph à Clausel. Bayonne, 13 juillet.)

ce même jour, partait de Bayonne à son adresse un nouveau message, plus impératif que jamais, lui prescrivant de gagner au plus vite Saint-Jean-Pied-de-Port. Cette dépêche, à la vérité, n'était plus marquée de l'empreinte irritée et débile du roi d'Espagne. Elle était signée de Soult. Clausel se hâta. Le 18, il arrivait à destination.

CHAPITRE II

ARRIVÉE DE SOULT. — SES INSTRUCTIONS. — SES PROJETS

Le mécontentement de l'Empereur, très vif depuis Vitoria, venait de revêtir une forme précise. « Je n'ai qu'un regret, lui avait écrit Joseph le 27 juin, celui de ne pouvoir davantage et de n'avoir pas une plus grande masse de lumière et d'expérience militaire à offrir à Votre Majesté[1]. » Avant même d'avoir lu ces lignes, Napoléon, prenant en quelque manière son frère au mot, l'avait remplacé par l'homme qu'il considérait comme « la seule tête militaire de la Péninsule », par le duc de Dalmatie[2]. Le 1er juil-

1. *Mémoires et Correspondance du roi Joseph*, t. IX, p. 323. Joseph à Napoléon. Saint-Jean-de-Luz, 27 juin.
2. Soult, duc de Dalmatie (Nicolas-Jean de Dieu), né le 29 mars 1769, mort le 25 novembre 1851. Engagé (1785); capitaine d'état-major (1793); général de brigade (1794); de division (1799); colonel général de la garde consulaire (1802); commandant en chef du camp de Saint-Omer; maréchal de France (1804), il commande en 1805 le 4e corps de la Grande

let, à Dresde, celui-ci recevait l'ordre de partir sur-le-champ. Il voyagerait incognito, sous le nom d'un de ses aides de camp, s'arrêterait « douze heures » à Paris ou il verrait Clarke, et continuerait sans désemparer sa route jusqu'aux frontières du Sud. Là, il se mettrait à la tête des troupes. Pour « éviter toutes les difficultés », l'Empereur le nommait « son lieutenant général, commandant ses armées en Espagne et sur les Pyrénées[1] »; et au surplus, il « défendait au roi d'Espagne de se mêler de ses affaires[2] ». Soult fit son entrée à Bayonne le 12 juillet,

Armée et reçoit après Tilsitt le titre de duc de Dalmatie. Placé en Espagne à la tête du 2ᵉ corps, il a des difficultés successivement avec Junot, Ney et Mortier. Gouverneur de l'Andalousie (1810), ses démêlés avec Joseph le font rappeler à Paris, puis en Allemagne où il contribue aux victoires de Bautzen et de Lutzen (1813). Renvoyé en Espagne (1813), il lutte contre Wellington jusqu'à la bataille de Toulouse (avril 1814). Ministre de la Guerre sous la première Restauration, il se rallie à l'Empereur après le retour de l'île d'Elbe et accepte de lui le poste de major général de l'armée. Banni (1816), il est amnistié en 1819, reçoit le collier du Saint-Esprit au sacre de Charles X et la pairie en 1827. Ministre de la Guerre de 1830 à 1834, avec la présidence du Conseil après la mort de Casimir Périer (1832); de nouveau président du Conseil et ministre des Affaires étrangères (1839), il prend encore une fois (1840) la présidence du Conseil et le portefeuille de la Guerre, se démet de l'une (1845) et de l'autre (1847) pour raison de santé, et est élevé (1847) à la dignité exceptionnelle de maréchal général.

1. Napoléon au duc de Dalmatie. Dresde, 1ᵉʳ juillet 1813. — Lettre citée par le lieutenant-colonel DUMAS (*Neuf mois de campagne à la suite du maréchal Soult*, p. 109).

2. Napoléon au général Lacuée, comte de Cessac, directeur de l'administration de la Guerre. Dresde, 5 juillet. (DUMAS, p. 109).

tandis que Joseph se retirait au château de Poyanne, et que Jourdan, « à cause de sa mauvaise santé », sollicitait et obtenait l'autorisation « de regagner le sein de sa famille ».

A l'ancienne direction une autre était substituée, plus énergique et plus habile. Il semblait que tout dût changer. Ainsi pensait le duc de Dalmatie. Il revenait le cœur encore plein du souvenir de ses démêlés avec Joseph, si âpres l'an dernier, qu'il avait dû quitter la Péninsule. Son retour était une revanche. Il ne se privait pas de le montrer, ne perdant point d'occasion d'afficher son dédain pour les méthodes et la personne de son prédécesseur, allant même, le 23 juillet, jusqu'à en faire éclater l'expression publique et blessante dans une proclamation aux soldats[1]. Et cependant, ces errements tant décriés, les circonstances ne vont-elles pas amener le maréchal à en reprendre la plus grande partie?

Ses instructions sont formelles. Napoléon exige que rien ne soit négligé pour le salut de Pampelune et de Saint-Sébastien : « Vous prendrez toutes les mesures pour rétablir mes affaires en Espagne, pour conserver Pampelune,

1. Le commandant Clerc (p. 19) en donne le texte d'après une traduction anglaise. « Dans un ordre du jour offensant pour Joseph et pour le maréchal Jourdan, » dit Thiers, « il (Soult) avait imputé nos infortunes en Espagne, non pas aux circonstances, mais à l'incapacité et à la lâcheté de ceux qui l'avaient précédé dans le commandement » (*le Consulat et l'Empire*, vol. XVII, p. 8).

Saint-Sébastien et Pancorbo [1] », commande-t-il à Soult ; et il lui signifie qu'il « n'entend recevoir de ses nouvelles que de l'intérieur de l'Espagne [2] ». Le 5, au ministre directeur de l'administration de la guerre, Lacuée de Cessac [3], l'Empereur écrit : « Aussitôt que vous aurez pu lui réunir quelque artillerie et quelques transports, le duc de Dalmatie se portera en avant pour délivrer Pampelune et rejeter les Anglais au-delà de l'Èbre. » Le 6, il insiste auprès de Clarke sur ce point capital : « Dans ce moment, lui déclare-t-il, je vois surtout deux objets importants : 1° prendre position de manière à couvrir Saint-Sébastien ; et 2° manœuvrer, avant que les vivres de Pampelune ne soient consommés, pour délivrer cette place [4]. » Le 11, le duc de Feltre transmet l'avis à Soult [5], et c'est cette

1. Napoléon au duc de Dalmatie. Dresde, 1ᵉʳ juillet. Lettre citée plus haut (DUMAS, p. 109).

2. LAPÈNE, p. 72.

3. Lacuée, comte de Cessac (Jean-Girard), né le 4 novembre 1752, mort le 14 juin 1841. Capitaine (1785) ; commissaire du Roi dans le Lot-et-Garonne (1790) ; député de ce département à l'Assemblée législative (1791) ; chargé par intérim du ministère de la Guerre après le 10 août ; général de brigade (1793) ; député au conseil des Anciens ; de nouveau ministre de la Guerre par intérim (1800) ; président de la section de la Guerre au conseil d'État (1803) ; général de division ; ministre d'État (1807), comte de Cessac (1808) ; ministre directeur de l'administration de la Guerre ; inspecteur général d'infanterie (1814) ; pair de France (1831).

4. Napoléon au duc de Feltre. Dresde, 6 juillet (Lieutenant-colonel DUMAS, p 110).

5. A. G., le duc de Feltre au duc de Dalmatie. Paris, 11 juillet.

volonté impériale, si clairement exprimée, qui dans la première partie de sa campagne, servira de règle au maréchal. Mais n'est-ce point à poursuivre un but identique que, depuis le 4 juillet, travaillait le roi Joseph ? Et pour qu'entre les sentiments officiellement avoués du duc de Dalmatie et ses actes, le contraste s'affirme davantage, c'est au second des projets proposés le 5 par Jourdan, à celui-là même dont l'exécution fut ébauchée le 7, qu'il aura recours. Et ceci n'est point extraordinaire, mais seulement logique, puisqu'il faut satisfaire à l'impatience du maître, et que cette combinaison a sur les autres l'avantage de la célérité.

Soult commence par fondre en une seule les quatre armées du Nord, du Portugal, du Centre et du Midi, mesure indispensable que Joseph s'était épuisé à réclamer avant lui[1]. Désormais, les troupes sont réparties en dix divisions, fortes environ de 6.000 hommes chacune. Le

1. Il le fit au moins à quatre reprises (voir *Mémoires et correspondances du roi Joseph*, t. IX, pp. 336-347). Lettres de Joseph à Clarke) : Saint-Jean-de-Luz, 29 juin : « Les armées d'Espagne ont besoin d'être réorganisées ; quatre armées ne peuvent pas agir ensemble... Tant qu'un nouvel ordre ne naîtra pas, il me paraît impossible de songer à une offensive sérieuse. » — Saint-Jean-de-Luz, 1er juillet (*Ibid.*, p. 341) : « Je vous prie..... de ne pas tarder... à solliciter une nouvelle organisation des armées. Il me paraît qu'il faudrait aujourd'hui deux armées, l'une s'appuyant à l'Océan, et l'autre à la Méditerranée. » — Saint-Jean-de-Luz, 4 juillet (*Ibid.*, p. 362) : « Il manque une organisation. Vous concevrez facilement comment quatre armées ne peuvent pas être conduites au même but, ni animées du même esprit. Cependant

comte Gazan devient major général. Reille comman de l'aile droite ; d'Erlon, le centre ; et Clausel, la gauche. Villate est placé à la tête de la réserve. Les généraux Pierre Soult[1] et Treillard[2] ont la cavalerie sous leurs ordres. Au total, le duc de Dalmatie dispose d'un peu plus de 77.000 combattants[3].

Mais à cette formation ne s'arrête pas son activité. « La discipline..... n'avait plus de vie[4]. »

ces quatre armées sont aujourd'hui sur le même terrain. » — Saint-Pé, 8 juillet (*Ibid.*, p. 392) : « Tout ce qui se passe me fait sentir à chaque instant l'urgence d'une prochaine réorganisation de l'armée. Je ne saurais assez vous presser..... d'envoyer à cet égard les ordres de l'Empereur. »

1. Soult (Pierre-Benoît, baron), frère consanguin du maréchal. Né à Saint-Amans (Tarn) le 20 juillet 1770, il s'engage (1788) au régiment de Touraine, fait les campagnes de la Moselle, de Sambre-et-Meuse, du Danube, et prend part à la défense de Gênes. Chef d'escadron (1800); chef de brigade (1803); général de brigade (1807); général de division (1813); député du Tarn (1815); grand-officier de la Légion d'honneur, il meurt à Tarbes le 7 mai 1843.

2. Treillard (Anne-François-Charles, comte), né à Parme le 9 février 1764, mort le 14 mai 1832. Cadet gentilhomme (1780); lieutenant (1788); capitaine (1792); chef d'escadron (1793); chef de brigade (1794); général de brigade (1799); général de division (1806); baron (1810); comte (1814); commandeur de la Légion d'honneur et chevalier de Saint-Louis.

3. Ces chiffres sont extraits du savant ouvrage de M. le lieutenant-colonel J.-B. DUMAS, au commencement duquel sont publiés *in extenso* les états de situation des armées françaises en Espagne, depuis le mois de juillet 1813 jusqu'à celui d'avril 1814.

4. LAPÈNE, p. 61. Cet auteur ajoute p. 62 : « A l'armée qui se battait était accolée... une deuxième armée presque aussi considérable d'employés subalternes et inutiles, de conducteurs d'équipages, de valets, de chevaux, et de montures de toute espèce. » Il paraît aussi qu'un très grand nombre de femmes

Quelques jours auparavant n'a-t-on pas vu le Roi demander « qu'un grand prévôt, nommé par l'Empereur, fasse justice des fripons habitués en Espagne à tous les excès, quel que soit leur grade[1] ». Soult institua une cour martiale, sous la présidence du général de gendarmerie Buquet. Il fut inflexible, et l'ordre renaquit.

L'artillerie, confiée aux soins du général Tirlet[2], fut reconstituée. Napoléon envoya un million pour y aider et, de tout le Midi, on fit venir du matériel de campagne et des munitions. A Bayonne, le général Thouvenot[3] établissait un camp retranché.

suivaient les troupes. Soult réagit contre cet abus par un ordre du jour très sévère qui s'appliqua même aux femmes des généraux.

1. Joseph à Clarke. Saint-Pé, 8 juillet (*Mémoires et Correspondance du roi Joseph*, t. IX, p. 393).

2. Tirlet (Louis, baron, puis vicomte), né le 14 mars 1773. Engagé au régiment de Bouillon (1792); capitaine d'artillerie (1794); colonel (1799), il sert en Égypte sous Bonaparte et Kléber. Général de brigade en 1803, il commande à Austerlitz l'artillerie du 2ᵉ corps, à Wagram celle du 11ᵉ. Promu général de division (1813), et envoyé en Espagne, Joseph et ensuite Soult lui confient la direction de l'artillerie de l'armée, fonctions qu'il remplit de nouveau sous les ordres du duc d'Angoulême lors de l'expédition de 1823. Créé baron (1809) et vicomte (1822), il est élu député de la Marne en 1827. Louis-Philippe l'appelle à la pairie dix ans plus tard. Il meurt le 29 novembre 1841.

3. Thouvenot (Pierre, baron) était colonel dans l'état-major de Dumouriez (1793), lorsque celui-ci quitta l'armée. Thouvenot suivit le sort de son général ; mais, rentré en France au commencement de l'Empire, il reprit du service, fut employé en Allemagne, puis en Espagne, et nommé général de brigade (1806), baron de l'Empire et général de division (1813). Il fut successivement gouverneur de Saint-Sébastien, de Vitoria, de Bayonne.

Mais la grande affaire, celle qui avait si vivement préoccupé Joseph et Jourdan, c'était de garantir la subsistance de l'armée. Dans cet ordre de choses, le maréchal accomplit des prodiges. Il se procura des vivres et du fourrage. Des centres d'approvisionnement furent créés dans les départements des Basses-Pyrénées et des Landes. Cette question vitale demeura pourtant la source de graves embarras. Soult, pressé par le temps, s'y heurta sans pouvoir la résoudre définitivement, et dans la suite lui dut pour une large part son insuccès devant Pampelune.

Ainsi, quoi qu'il en ait, sur tous les points le duc de Dalmatie continue le roi Joseph. Mais combien différente est la manière. C'est ici que triomphe le maréchal. Esprit à la fois souple et positif, il unit à des talents militaires éprouvés les qualités d'un organisateur averti, digne à coup sûr du jugement que portera de lui Napoléon, lorsque dans le *Mémorial de Sainte-Hélène* il l'appellera « un excellent ordonnateur, un bon ministre de la Guerre ». « Toute sa campagne du Midi de la France est fort belle », conclura l'Empereur ; et rarement éloge sera plus mérité. Nul mieux que Soult ne connaît l'art de tirer parti de ses ressources, si modiques soient-elles, de les augmenter, de les coordonner solidement et savamment. En une semaine, avec des moyens réduits, il sait reforger au pied des Pyrénées un instrument respectable, susceptible de retarder longtemps la victorieuse poussée de Wellington. Si, malgré tout, son œuvre est imparfaite, la faute en est à la hâte que nécessitent les événements et qui ne lui permet point de la mûrir davantage; c'est aussi que la fortune a ses caprices contre lesquels les meilleures conceptions ne sauraient prévaloir. Même son humeur altière, ce côté cassant et peu aimable de son caractère, si préjudiciable en d'autres temps, le servent en l'occurrence, tant le relâchement général appelle de salutaire réaction. Au surplus, l'ascendant que sa gloire exerce sur les troupes, lui donne des facilités pour imposer sa volonté à tous, et sans conteste. Que nous voilà loin de cette autorité misérable et discutée qu'il fallut à Joseph tant de diplomatie pour faire reconnaître de ses subordonnés!

Cependant, tandis que la réserve de Villate reste en observation sur la Bidassoa, le duc de Dalmatie quitte Bayonne le 20 juillet pour se rendre à Saint-Jean-Pied-de-Port, où il établit son quartier général. Clausel et l'aile gauche y sont déjà, détachant « des avant-gardes sur toutes les directions qui aboutissent à cette ville [1] ». Reille y arrive le 23. Le maréchal eût souhaité marcher immédiatement sur Pampe-

1. A G., Soult au duc de Feltre. Bayonne, 18 juillet.

lune. Après avoir espéré partir le 23 au soir, puis le 24[1], un mauvais temps persistant et diverses autres raisons sont cause qu'il recule d'un jour. Le 23, « d'Olhonce, en avant de Saint-Jean-Pied-de-Port », il lance son ordre de mouvement[2].

Celui-ci commencera le 25 à quatre heures du matin, et devra être « général et spontané sur toute la ligne[3] ». Reille, avec les trois divisions de l'aile droite (Foy, Maucune, La Martinière) et 8 pièces d'artillerie, suivra la crête des montagnes et se portera sur Lindux. Là, il prendra position, « enverra des têtes de colonne » vers Ibañeta, Roncevaux et Espinal, et menacera les ports d'Urtiaga, d'Ernazabal et de Velate. Dans la nuit, les gardes nationales de Saint-Étienne-de-Baygorri et des Aldules s'étendront à sa droite sur le mont Hausa, et y allumeront après 5 heures du matin beaucoup de feux, de manière à faire croire aux Alliés qu'il y a « immensément » de monde. A mesure que l'ennemi s'en ira, elles gagneront le port de Velate. Elles expédieront un détachement au comte d'Erlon pour le guider, lorsque celui-ci, avec une division du centre, débouchera par le port de Maya, Arizcun et Elizondo.

---

1. A G., Soult au duc de Feltre. Bayonne, 21 juillet.
2. Le texte de l'ordre du maréchal Soult est cité par le commandant Clerc, pièces additionnelles n° 1.
3. Ordre de Soult.

L'aile gauche, commandée par Clausel (divisions Conroux, van der Maësen, Taupin), se formera sur le plateau en avant de Château-Pignon, et enlèvera la position d'Altobiscar qui, suppose le duc de Dalmatie, ne sera que faiblement défendue. Sa flanc-garde de gauche, composée des gardes nationales des vallées de la Béhérobie et du Laurhibar, allumera sur le plateau d'Iropil des feux à l'effet de tromper les coalisés sur sa force. Maître de l'Altobiscar, Clausel atteindra Burguete par Ibañeta et Roncevaux, et tâchera de se mettre le plus tôt possible en communication avec Reille, « en sorte que leurs mouvements soient liés lorsque les colonnes seront arrivées à la même hauteur ».

Le général Tirlet, qui aura employé la journée du 24 à faire monter l'artillerie sur le plateau en avant de la Venta d'Orizon, suivra le mouvement, et se tiendra en mesure de mettre en batterie le plus de pièces qu'il pourra, aussitôt l'attaque commencée. Le but de ces dispositions, termine Soult, est de forcer la droite de la ligne adverse, et de se rendre maître des principaux passages qui viennent à Pampelune, ainsi que des débouchés par où pourraient s'échapper les Anglo-Portugais qui occupent le Baztan. Ce résultat obtenu, les divisions de l'aile droite et de l'aile gauche prendront Zubiri pour objectif. « Il est donc à présumer que les troupes ennemies qui sont dans le Baztan, aux

Aldules et aux ports d'Ispeguy et de Maya, se retireront aussitôt qu'elles seront instruites du mouvement, ou qu'elles manœuvreront suivant que les positions qu'elles défendent seront dégarnies. Le général d'Erlon[1] saisira ce moment pour les attaquer vivement et s'emparer du port de Maya, d'où il se dirigera par Arizcun sur Elizondo, et ensuite sur le port de Velate ou le port d'Urtiaga par Berdaritz, suivant la direction que l'ennemi aura prise... mais il ne perdra point de vue qu'il doit chercher à se réunir le plus tôt possible au reste de l'armée... et à communiquer avec le général Reille. Il enverra de fréquents rapports au maréchal commandant en chef, surtout par les cols d'Ispeguy et de Berdaritz, lorsque ces passages seront libres[2]. » Tel est, dans ses traits principaux, le plan d'opérations du duc de Dalmatie.

Sous le haut commandement de Lord Wellington, les Alliés ont à lui opposer environ 115.000 hommes[3] de valeur inégale. 40.000 Anglais en forment le meilleur élément, noyau solide auquel s'ajoutent 30.000 Portugais, parfaitement instruits, soldats excellents, que Wellington appelle « les coqs de bataille de l'armée ». Viennent ensuite, à peu près 35.000 Espagnols, sur le compte desquels l'appréciation

1. Avec les divisions d'Armagnac, Abbé et Maransin.
2. Ordre de Soult. Olhonce, 23 juillet.
3. Lieutenant-colonel DUMAS, p. 127.

des chefs britanniques est généralement peu favorable. Picton les considère comme « un poids mort ». Il accuse leur vantardise, leur poltronnerie [1]. Wellington, que l'aigreur de ses différends avec la Junte de Cadix ne porte pas à l'indulgence, n'est pas moins sévère. Il ne peut souffrir les habitudes d'indiscipline, de pillage de certains corps. La « misère noire » dans laquelle les laisse leur gouvernement, lui est un continuel et légitime sujet de plainte. « Vos armées, bien que numériquement faibles, meurent littéralement de faim », écrira-t-il le 30 août au ministre de la Guerre D. J. de Carvajal. De pareils auxiliaires, encore qu'il estime davantage les hommes de troupes que leurs officiers [2], lui semblent à peine plus utiles que nuisibles. Sans nier ce que certaines de ces critiques renferment de vérité, l'histoire impartiale ne saurait les enregistrer purement et simplement. Si leur organisation fut notoirement inférieure à celle des contingents anglo-portugais, le courage individuel des soldats espagnols, en d'aucuns cas il faut même dire leur héroïsme, demeure au-dessus de toute discussion. Wellington pourra en faire l'épreuve à San Marcial;

---

1. Le lieutenant général Picton au colonel de Pleydel, décembre 1813 (Clerc, pièces additionnelles, p. 448).

2. « Wellington n'aimait pas les généraux espagnols, qu'il trouvait hautains, pleins de morgue et d'ignorance militaire, mais il appréciait les hommes de troupes. » (Général LAMIRAUX, p. 223.)

et il reste constant que l'Espagne insurgée fut l'indispensable collaboratrice, sans laquelle sa science et toute son habileté n'eussent sans doute pas suffi à lui ouvrir le chemin de la France.

Après Vitoria, l'idée d'y pénétrer à la suite des régiments débandés de Joseph hanta certainement son esprit. Prudent et méthodique, il ne s'y arrêta pas. Il craignit que, donnant la main à Clausel, le duc d'Albuféra, avec les armées d'Aragon et de Catalogne, ne le prît à revers ; et de fait, l'occasion s'offrait belle à ce maréchal de changer le sort de la guerre. Mais Clausel fut rappelé sur la frontière, et Suchet continua ses opérations contre le duc del Parque[1] et les Anglo-Siciliens de lord Bentinck[2], comme si en cette expédition d'Espagne

1. Parque Castrillo (le duc del), né à Valladolid en 1755. Colonel pendant la campagne de 1794, lieutenant général, grand d'Espagne de 1re classe (1798), il suit Ferdinand VII à Bayonne et accepte d'abord les fonctions de capitaine des gardes du roi Joseph. Mais, peu après, il offre ses services à le Junte suprême qui lui donne à commander un corps d'armée formé des débris de celui de La Romana. Après un séjour à Ténériffe, il opère en 1813 avec 20.000 hommes contre Suchet. Bien accueilli par Ferdinand VII, il se prononce cependant en 1820 pour la Révolution, et est choisi comme président des Cortès. Il meurt en 1823, éloigné de la Cour.

2. Bentinck (Lord William Cavendish), né le 14 septembre 1774, deuxième fils de William Henry, troisième duc de Portland. Enseigne aux gardes (1791), lieutenant-colonel de dragons (1794), il sert sous le duc d'York en Hollande. Attaché (1799) au quartier général de Souvarow en Italie, il reste dans ce pays, après le départ des Russes, avec l'armée autrichienne jusqu'en 1802, où il est nommé gouverneur de Madras, poste qu'il conserve jusqu'en 1807. Major

je ne sais quelle tradition funeste eût obligé
chacun à ne pas dépasser les limites d'une action égoïste et séparée. Plus tard Soult, en
dépit de tout son prestige, insistera vainement
auprès de Suchet. Jamais il n'obtiendra de sa
bonne volonté cette coopération intime et précieuse que lui-même refusa jadis aux sollicitations du roi Joseph.

Ce danger écarté, Wellington jugea ses soldats trop épuisés pour courir le risque d'une
aventure au-delà des Pyrénées. Dans l'état de
fatigue et de désordre où les trouvait le lendemain de la victoire, un repos de quelques semaines, n'était pas superflu. C'est pourquoi,
tandis que du côté français se poursuivait
l'œuvre nécessaire de reconstitution, il se contenta, après une pointe esquissée contre Clausel, de tâcher à réduire Santoña, Pampelune et
surtout Saint-Sébastien. Il pressait activement
les travaux dirigés contre cette ville, lorsque
l'offensive de Soult vint le surprendre.

général (1808), il fait partie de l'état-major de l'armée sous
sir Henry Burrard en Portugal, est envoyé en mission auprès
de la Junte suprême d'Espagne et commande une brigade
à la bataille de la Corogne. Lieutenant général, il lève un
contingent en Allemagne, passe en Sicile et, avec le simple
titre d'ambassadeur, gouverne en réalité l'île entière. Mis
en 1813 à la tête d'une armée anglo-germano-sicilienne, il dé-
barque en Espagne, où Suchet le bat à Ordal le 12 septembre. Il retourne le 22 en Sicile. Gouverneur de Bengale
en 1827, Bentinck devient en 1833 le premier gouverneur général de l'Inde pour la couronne. Il meurt à Paris le 18 juin 1839.

CHAPITRE III

LA MARCHE SUR PAMPELUNE

Les Alliés, établis dans les passages des montagnes, de façon à couvrir le blocus de Pampelune et le siège de Saint-Sébastien, occupaient, de l'aveu même de leur chef, une série de positions assez défectueuses. Les communications « très lentes et très difficiles entre les divisions », ne leur permettaient pas de se soutenir mutuellement. « En cas d'attaque elles ne devaient attendre de secours que des derrières [1]. » La brigade Byng [2] et la division Mo-

1. Rapport de Wellington au comte Bathurst. San Esteban, 1er août (commandant CLERC, pièces additionnelles n° 3).
2. Byng (Sir John), comte de Strafford, petit-fils de l'amiral George Byng, vicomte Torrington. Né en 1773, enseigne au 35e régiment (1793); capitaine (1794), il sert en Flandre (1793-95) sous les ordres du colonel Wellesley et est blessé à Geldermalsen. Aide de camp du général Wyse (1797), il est ensuite employé en Irlande (1798), et s'y fait blesser une seconde fois. Major au 60e régiment (1799); lieutenant colonel du 29e (1800); il passe en 1804 au 3e régiment des gardes, et prend successivement part aux expéditions de

rillo [1] défendaient la trouée de Roncevaux. Sir Lowry Cole [2] et Picton demeuraient en réserve, le premier à Vizcarrèt, le second à Olagüe. Les Anglo-Portugais de sir Rowland Hill [3] et de Syl-

Hanovre (1805), de Copenhague (1807) et de Walcheren (1809). Promu colonel (1810), il rejoint Wellington en Portugal (1811), commande une brigade dans la division de Hill, et conserve ce poste jusqu'à la fin de la guerre. A Waterloo, il est à la tête de la 2ᵉ brigade de la 1ʳᵉ division des gardes, sous Cooke. Lieutenant général (1825) ; député de Pool (1831) ; baron Strafford of Harmondsworth (1835) ; comte de Strafford et vicomte Enfield (1847) ; field marshal (1855), il meurt à Londres le 3 juin 1860.

1. Morillo (Don Pablo), comte de Carthagène, marquis de la Puerta né en 1777, mort en 1838, sert d'abord dans la marine. Il commande quelque temps un corps de guerillas dans l'Estremadure sous Ballesteros, fait la campagne de Portugal sous La Romana (1810) et Mendizabal (1811). Incorporé dans l'armée de Wellington, il est blessé à Vitoria et nommé maréchal de camp (1813). Envoyé en Nouvelle-Grenade pour combattre les insurgés (1815), il prend Carthagène et Bogota, mais se fait battre par Bolivar (1817) et signe la trêve de Trujillo (1820). Capitaine général de Madrid, puis de Galice, il est obligé de se retirer en France en 1824. Rappelé (1832), il reprend son poste de capitaine général de Galice et est placé à la tête des troupes opposées à Don Carlos.

2. Cole (sir Galbraith Lowry), général anglais, né le 1ᵉʳ mai 1772, mort le 4 octobre 1842. Entré dans l'armée en 1787, il sert à la Martinique, à la Guadeloupe, à Sainte-Lucie (1793-1794). Aide de camp de lord Carhampton en Irlande (1797) ; nommé major général (1808) ; après des succès à Malte et en Sicile, il est envoyé dans la Péninsule, et participe avec la 4ᵉ division à tous les grands combats qui ont lieu de 1809 à 1813. Lieutenant général le 4 mai 1813, il commande en France la 2ᵉ division de l'armée d'occupation (1815) et termine sa carrière comme gouverneur de l'île Maurice (1823-1828), puis du Cap (1828-1833).

3. Hill (Rowland, vicomte), né le 11 août 1772, mort le 10 décembre 1842, est d'abord employé à Toulon (1793), en Égypte, au Hanovre (1805). En Portugal et en Espagne, il devient un des plus actifs collaborateurs de Wellington. Hill

veira tenaient le Baztan, et la brigade Campbell[1],
les Aldules. En remontant au nord-ouest, on ren-
contrait sur les hauteurs de Santa Barbara, à
Vera et au port d'Echalar, les troupes du général hanovrien Alten[2] et de lord Dalhou-

se distingue à Busaco (1810), bat Gérard à Arroyo dos Mo-
linos (1811), emporte les ouvrages d'Almaraz (1812), commande l'aile droite des Alliés à Vitoria (1813), et joue un rôle
considérable dans toutes les opérations de la guerre jusqu'à
la bataille finale de Toulouse (1814). Il rend également de
grands services à Waterloo. Lieutenant général depuis 1812,
il est nommé commandant en chef de l'armée en 1825 et créé
vicomte en 1842.

1. Campbell (sir Archibald), né le 12 mars 1769, mort le
6 octobre 1843. Entré au service en 1787, la première partie
de sa carrière se déroule aux Indes sous sir Robert Aber-
cromby et lord Cornwallis. Il se distingue notamment au
siège de Seringapatam (1792). Major à Guernesey (1804), lieutenant-colonel (1809), il seconde efficacement le maréchal
Beresford dans l'œuvre de réorganisation de l'armée portugaise. Il commande à Albuera les 6e et 18e régiments portugais. Attaché au corps de Hill avec la division indépendante
portugaise, il prend part aux batailles de Vitoria, de la Nivelle, des Pyrénées. En 1814, il est promu colonel et aide
de camp du Prince Régent. Dix ans après, il dirige une expédition contre les Birmans (1824) à qui il impose le traité de
Yendabo (1826), ce qui lui vaut une grande popularité en
Angleterre. Baronet (1831), lieutenant gouverneur du Nouveau-Brunswick (1831-37), il est élevé au grade de lieutenant
général en 1838.

2. Alten (Charles-Auguste, baron, puis comte d'), général
hanovrien, né en 1764, mort en 1840. Aide de camp des feld-
maréchaux von Reden (1790) et Freitag (1793), il prend du
service en Angleterre (1803) après la conquête du Hanovre
par les Français; combat sous Wellington de 1810 à 1814;
rentre dans sa patrie (1814); commande en qualité de lieutenant général les troupes hanovriennes aux Pays-Bas; se fait
gravement blesser à Waterloo à la tête de la 3e division
d'infanterie; demeure en France avec les Alliés jusqu'en 1818;
et, de retour en Hanovre, occupe successivement les postes
d'inspecteur général de l'armée et de ministre de la Guerre.

sie[1], dont la liaison avec celles de sir Thomas Graham [2], occupé à investir Saint-Sébastien, était assurée par les Espagnols de Longa. La brigade Pack[3] était en réserve à San Esteban[4].

Les hostilités s'engagent assez heureusement

1. George Ramsay, neuvième comte Dalhousie dans la pairie d'Ecosse, né en 1770, mort le 21 mars 1838. De 1812 à 1814, il commande la 7ᵉ division de l'armée anglaise dans la Péninsule. Créé baron Dalhousie dans la pairie du Royaume-Uni, il est nommé en 1819 capitaine général et gouverneur en chef du Canada, de la Nouvelle-Écosse, du Nouveau-Brunswick et des îles du Prince-Édouard et du Cap Breton. En 1829, il prend la direction supérieure de l'armée de l'Inde.

2. Graham, lord Lynedoch (sir Thomas), né en 1748, mort en 1843. Aide de camp de lord Mulgrave pendant l'expédition de Toulon (1793); membre de la Chambre des Communes pour le comté de Perth (1794); commissaire britannique à l'armée autrichienne d'Italie, il se fait remarquer à la prise de Minorque (1798), organise la défense de Messine (1799), et met le siège devant Malte. Aide de camp de Moore en Suède, puis en Espagne, il succède (1810) au général Sherbrooke à la tête de l'armée de Portugal. Il sert ensuite sous Wellington, assiège et prend Saint-Sébastien. Élevé à la pairie au titre de lord Lynedoch, il reçoit le gouvernement de Dumbarton en 1829.

3. Pack (sir Denis), né vers 1772, mort le 24 juillet 1823. Entré au service au 14ᵉ dragons (1791), il sert en Flandre (1794), à Quiberon (1795), en Irlande (1798). Lieutenant-colonel du 71ᵉ highlanders, il suit son régiment au Cap (1806) et en Amérique (1806-1807), où il reçoit trois blessures à l'attaque malheureuse de Whitelock contre Buenos-Aires. Aide de camp du Roi avec rang de colonel (1810); major général (1813); il commande une brigade portugaise dans l'armée de Wellington, est présent à Busaco (1810), à Almeida, à Vitoria, à Orthez, à Toulouse. Aux Quatre-Bras et à Waterloo, il est à la tête d'une brigade dans la division de Picton. Il est nommé lieutenant gouverneur de Plymouth en 1819.

4. Rapport de Wellington au comte Bathurst.

pour les Français. Pendant que le duc de Dalmatie et Clausel, s'avançant dès 6 heures du matin sur l'Altobiscar, font reculer Byng et Morillo de Mentabarte à Ibañeta, s'ouvrent la route d'Orbaïceta [1], et obligent dans la soirée leurs adversaires à abandonner la trouée de Roncevaux et à se replier sur Vizcarret, « un brouillard extraordinairement épais », empêchant de pousser plus loin ces avantages [2]; Reille, lui aussi, gagne du terrain. A la vérité, il a perdu un temps précieux à incorporer des recrues nouvellement arrivées et à faire des distributions aux troupes [3]. Lorsqu'à la tombée du jour il arrive au Lindux, il y trouve les Anglais installés. Byng, en effet, ayant, dans la nuit du 24 au 25, prévenu Cole qu'il s'attend à être attaqué le lendemain matin, celui-ci a porté en toute diligence la brigade Ross [4] d'Es-

1. Byng à Cole. Linzoain, 26 juillet (C[t] CLERC, pièces additionnelles, n° 2).

2. A. G., Soult au duc de Feltre, 25 juillet.

3. L[t]-C[el] J.-B. DUMAS, p. 146, — PELLOT, p. 24, etc.

4. Ross (sir Hew Dalrymple), né le 5 juillet 1779, mort le 10 décembre 1868. Cadet à Woolwich (1793); lieutenant d'artillerie (1795), il sert en Irlande de 1798 à 1803. Capitaine lieutenant (1803), capitaine (1806), il forme et commande un corps d'artillerie à cheval devenu célèbre dans la Péninsule sous le nom de *Chestnut troop*. Débarqué à Lisbonne (1809), il rejoint Wellington après Talavera, est attaché à la division légère de sir Robert Craufurd, et rend des services signalés aux batailles de la Coa et de Busaco (1810). Sa brillante conduite à Fuentes d'Onoro lui vaut le grade de major (1811). Blessé à l'assaut de Badajoz (1812), il est présent à Salamanque et est nommé lieutenant-colonel le jour de Vi-

pinal au port de Mendichury[1]. Toutefois, la retraite de Byng exposant Cole à rester isolé en face de forces supérieures, ce général profite des ténèbres pour se retirer derrière Linzoain. Il y rencontre Picton, dont la division est à Zubiri[2]. Campbell, lui aussi, a quitté les Aldules, rétrogradant sur Eugui. Ainsi, après une première journée de combat, les défilés sont forcés; et l'ennemi, cédant sur tous les points, se concentre en arrière, sans cesser de couvrir le siège de Pampelune..

Maître du Lindux, Reille devait, d'après ses instructions, manœuvrer sur sa droite vers le col de Velate, s'emparer successivement des chemins qui viennent de la vallée du Baztan, refouler les alliés, et faciliter ainsi le mouvement du comte d'Erlon. Mais, à 10 heures, dans la matinée du 26, le brouillard est encore si dense, qu'il « ne permet pas de distinguer les objets à dix pas ». Les guides, craignant « d'égarer la colonne dans quelque précipice », refusent de la conduire[3]. En désespoir de cause,

toria (1813). A Waterloo, il a la réserve sous ses ordres. Major général (1841); lieutenant général (1851); commandant supérieur de l'artillerie (1852); il réorganise l'école de Woolwich et organise l'artillerie destinée à être envoyée en Crimée. Grand-croix de l'ordre du Bain (1855), il est promu maréchal en 1868.

1. Cole à Wellington. Hauteurs devant Pampelune, 27 juillet.

2. *Id.*

3. A G., Soult au duc de Feltre. Linzoain, 26 juillet, 11 heures du soir.

Reille se détermine à rejoindre Soult et Clausel à Espinal. Ceux-ci, retardés par « les difficultés de la route » et l'intensité du brouillard, n'avancent que pas à pas, continuant de repousser les coalisés devant eux. Le 26, au crépuscule, ils s'établissent à Linzoain, et c'est de là que le maréchal expédie à onze heures du soir son rapport au duc de Feltre. Il est plein de confiance dans le succès final. « Je n'ai jamais vu les troupes mieux disposées », s'écrie-t-il, « ni montrer plus d'ardeur. Les gardes nationales des Landes et des Basses-Pyrénées et les compagnies de chasseurs de montagnes, que j'ai employées jusqu'à la frontière, ont rivalisé avec elles... Demain, je marche sur Pampelune où j'espère arriver, malgré les 15.000 hommes qui sont en position en avant de Zubiri et les 15.000 Espagnols commandés par O'Donnell, qui font le siège de Pampelune. Le feu de la place a été vif aujourd'hui. »

Nonobstant le mécontentement et la réelle inquiétude que lui avaient causés, le 25, les lenteurs de son aile droite[1], le duc de Dalmatie était en droit de se montrer d'autant plus optimiste qu'il avait reçu des nouvelles favorables de d'Erlon. Celui-ci venait de remporter sur le col de Maya un succès dont les suites s'annonçaient considérables. Quittant son quartier

1. PELLOT, p. 26.

d'Ainhoa, il avait, le 25, « judicieusement[1] »
attaqué les Anglais du corps de Hill. Le poids
de l'action tomba sur les régiments de Stewart[2].
Energiquement chargés par la division d'Armagnac, qui montra dans cette circonstance « une
ardeur extraordinaire », ils furent rejetés sur
le flanc du mont Alcorrunz, mais dans une position si forte, qu'ils s'y défendirent un certain
temps « rien qu'en faisant rouler des pierres
sur leurs agresseurs[3] ». Le général Maransin[4]

1. Colonel JONES, t. II, p. 131.
2. Stewart (sir William), né le 10 janvier 1774, fils cadet de
John, septième comte de Galloway. Enseigne au 42ᵉ d'infanterie (1786); lieutenant au 67ᵉ (1787); capitaine d'une compagnie indépendante (1791); il passe au 22ᵉ (1792), et fait la
campagne des Antilles, au cours de laquelle il est blessé
à Pointe-à-Pitre (1794), lors de la reprise de la Guadeloupe
par les Français. Lieutenant-colonel (1795), il retourne en
Europe; accompagne les armées russes et autrichiennes, et
assiste à la bataille de Zurich (1799). En 1800, il organise un
corps de riflemen formé par des détachements de 14 régi-
ménts, qui, porté en ligne, deux ans après, sous le nom de
95ᵉ régiment, devint la rifle brigade. Stewart, nommé colonel (1801), sert successivement dans la Baltique et à Copenhague (1801), en Sicile (1806), en Égypte et de nouveau
en Sicile. Major général (1809); il commande une brigade à
l'expédition de Walcheren, puis par intérim le corps de
Hill dans la Péninsule. Renvoyé une seconde fois en Espagne (1812), il est à la tête de la 1ʳᵉ, et ensuite de la 2ᵉ division. Il est promu lieutenant général en 1813, se fait
blesser à Dona Maria, et termine la campagne du Midi sous
Wellington. Il meurt le 7 janvier 1827.
3. Historique du 82ᵉ régiment anglais (DUMAS, p. 131).
4. Maransin (Jean-Pierre, baron), né à Lourdes le 20 mars
1770, mort à Paris en 1828. Volontaire (1792); capitaine la
même année; chef de bataillon (1799); général de brigade
(1808); il se distingue au siège de Badajoz (1811) et aux
combats de Santa-Marta et de Villalba où il est blessé.

essaya de les en déloger ; et l'ennemi, reculant encore, dut enclouer ses pièces et les jeter dans les précipices [1]. D'Armagnac, au même moment, appuyé par Abbé, était aux prises sur le plateau de Maya, avec la brigade Barnes [2], de la division Dalhousie, accourue d'Echalar. C'est alors que le comte d'Erlon, préoccupé de cette intervention, suspendit son offensive. Il ne dépassa pas le port de Maya. Hill, ayant appris que Cole et Byng battaient en retraite devant Clausel, en fit autant pendant la nuit sur Irurita [3].

Cet arrêt de Drouet d'Erlon, prolongé pendant vingt heures au col de Maya [4], contraria singulièrement les projets du duc de Dalmatie. « Je regrette d'autant plus ce contre-temps », écrivait-il à Clarke, « que j'avais ordonné à M. le comte d'Erlon de manœuvrer pour se rapprocher de moi ; je viens de lui réitérer le même ordre [1] ».

Gouverneur de Malaga (1812), il est promu général de division le 30 mai 1813. Louis XVIII le crée chevalier de Saint-Louis et commandeur de la Légion d'honneur (1814). Il était baron de l'Empire depuis 1810.

1. Hill à Murray. Irurita, 29 juillet.

2. Barnes (sir Edward), né en 1776, mort le 19 mars 1838. Enseigne (1792) ; lieutenant, puis capitaine (1793) ; major (1800) ; lieutenant-colonel (1807) ; colonel (1810) ; major général (4 juin 1813) ; il commande une brigade aux batailles de Vitoria, des Pyrénées, de la Nivelle, d'Orthez. En 1815, il est blessé à Waterloo. Lieutenant général (1825) ; gouverneur de Ceylan (1824-1831) ; grand-croix de l'Ordre du Bain (1831), il est mis à la tête de l'armée des Indes jusqu'en 1833.

3. Rapport de Wellington au comte Bathurst. San-Esteban, 1er août.

4. Dumas, p. 152.

De fait, ce répit fournit à Wellington, passant à Irurita le 26, le temps de prendre à l'aise ses mesures pour faire converger sur Pampelune tous les effectifs dont il dispose. Il arrivait de Saint-Sébastien avec l'idée que la manœuvre de Soult et de Clausel n'était qu'une feinte, que les Français avaient cette ville pour objectif, et non Pampelune, et que leur effort principal s'accomplirait sur la Bidassoa, Vera et Echalar, avec l'aide des troupes des généraux Villatte et d'Erlon[2]. Revenu de son erreur, il change aussitôt ses batteries. Il envoie Alten assurer par les hauteurs de Santa Cruz la communication avec Graham, rappelle Dalhousie d'Echalar et Pack de San Esteban, et les fait filer sur Olagüe par le Velate et l'Arraiz. Ils y entrent le 27. Évitant l'aile droite du duc de Dalmatie, maîtresse maintenant de Sorauren, ils remontent sur Lizaso, et gagnent les environs de Pampelune par la voie détournée de Marcalain et d'Oricain. Hill, qui a protégé leur retraite, et qui, le 26 et le 27, est resté seul à garder le chemin du

1. A G., Soult au duc de Feltre, 26 juillet.
2. « Certes, c'était à Pampelune qu'il (Soult) en voulait; mais c'était une idée si étrange pour Wellington qui, mieux informé, savait très bien que, le 26, Pampelune n'avait rien à craindre, tandis que Saint-Sébastien était à la merci d'un assaut heureux, qu'il était encore hésitant. » (Général LAMIRAUX, p. 126). « Il y avait quelques raisons de plus en faveur d'une attaque vers Saint-Sébastien. D'abord Saint-Sébastien était plus vivement pressé, ensuite le chemin pour s'y rendre était plus court et meilleur...» (THIERS, t. XVII, p. 12).

Velate[1], emboîte à son tour le mouvement dans la soirée du 27. Il s'établit à Beunza, derrière Lizaso.

Cependant, le comte d'Erlon n'a rien fait pour inquiéter les alliés. Le 26, il n'a poussé que jusqu'à Elizondo, à quelques kilomètres du col de Maya, et là, il a encore laissé passer vingt-quatre heures[2], ne croyant pas « devoir se mettre en marche tant qu'il serait en présence de l'ennemi[3] », oubliant que le maréchal lui a textuellement enjoint de se rapprocher de lui, « quelque force que l'ennemi lui présentât[4] ». Le 28, enfin, il parvient à Lanz par le Velate. Le 29, à midi, il est à Ostiz[5]. Il a mis quatre jours à faire huit lieues[6]. Les hésitations du comte d'Erlon, ses lenteurs et son inaction, alors qu'un début favorable eût dû l'encourager à porter ce coup rapide et décisif qu'attendait le duc de Dalmatie, ont été commentées sévèrement par les historiens et les critiques militaires qui ont étudié cette expédition[7]. Ils se sont, pour la plupart, accordés à y reconnaître la cause directe par quoi échoua l'entreprise de Soult, compromise déjà par le manque de célérité de Reille.

1. Clerc, p. 54.
2. Dumas, p. 159.
3. D'Erlon à Soult, 26 juillet.
4. Clerc, p. 55.
5. A G., Soult au duc de Feltre, 29 juillet.
6. Clerc, p. 55.
7. Et particulièrement par le général Lamiraux, le lieutenant-colonel Dumas, le commandant Clerc.

Aussi bien, la réunion des alliés autour de Pampelune s'effectuait vivement et méthodiquement. Le 27, au point du jour, le duc de Dalmatie était parti de Linzoain, les divisions de Clausel descendant la rive droite de l'Arga, celles du comte Reille, la gauche. Bien que l'étroitesse de la vallée gênât considérablement leur marche, Picton, qui, en l'absence de Wellington, assumait le commandement supérieur des Anglo-Espagnols, ne s'attarde point à l'entraver. Abandonnant Zubiri, il rétrograde jusqu'à quelques kilomètres de Pampelune[1], se retranche solidement auprès de Huarte, et s'étend sur les collines d'Olaz. Cole, avec les brigades Byng et Campbell, s'établit sur les hauteurs qui précèdent Villaba et dominent la route de Roncevaux. Morillo et la partie disponible du corps d'O'Donnell sont en réserve[2]; car, par une coïncidence fatale, la diversion que, de Pampelune, tente avec succès le général Cassan, est rendue inutile par l'arrivée inopinée sous les murs de la place de la division de Don Carlos de España. Ainsi secourus, les assiégeants, prêts à lâcher pied, se rallient. Non seulement la garnison est maîtrisée, mais encore la majeure partie des effectifs du comte de la

---

1. Officiers et soldats anglais, trompés par ce mouvement, « étaient découragés en pensant que dans quelques heures ils auraient dépassé Pampelune ». (Colonel sir John Jones, p. 131).
2. Rapport de Wellington au comte Bathurst, 1er août.

Bisbal, devenue libre, renforce Picton et Cole.

Wellington, venant d'Ostiz, les rejoint à ce moment; et, lorsque les Français atteignent Zabaldica, ils peuvent contempler leurs adversaires « en position sur toutes les hauteurs qui ferment les débouchés des diverses vallées qui aboutissent à Pampelune, notamment sur la montagne d'Oricain, au pied de laquelle passent les deux routes que les colonnes ont tenues, ainsi que sur la position en arrière et à gauche du village de Huarte, qui se lie avec la montagne d'Oricain par un col assez resserré où les ennemis ont construit un grand ouvrage et établi une forte batterie [1]. » Le maréchal envoie aussitôt Clausel à sa droite mettre la main, dans la vallée de Lanz, sur le bourg de Sorauren. Il y pénètre par une extrémité, tandis que Wellington s'échappe par l'autre. Reille, lui, prolonge sa gauche jusqu'à Elcano, en coupant transversalement la chaîne de montagnes qui est de ce côté de la rivière Arga [2]. L'impossibilité où se trouve Soult d'amener son artillerie et sa cavalerie, l'oblige à les laisser dans l'étroite vallée de Zubiri [3]. La journée se passe à tâter l'ennemi, sans que sur aucun point on parvienne à l'entamer.

Le lendemain 28 juillet, Anglo-Portugais et Espagnols ont achevé leur concentration favo-

1. A G., Soult au duc de Feltre. Zabaldica, 28 juillet.
2. *Id.*
3. *Id.*

risée par l'inertie du comte d'Erlon. Désormais, c'est à plus de 50.000 hommes [1], supérieurement postés sur des escarpements fortifiés, que le duc de Dalmatie aura affaire. Il se décide à tenter la conquête de la montagne d'Oricain, dont la possession lui est indispensable « pour pouvoir faire enfin déboucher et utiliser son artillerie [2] ». Clausel, avec trois divisions, en attaquera le revers, en partant du contrefort au pied duquel est situé Sorauren, pendant que les généraux Maucune et Lamartinière, du corps de Reille, feront une diversion sur le front.

L'opération commence à une heure de l'après-midi. Un ensemble vigoureux est nécessaire à son succès. Le maréchal a insisté sur cette condition essentielle [3]. Mais une partie des troupes de Clausel, qu'un « excès d'ardeur » a portées en avant, sont surprises par l'entrée en scène des Anglais de Pack [4], arrivés sur les lieux depuis seule-

---

1. Le lieutenant-colonel Dumas donne le chiffre de 53.000 hommes, « y compris la totalité ducorps de siège de Pampelune ».

2. A G., Soult au duc de Feltre. Zabaldica, 28 juillet.

3. « Toutes les troupes désignées pour l'attaque devaient s'ébranler en même temps ; mais une brigade d'une division de l'aile gauche aux ordres du général Clausel s'est engagée une demi-heure avant... Il n'y a pas eu l'ensemble qui avait été prescrit » (Soult au duc de Feltre).

4. Venant de San-Esteban. Voir plus haut, p. 124. La prise de Sorauren par Clausel avait obligé Pack et Dalhousie à faire le détour de Lizaso et de Marcalain pour arriver à Oricain, ce qui leur occasionna un retard de 18 heures.

ment quelques heures. Une action très vive s'engage. L'une après l'autre, les divisions de Clausel s'ébranlent pour se soutenir; celles de Reille sont entraînées à leur tour. Le commissaire des guerres Pellot, qui en fut le témoin, nous a décrit la tentative désespérée des Français, s'obstinant à enlever une position si forte, que « des enfants y arrêteraient des héros [1] ». Les fusiliers britanniques, cachés à quelques pas du sommet opposé à la rampe que gravissent les soldats de Clausel [2], les attendent à demi-portée et les foudroient d'une grêle de balles. « En butte à des feux croisés de front, de flanc et même de revers [3] », Clausel s'épuise contre « ce mur d'airain ». En vain déploie-t-il « une valeur remarquable [4] », à laquelle Soult rend hommage; en vain, renversant plusieurs lignes de fantassins et les anéantissant presque, pénètre-t-il, un instant, dans la Chapelle San-Salvador où Cole se tient; il est finalement « culbuté avec une perte immense [5] ». Si opiniâtre est l'acharnement des combattants, que Wellington écrira le 4 août à Lord Liverpool : « Je n'ai jamais vu de bataille comme celles des 27 et 28, ni résolution pareille à celle que montrèrent les

---

1. Pellot, p. 29.
2. Id.
3. Dumas, p. 167.
4. A G., Soult au duc de Feltre. Zabaldica, 28 juillet.
5. Note de Murray, chef d'état-major général de l'armée britannique (cité par le commandant Clerc, p. 60).

troupes [1] ». « Jamais on ne montra plus de courage que dans cette occasion », atteste le colonel Jones [2].

Devant ce résultat, le duc de Dalmatie arrête la lutte. Son intention, mande-t-il de son quartier de Zabaldica au ministre de la Guerre, est d'observer l'ennemi pendant quelques jours. D'un moment à l'autre, il espère recevoir des munitions et des subsistances. Dans la soirée [3], par mesure de prudence, il expédie par Saint-Jean-Pied-de-Port et Bayonne, sur la basse Bidassoa, son artillerie, incapable de franchir le défilé de Sorauren. Elle ne lui a été jusqu'ici d'aucun secours, et ne ferait que l'embarrasser dans la manœuvre de montagne qu'il médite déjà. Ainsi sont confirmées par l'expérience les craintes que, le 5 juillet, Jourdan émettait devant le roi Joseph.

1. Lord Wellington au comte Liverpool, 4 août 1813 (CLERC, p. 58.)
2. Colonel JONES, t. II, p. 138.
3. Du 28.

CHAPITRE IV

LA RETRAITE DE SUMBILLA

Le 29, une accalmie a lieu. Pas un coup
de fusil n'est tiré. Une commune fatigue impose
cette trêve aux adversaires. Aussi bien, le temps
ne combat-il pas pour les Alliés, et chaque heure
écoulée n'aggrave-t-elle pas la situation du maréchal ? Il a beau dépêcher l'ordonnateur à Bayonne,
presser les arrivages ; les convois de subsistances se font attendre. L'armée qui, en partant de Saint-Jean-Pied-de-Port, n'a emporté
que quatre jours de vivres, n'a plus maintenant
de pain que pour un [1] ; et le pays, hostile et
ruiné, n'offre aucune ressource. « Les vivres,
le fourrage et même les cartouches pouvaient
nous manquer totalement, si nous nous fussions
tenus plus longtemps éloignés de nos points d'ap
provisionnements », dit Pellot [2] ; et le général Foy

1. A G., Soult au duc de Feltre. Zabaldica, 29 juillet.
2. PELLOT, p. 32.

constate avec tristesse que, quand bien même les Français victorieux eussent débloqué Pampelune, la pénurie dont ils souffraient leur eût interdit, non seulement de s'y maintenir, mais même de ravitailler la place [1].

C'est ici qu'éclatent les conséquences du malentendu par quoi l'expédition du duc de Dalmatie est vouée d'avance à la stérilité. Talonné par la menace qui pèse sur Saint-Sébastien et Pampelune, anxieux de remplir les intentions du maître qu'il sait impatient de voir rétablir le prestige de l'Empire profondément atteint à Vitoria, le maréchal a dû s'engager avant que soit solidement étayée cette organisation créée par lui de toutes pièces, si fragile toutefois, qu'il suffit de son absence pour en paralyser le mécanisme. Avant lui, dans ces régions pyrénéennes, les généraux de la Révolution, Moncey, Desnoyers, Caillet ont, en 1794 et 1795, connu les mêmes difficultés. Soult lui-même, trois mois après l'echec de sa tentative sur Pampelune, n'hésitera pas à tenir au duc

1. « J'ignore ce que fera le maréchal; tenter une nouvelle attaque me paraîtrait une folie. Une bataille gagnée par nous débloquerait Pampelune où nous ne pourrions pas rester et que nous ne saurions comment ravitailler, car les blés ne sont pas encore mûrs. Une bataille perdue conduirait les Anglais aux portes de Toulouse. La raison des vivres nous fait la loi de nous mouvoir. Demain nos soldats n'auront plus de pain ; il n'y a rien à prendre dans le pays où nous sommes. » (Aljuza, 29 juillet 1813. Journal de Foy. *Vie militaire du général Foy*, par Maurice Girod de l'Ain, Paris, 1900, p. 218.)

de Feltre le langage significatif que voici :
« Lorsque je pris le commandement de l'armée dans le mois de juillet dernier, je fis en sorte d'inspirer de la confiance à tout le monde, et personnellement j'en témoignai beaucoup... Je ne me dissimulai pas cependant qu'une armée, qui venait d'éprouver une défaite célèbre, ne pouvait se rétablir aussi vite que la pensée... J'envisageai l'état de la frontière et la situation des places de Bayonne et de Saint-Jean-Pied-de-Port qui n'auraient pas arrêté quatre jours l'ennemi, s'il avait pris la peine de se présenter devant elles. Je considérai aussi qu'il était de la plus haute importance de prouver à la France, à l'Europe, aux ennemis même, qu'il existait encore une armée française sur la frontière des Pyrénées... Dès lors, je me déterminai à entrer de suite en opérations, dans l'espoir qu'il se présenterait peut-être une chance favorable qui me ferait atteindre le but que je m'étais proposé. Ce n'est pas que je comptasse sur de grands succès, car je sentais bien que, ne pouvant faire vivre l'armée dans le pays où j'allais porter le théâtre de la guerre, et n'ayant rien en magasin, ni même la possibilité d'y faire transporter à ma suite des subsistances, je serais forcé de revenir, quelque avantage d'ailleurs que je pusse obtenir [1]. »

1. A G., Soult au duc de Feltre. 26 octobre 1813.

Cependant, l'espèce d'accord tacite qui suspend les hostilités ne saurait se prolonger longtemps. Lancer à nouveau l'armée contre les masses britanniques toujours grossissantes serait une inutile témérité. Le maréchal n'y songe pas. Pampelune, désormais, est abandonnée à son sort. Pour les Français, tout l'art va se résumer maintenant à sortir honorablement de l'impasse. Précisément, le duc de Dalmatie a reçu d'Ostiz un message du comte d'Erlon, qui lui apprend que le général Saint-Paul [1], commandant la brigade italienne, annonce que l'ennemi s'est retiré de la Bidassoa, et que Villate opère le passage de cette rivière. Sur la foi de cet avis, Soult calcule que ce dernier, avec la réserve, doit être actuellement à Hernani, ou à Andoain [2]. La nouvelle est d'ailleurs inexacte. Elle décide le maréchal, au lieu de se replier par les voies plus directes des Aldules ou de Roncevaux, à essayer de s'échapper par sa droite, en donnant la main à d'Erlon et ensuite à Villate [3], projet qui présente à ses yeux

---

1. Saint-Paul ou Saint-Pol (Paul Baille, baron de), né à Brignoles le 29 juin 1769, mort à Besançon le 2 octobre 1821. Entré au service en 1791; adjoint aux adjudants généraux (1795); capitaine (1795); chef de bataillon (1799); major du 51ᵉ de ligne (1803); il est nommé colonel de ce régiment pour sa brillante conduite à Austerlitz (1805). Général de brigade (1811), il exerce en 1814 un commandement dans la 9ᵉ division militaire.

2. A G., Soult au duc de Feltre. Zabaldica, 29 juillet.

3. A G., Soult au duc de Feltre. Echalar, 2 août.

le double avantage de rapprocher la troupe de
la frontière, où il lui sera loisible de se fournir
de subsistances, et de menacer sir Thomas Graham qui bloque Saint-Sébastien.

Cette manœuvre, dont le duc de Dalmatie ex-
pose les raisons à Clarke dans son rapport du
2 août, a été diversement appréciée par les critiques. Certains l'ont jugée « dangereuse » et
propre à attirer sur l'armée les pires désastres[1],
ou bien en ont dénoncé le caractère aventureux,
« dont l'histoire reste impuissante à reconnaître
le côté génial[2] ». D'autres ont estimé que, malgré qu'en somme elle se soit traduite par un
insuccès, « au point de vue strictement militaire, c'est une opération de premier ordre que
cette offensive[3] ». A la vérité, il semble qu'en
s'y résolvant le maréchal n'ait pas cédé uniquement à des considérations d'ordre stratégique.
Il est hors de doute, qu'après les espérances
qu'avait fait naître sa proclamation de Bayonne,
l'issue malheureuse de son entreprise dut singulièrement coûter à son orgueil. Apte à saisir
toutes les combinaisons, très maître de lui au
demeurant, il eut, par un habile retour,
l'adresse d'imprimer à une retraite que les événements lui imposaient, l'allure d'un dessein

1. CLERC, pp. 61 et suiv.
2. DUMAS, pp. 169-171.
3. LAMIRAUX, p. 157. « Qu'il (Soult) eût pleinement réussi,
et c'était, au dire même de Wellington, un des plus beaux
exemples de l'art de la guerre. » (Id., p. 156).

concerté contre le corps de siège de Saint-Sébastien. C'est ce que comprenait le général Foy, quand il écrivait dans son journal : « Le maréchal... a voulu faire un mouvement par sa droite avec le prétexte de secourir Saint-Sébastien et, je crois, avec le motif de donner à sa retraite l'apparence d'une marche-manœuvre [1]. »

Donc, le 30, il ordonne à d'Erlon de quitter Ostiz et Etulain et de se diriger sur Lizaso. De là, celui-ci poussera de fortes reconnaissances sur les différentes routes qui vont à Pampelune, ainsi que sur Latasa et Irurzun [2]. La 2e division de cavalerie [3] est mise à sa disposition. Clausel devra se porter sur Etulain et Olagüe, tandis que Reille, le remplaçant à Sorauren, évacuera avant le jour la partie montagneuse qui sépare Zabaldica d'Elcano. Reille, qui de la sorte couvrira Clausel, gardera la position de Sorauren jusqu'à la nuit. Il marchera alors à son tour sur Etulain et Olagüe. En cas d'agression, le maréchal l'autorise à anticiper son mouvement [4].

Cependant, vers 6 heures du matin, Wellington attaque brusquement le village de Sorauren. Il en est lestement repoussé. On observe en

---

1. Journal du général Foy, Cambo, 3 août. (GIROD DE L'AIN, *Vie militaire du général Foy*, p. 219.)
2. A G., Soult au duc de Feltre. Echalar, 2 août.
3. Aux ordres du général Treillard.
4. A G., Soult au duc de Feltre. Echalar, 2 août.

même temps qu'il détache plusieurs colonnes des monts d'Oricain et de San Cristoval. Soult, qui, au milieu de la nuit, a été averti par des déserteurs que trois divisions anglaises ont mission d'occuper Lizaso, court rejoindre le comte d'Erlon sur le chemin qui conduit à cette localité ; et avec lui, se choque aux 12.000 hommes de Hill qui déjà s'échelonnent de Beunza à Ciganda et à Arostegui. D'Erlon fait donner les divisions Abbé et Maransin qui refoulent l'ennemi au-delà d'Arostegui, de Berasain et de Beunza. Moins heureux, d'Armagnac menace vainement la droite anglaise du côté de Ciganda. La grande route de Pampelune à Tolosa n'en est pas moins ouverte au maréchal. Il était alors, expliquait-il au duc de Feltre, maître de descendre soit à Tolosa, soit à Andoain. Il eût ainsi obligé les forces adverses restées en Biscaye à s'en aller, et opéré sa jonction avec Villate, qui, croyait-il, lui amenait l'artillerie renvoyée le 28 de Zubiri à Saint-Jean-Pied-de-Port et à Bayonne[1]. Mais « un véritable désastre[2] », essuyé par Reille et Clausel, anéantit cet espoir à peine conçu.

Leur mouvement était en pleine exécution. Deux divisions de Clausel (Van der Maësen et Taupin) gagnaient Ostiz ; la troisième, aux or-

1. A. G., Soult au duc de Feltre. Echalar, 2 août.
2. Le mot est du lieutenant-colonel Dumas.

dres de Conroux[1], sortait de Sorauren pour en faire autant, et la division Maucune, du corps de Reille, la relevait dans ce village. C'est l'instant que saisit Wellington. A son appel, Cole, Pack, Byng, O'Donnell et Dalhousie accablent à la fois Conroux et Maucune. Deux régiments, que Clausel a placés pour se garder en face de Sorauren, sont « forcés » par Dalhousie. Sorauren tombe au pouvoir des Alliés. Maucune et Conroux, bousculés, défilent sous un feu meurtrier. Ils n'atteignent les environs d'Olagüe, où ils se reforment, que dans le plus grand désordre, perdant dans cette néfaste journée 5.000 tués, blessés ou prisonniers. Quant aux deux dernières divisions de Reille, qui marchaient en arrière et à l'extrême gauche, l'une, celle de Lamartinière, parvient dans la soirée

---

(1) Conroux (Nicolas), baron de Pépinville, né à Douai le 10 février 1770. Entré au service en 1786, lieutenant (1792), il se signale à Charleroi et à Fleurus (1793). Capitaine (an II), aide de camp de Bernadotte et plus tard de Championnet, il sert sur le Rhin jusqu'en l'an V, en Italie où il reçoit le grade de chef de bataillon, en Belgique, puis de nouveau en Italie. Chef de brigade pour sa brillante conduite à la prise de Naples (an VII), adjudant général (an VIII), il passe à l'armée de l'Ouest et fait, sous les ordres de Bernadotte, les campagnes des ans IX et X. En l'an XII. il est employé à l'armée des Côtes de l'Océan, en l'an XIV à la Grande Armée. Général de brigade, il est blessé à Iéna, se distingue à Dantzig, à Friedland, à Wagram. Il est promu général de division le 31 juillet 1809. Après un court séjour aux armées d'Anvers et du Nord, il est attaché à celle d'Espagne et meurt le 11 novembre 1813, à Saint-Esprit, près de Bayonne, des suites d'une blessure reçue en défendant la position de Sare.

à se réunir au maréchal. Celle de Foy, au contraire, qui, partie d'Iros, longeait le sommet des montagnes entre Zabaldica et Sorauren, « ramasse » un grand nombre de fuyards, tant des troupes de Reille que de celles de Clausel, et « poursuivie de crête en crête » par Picton, se trouve bientôt complètement isolée du reste de l'armée. Dans cette conjoncture, renonçant à se rapprocher de Reille dans la direction de Lanz, où il eût infailliblement rencontré l'ennemi, Foy traverse le col d'Urtiaga, puis la vallée des Aldules heureusement dégarnie, et rentre en France sans trop de dommages. Le 2 août, il est à Cambo[1], et donne de ses nouvelles au duc de Dalmatie, qui, ignorant sa position, a éprouvé à son sujet les plus grandes inquiétudes.

Soult, considérant que les divisions d'Erlon sont trop engagées à droite pour qu'il soit possible de les ramener à gauche, néglige le chemin plus court et meilleur des cols de Velate et de Maya, pour prendre, le 31, à une heure du matin, celui de San Esteban et de Doña Maria, le comte d'Erlon demeurant à l'arrière-garde[2]. Détermination singulièrement opportune, à laquelle il est vraisemblable que le maréchal dut son salut. Wellington, en effet, résolu à pousser jusqu'au bout les conséquences de l'affaire

1. A G., GIROD DE L'AIN, *Vie militaire du général Foy*, p. 223.
2. A G., Soult au duc de Feltre. Echalar, 2 août.

de Sorauren, se dispose à serrer de près son adversaire, à l'envelopper et à lui couper la retraite. Mais, sous l'impression que celle-ci s'accomplira, moitié par le Velate, moitié par la trouée de Roncevaux, il dirige toutes ses forces sur ces deux points. Picton ira à Roncevaux; Byng, Pack, O'Donnell et Wellington lui-même suivront la route de Lanz. C'est seulement, « lorsque le mouvement pourra se faire sans entraver les opérations plus urgentes[1] », que Dalhousie s'assurera du col de Doña Maria (Loyondi). Hill se portera sur le Baztan par le Velate, et détachera la brigade Campbell dans les Aldules.

Lorsque Wellington s'aperçoit de son erreur[2], Soult a déjà sur lui plusieurs heures d'avance. Hill, informé, rattrape l'arrière-garde française auprès d'un bois en arrière de Lizaso. Le combat est vif, mais une charge du 24ᵉ de ligne le fait tourner à notre avantage[3]. Le soir, les défilés de Doña Maria sont franchis. L'armée entre à San Estevan. Pendant la nuit, elle se remet en marche vers Echalar. Une seule voie lui reste libre, celle qui descend l'étroite vallée de la Bidassoa, long corridor si étranglé aux environs de Sumbilla et du pont d'Yanci, qu'à

1. Murray à Hill, 30 juillet.
2. Le 31, au matin.
3. A G., Soult au duc de Feltre. Echalar, 2 août. (PELLOT, p. 34.)

peine quelques hommes peuvent le traverser de front [1].

C'est là que, dans un suprême effort, les Alliés vont tenter d'enfermer le maréchal. Wellington est à Elizondo avec le gros de ses troupes. Il appelle à l'aide celles qui sont disséminées autour de Saint-Sébastien. Les Espagnols de Longa sont chargés de défendre le pont d'Yanci. Graham les appuiera au besoin. La division Alten, qui n'a pas encore donné, attaquera Sumbilla.

Pour prévoyantes que soient ces mesures, elles n'en échouent pas moins dans leur but principal. Cole, il est vrai, posté sur les hauteurs au sortir de San Esteban, fusille les divisions de Clausel et y jette une perturbation presque aussi profonde qu'à Sorauren. Plus loin, un bataillon espagnol dispute énergiquement à d'Erlon le pont d'Echalar ; mais il est seul, et, après une farouche résistance, se disperse. Car Longa ne bouge pas. Alten, qui s'est perdu dans la montagne, n'arrive sur les crêtes qui surplombent le pont d'Yanci qu'avec des soldats harassés. Il ouvre néanmoins le feu sur les divisions de Reille et leur cause un mal énorme. Et cependant, encore que privée de ses bagages, mutilée, décimée, l'armée a passé, évitant, avec l'encerclement qui la menace, la

____

1. DUMAS, p. 178.

capitulation ou l'écrasement fatals, si les ordres de Wellington eussent été strictement exécutés. Après une marche confuse et sanglante, ses rangs bouleversés touchent enfin à Echalar. Non loin de là, autour du mont Ibantelly, l'arrière-garde de Soult soutient une dernière fois le choc de Cole, d'Alten et de Dalhousie. Puis le maréchal, rejoint par Villate et par son artillerie, retourne en France, où il va se consacrer à l'organisation de la ligne de la Nivelle et des camps retranchés de Bayonne et de Saint-Jean-Pied-de-Port.

Wellington s'arrête à la frontière. Il ne se décide point encore à l'envahir. Pampelune et Saint-Sébastien, toujours debout, le retiennent; circonstance exceptionnellement favorable, si l'on songe à l'état de diminution matérielle et morale où sont réduits les effectifs du duc de Dalmatie. Dans l'esprit calculateur du général en chef des forces britanniques, les méthodes temporisatrices ont raison de la tentation qui s'offre de compléter ses succès sur le territoire ennemi, de les couronner peut-être devant Bayonne insuffisamment défendue. Il est vrai que les Alliés ne sont guère moins épuisés que leurs adversaires.

CHAPITRE V

SAN-MARCIAL. — PERTE DE SAINT-SÉBASTIEN

Ainsi se termina cette expédition de Pampelune qui nous coûta 13.000 morts, blessés ou prisonniers, dont 378 officiers. Les coalisés la célébrèrent comme un triomphe immense, malgré que 8.000 des leurs eussent été mis hors de combat. Dans la partie la plus jeune et la plus impatiente de l'entourage de Wellington, on comparaît la retraite de Sumbilla à celle de Moscou [1]. La *Gazette* espagnole de Vich déclarait gravement qu'à Sorauren les pertes des Français s'élevaient à 24.000 hommes, et que toute leur artillerie était restée sur le champ de bataille [2].

Si pénible était la vérité que tant d'exagération ne lui faisait point tort. Le pire était que la

[1]. *Journal du lieutenant* WOODBERRY, p. 116, 1er août. « Cette déroute n'a d'égale que la fameuse retraite de Moscou. »

[2]. A G., *Gazette de Vich*. Copie d'une lettre particulière datée d'Estadilla (8 août).

confiance des troupes, raffermie par l'arrivée du duc de Dalmatie, se trouvait de nouveau compromise. Leur moral, excellent dans la première partie des opérations, laissa fort à désirer dans la seconde. Des scènes de tumulte et d'indiscipline eurent lieu. N'avait-on pas vu, à l'entrée du village d'Echalar, Soult et ses aides de camp s'efforcer de rétablir l'ordre au milieu de fantassins et de cavaliers errant dans toutes les directions et dont bon nombre avaient jeté leurs armes [1] ? Un tel esprit ne s'expliquait que trop dans une armée, qui, à côté d'un noyau d'anciens soldats très aguerris et rompus à la fatigue, mais découragés, irrités, arrogants [2], comprenait une notable proportion de conscrits n'ayant que quelques mois de service [3] et ne pouvant prétendre à la solidité des vétérans de la République et du commencement de l'Empire. De telles défaillances impressionnaient fâcheusement les populations des départements des Basses-Pyrénées et des Landes, promptes à s'alarmer depuis Vitoria. Des commencements de panique se produisirent à Bayonne et dans d'autres villes [4], provoqués par les colporteurs

1. Pellot, pp. 34 et 35.
2. Thiers, t. XVII, p. 9.
3. « La plus grande partie des prisonniers n'a que quelques mois de service ; ce sont de tout jeunes gens » (*Journal du lieutenant Woodberry*, 1er août, p. 116.)
4. « Le revers éprouvé par l'armée presque sous les murs de Pampelune avait été grossi aux yeux des Bayonnais. Des assertions gratuites et criminelles étaient l'ou-

de fausses nouvelles. Contre ces tendances, Soult réagit avec une impitoyable rigueur. Une commission prévôtale fut instituée, qui rechercha les militaires coupables d'insubordination ou de tout autre délit.

Au reste, le maréchal, encore que l'homme du monde le moins enclin à s'abandonner, ne se gardait pas d'un pessimisme justifié. La fin du rapport que, sous le coup des événements, il adressa d'Echalar au ministre, est éloquent dans sa simplicité. « J'enverrai, y lit-on, à Votre Excellence l'état des pertes que l'armée a faites, lorsque le relevé des corps me sera parvenu; mais j'éprouve une peine profonde en lui annonçant qu'elles sont fort considérables, surtout en officiers de troupe et en officiers supérieurs[1]. Je me suis étrangement trompé

vrage de quelques hommes qui, étrangers au plus léger sentiment d'intérêt public, affectaient dans l'ombre le pessimisme le plus absolu sur les événements de cette époque... Leur langage étudié s'attachait surtout à détruire les bonnes dispositions qui, malgré le concours de circonstances peu favorables, pouvaient animer encore quelque partie de la population basque pour la défense de ses frontières. Les émigrations, l'abandon spontané des villes, commencés dans les derniers jours de juin, mais suspendus par l'arrivée du nouveau général en chef, se reproduisent avec une activité inquiétante ; un grand nombre d'individus affluent sur Dax, Mont-de-Marsan, Bordeaux, et vont propager dans ces villes une terreur imaginaire. Le général en chef s'empresse de dissiper des craintes en grande partie chimériques, et d'imprimer à Bayonne et à sa population une attitude plus militaire. » (LAPÈNE, p. 96.

1. Dans une lettre postérieure, écrite à Saint-Jean-de-Luz, le 1ᵉʳ septembre, Soult explique ainsi au duc de Feltre le

lorsque j'ai écrit à V. E. que les troupes avaient tout leur moral et qu'elles feraient leur devoir. Je confondis ce sentiment avec celui de la honte que leur faisait éprouver le souvenir des derniers revers ; aussi, elles n'ont montré qu'un premier mouvement d'impulsion et point de constance. J'ai donné les ordres les plus sévères pour le maintien de la discipline. Je ferai tout ce qui sera en mon pouvoir pour les faire exécuter, mais tous les corps manquent d'officiers. Il en est qui n'en ont presque plus, ni même de sujets réunissant les qualités requises à présenter. Enfin, je n'ai jamais senti comme en cette circonstance, que la tâche que l'Empe-

chiffre élevé d'officiers tués ou blessés lors des expéditions de Pampelune et de Saint-Sébastien : « Il existe à l'armée anglaise un bataillon du 60ᵉ régiment, composé de 10 compagnies. (Le régiment a 6 bataillons, les 5 autres sont en Amérique ou aux Indes.) Ce bataillon n'est jamais réuni. Il fournit une compagnie à chaque division d'infanterie de l'armée. Il est armé de carabines ; les hommes sont choisis parmi les meilleurs tireurs ; ils font le service d'éclaireurs, et dans les affaires il leur est expressément recommandé de tirer de préférence sur les officiers et particulièrement sur les chefs et les généraux. Ainsi, il a été remarqué que, dans une affaire, lorsqu'un officier supérieur est dans le cas de se porter en tête, soit pour observer, soit pour diriger sa troupe, ou même soit pour l'exciter au combat, il est ordinairement atteint. Cette manière de faire la guerre et de nuire à son ennemi nous est très désavantageuse. Les pertes en officiers que nous éprouvons sont si considérables que, dans deux affaires, ils sont ordinairement tous hors de combat... Il me paraîtrait utile pour le service de l'Empereur qu'un pareil corps de tirailleurs, armés et vêtus à la légère, existât dans les armées de Sa Majesté. » (A G., Soult au duc de Feltre. Saint-Jean-de-Luz, 1ᵉʳ septembre.)

reur m'a imposée est bien difficile à remplir, et qu'il faut des moyens plus puissants que ceux dont je puis disposer, pour remédier au mal qui a été fait et pour en éviter les conséquences. Ce qui vient de m'arriver en est le premier effet. Il faudrait que cette armée fût portée à 100.000 hommes d'infanterie présents sous les armes pour qu'elle balançât les forces des ennemis, qui, malgré les très grandes pertes qu'ils viennent de faire, ont encore une très grande supériorité numérique. Je dois aussi ajouter que, n'ayant pu avoir à ma suite des transports pour les subsistances, et les soldats n'ayant pu en emporter que pour quatre jours, il a fallu nécessairement se rapprocher des frontières pour en recevoir lorsque cela a été épuisé ; il en a été de même pour les munitions, quoique j'eusse emmené un million de cartouches... Je suis malheureux de devoir faire un pareil rapport à V. E. Il y a quatre jours je comptais encore sur des succès, mais je me faisais illusion sur les moyens pour les obtenir, ne consultant que mon zèle et le dévouement dont je suis animé pour le bien du service de Sa Majesté [1]. »

Le lendemain 3 août, le maréchal, complétant ses déclarations de la veille, demande au duc de Feltre 30.000 conscrits et des officiers.

1. A G., Soult au duc de Feltre, Echalar, 2 août.

Le 5, il lui fait part des embarras que jusque sur le sol français lui suscite la disette de fourrage. « L'avoine manque entièrement... Nous sommes aussi extrêmement gênés pour les transports... Je craindrais de m'éloigner à deux jours de marche de la frontière pour ne pas être exposé à manquer de subsistances ou pour ne pas me trouver dans le cas d'abandonner des blessés qui ne pourraient marcher, à moins d'employer à leur transport toute la cavalerie, ainsi que j'ai dû faire lors de la dernière expédition[1]. » Le 7, les nouvelles sont un peu meilleures. L'ordre règne parmi les troupes. « Il rentre continuellement des traînards[2]. »

Aussi, le premier tribut payé à l'amertume de la défaite, le duc de Dalmatie cesse de s'émouvoir. Tandis qu'Anglo-Espagnols et Français se concentrent en s'observant, de la masse démoralisée et vaincue qu'il ramène, il s'acharne avec une ténacité digne de tous les éloges à refaire une armée. Son énergie réveille les courages, stimule les zèles. Activement secondé par les chefs de corps, il vient à bout de tout. Pour combler les vides, il incorpore des recrues et presse leur instruction dans la mesure où le lui permet le répit qu'on lui laisse. Par ses soins les soldats sont pourvus de vêtements, d'armes, de munitions. Tant

1. A G., Soult au duc de Feltre. 3 août. — *Id.*, 5 août.
2. A G., Soult au duc de Feltre. Ascaïn, 7 août.

bien que mal, il assure un service d'approvisionnement et de transports[1]. En moins d'un mois, malgré que le ministre de la guerre, absorbé par les besoins de l'armée que commande l'Empereur, se montre parcimonieux de secours, le maréchal a poussé si avant l'œuvre de réfection qu'il se sent en état de reprendre une offensive que, de Paris, on continue de réclamer impérieusement de lui, encore qu'au point de vue du nombre son infériorité soit manifeste. Tel en effet qu'à quelques semaines de distance le roi Joseph, Soult subit maintenant les reproches du duc de Feltre.

Instruit de l'échec du 28 à Sorauren, celui-ci, oublieux des instances qu'il a faites auprès du duc de Dalmatie pour précipiter sa marche, en blâme ouvertement la hâte, le défaut de préparation. « Monsieur le Maréchal, lui écrit-il au commencement d'août[2], j'ai reçu la lettre que Votre Excellence m'a fait l'honneur de m'écrire de Zabaldica le 29 juillet, et j'en ai transmis le contenu à l'Empereur. Je crains que Sa Majesté n'apprenne pas sans quelque peine les résul-

---

1. Cette question ne put jamais recevoir de solution satisfaisante. Le 28 août, dans son rapport à l'Empereur, Clarke, se fondant sur la correspondance qu'il entretenait avec Soult, disait en parlant de lui : « Le maréchal serait très embarrassé s'il était obligé de faire un mouvement pendant que la pénurie des subsistances existe toujours au même point. »

2. A G., Le duc de Feltre à Soult. Août 1813. Sans date de jour.

tats de l'attaque infructueuse du 28. Vous annoncez un mouvement pour la nuit suivante, sans faire connaître sa direction, mais j'ai appris depuis que votre artillerie était arrivée à Bayonne, et ce que vous me mandez sur la difficulté de vous procurer des subsistances me fait présumer que votre mouvement doit vous rapprocher de la frontière. Dans cette hypothèse le sort de Pampelune resterait toujours compromis, quoique votre lettre du 26 eût fait espérer la très prochaine délivrance de cette place... Je ne puis vous dissimuler que le renvoi de votre artillerie et d'une partie de votre cavalerie est de nature à causer quelque surprise à l'Empereur. Si les motifs qui vous ont fait adopter cette mesure sont aussi fondés qu'on doit le croire, il resterait toujours à comprendre, pourquoi vous avez entrepris une opération très importante, sans vous être assuré de la manière la plus positive des moyens de faire agir votre cavalerie et votre artillerie, des difficultés que la nature du terrain pouvait apporter à leurs mouvements et de l'embarras que le défaut de fourrage et de subsistances serait dans le cas de vous causer. »

De la part du ministre, et pour quiconque a suivi sa correspondance avec les généraux d'Espagne, la mercuriale peut sembler étrange. Clarke ajoute plus loin : « Rien n'indique... de quelle manière vous vous proposez d'agir pour arrêter les progrès de l'ennemi devant Pampelune. Vous n'ignorez pas, M. le Maréchal, que l'Empereur attache un grand prix à sa conservation et qu'il s'attend à tous les efforts qui dépendront de vous pour la sauver. S. M. pourrait donc être étonnée de vous voir annoncer votre retour sur la frontière, sans y joindre aucun détail sur vos projets en faveur des places assiégées et sur les moyens que vous vous proposez d'employer pour que l'ennemi ne retire aucun avantage de votre éloignement. »

Le 9 août, alors que la retraite de Soult est connue dans tous ses détails, le duc de Feltre reprend avec une sécheresse croissante : « Sa Majesté n'apprendra pas sans étonnement un résultat auquel vos précédentes dépêches ne l'avaient nullement préparée. Vous aviez fait espérer la délivrance très prochaine de Pampelune, et rien ne garantit aujourd'hui que cette place ne succombe bientôt sous les efforts de l'ennemi. Je vois avec peine que vous ne croyez pas pouvoir reprendre les opérations avant d'avoir reçu des renforts en infanterie... Sa Majesté... décidera par elle-même... En attendant je dois vous inviter, M. le Maréchal, à tirer le meilleur parti des forces dont vous disposez... Je me bornerai à vous retracer en peu de mots les idées principales auxquelles l'Empereur attache de l'importance... Trois places sont en ce moment assiégées et investies par l'ennemi : Pampelune, Saint-Sébastien et Santoña. Leur délivrance doit donc faire l'objet de tous vos soins... mais, dans tous les cas, ce qui doit exciter votre plus grande sollicitude... c'est la nécessité de maintenir l'intégrité du territoire français[1]. »

Mais Soult, solidement retranché sur les hauteurs qui dominent la Bidassoa et sur la Rhune qu'il fortifie sans cesse, voyant, grâce à un persévérant labeur, s'améliorer quotidiennement la condition de l'armée, a repris confiance. Au reste, son naturel s'accommode mal de la censure. C'est à peine une défense, c'est presque une apologie que sa réponse au ministre. Après s'être plaint du peu de consistance des troupes, « c'est à cette défection, s'écrie-t-il, et au manque absolu de subsistances, à l'entière privation de transports pour les blessés, et à de faux mouvements qui furent faits sur l'une des ailes dont l'objet était de couvrir le mouvement de l'armée, qu'il faut attribuer le non-succès de cette expédition. Jusque-là nous étions maîtres de la campagne ; l'affaire du 28 était sans conséquence, et j'étais maître de me porter sur Tolosa et Hernani ainsi que j'en avais le projet... A la guerre, les opérations les mieux concertées, celles même qui donnent le plus d'espérance de succès, sont souvent celles qui échouent, malgré

<hr>

1. A G., Le duc de Feltre à Soult. 9 août 1813.

toute la prévoyance et la prudence du chef qui les dirige. J'avais pensé qu'il était possible de dégager d'un coup les places de Pampelune et de Saint-Sébastien. Je n'ai pu que faire une diversion en faveur de l'une et de l'autre ; car, à Pampelune, tous les établissements des ennemis ont été détruits et leurs magasins à poudre brûlés, et à Saint-Sébastien le siège a été réellement levé, malgré que la réserve que j'avais laissée sur la ligne de la Bidassoa ne se soit pas portée en avant, ainsi que, d'après les instructions que je lui avais données, je devais supposer qu'elle ferait. Je suis même persuadé qu'elle en avait le moyen. La place de Saint-Sébastien a donc eu un répit de dix-sept jours... Cependant Votre Excellence ne peut se dissimuler, elle doit même faire en sorte que Sa Majesté soit persuadée, que les forces des ennemis sur mon front sont plus que doubles de celles que je puis leur opposer. Il faut aussi s'attendre à voir ces forces s'accroître tous les jours dans une proportion vraiment effrayante. Tout ce que l'Espagne, le Portugal et l'Angleterre peuvent mettre en camp est poussé vers nos frontières. Nos revers ont accru leur énergie ; et aujourd'hui, les plus mauvais soldats qui ont été levés dans la Péninsule tiennent lieu de bonnes troupes dans les positions des Pyrénées où celui qui se défend a souvent l'avantage, quoiqu'il soit inférieur en nombre [1]. »

1. A G., Soult au duc de Feltre. Ascain, 12 août.

Il y a loin de ce langage au ton humilié de la lettre d'Echalar. L'allusion à une combinaison qui eût débloqué à la fois Pampelune et Saint-Sébastien est caractéristique. Toutefois Clarke ne se tient pas pour battu. Il conteste l'inégalité des effectifs en présence, en quoi il se trompe, et met le maréchal en demeure d'agir : « J'ai l'honneur, lisons-nous dans sa dépêche du 23 août, de transmettre à Votre Excellence une traduction des journaux anglais qui viennent de me parvenir. Ils contiennent la relation des dernières opérations depuis le 24 juillet, et particulièrement le récit de la journée du 28. L'ennemi avoue 4.500 hommes de perte, mais dans les détails qu'il donne sur les corps qui ont combattu, rien n'annonce la grande supériorité numérique que vous lui supposez, et si l'on rapproche les divers renseignements qu'on a sur les forces anglaises de l'état de situation de votre armée, on trouve que vous pouvez, sous ce rapport, vous mesurer avec lord Wellington sans aucun désavantage, surtout au moment où une partie des troupes dont il dispose se trouve occupée devant Pampelune et Saint-Sébastien. J'ai donc vu avec beaucoup d'intérêt, par vos lettres du 17 courant, que vous vous êtes décidé à tenter une opération contre l'ennemi. Je crois pouvoir en augurer favorablement, et je m'applaudirai d'avoir à transmettre à l'Empereur le résultat que j'en espère...

Si elle réussit, je regarde nos places comme
délivrées, et j'espère que vous serez encouragé
à cette entreprise par l'assurance que je vous ai
donnée, dans ma lettre du 19, qu'on s'occupait
des moyens de vous procurer des renforts[1]. »

Ainsi Pampelune et Saint-Sébastien restent
l'enjeu de la partie engagée entre le duc de
Dalmatie et Wellington. C'est leur destin qui,
à partir de Vitoria, fixe l'orientation de cette
campagne. Sentinelles perdues au milieu des
masses britanniques, elles en refrènent l'élan
prêt à déborder la frontière. Leur possession
est capitale pour les coalisés. Jamais, tant que
ne sera pas brisée cette chaîne qui les rive au
sol de l'Espagne, ceux-ci ne menaceront sérieusement l'intégrité de l'Empire[2]. C'est pourquoi
la prudence avisée de leur chef s'obstine à faire
tomber la résistance d'un Rey ou d'un Cassan;
et par un légitime retour, il appartient aux
Français d'empêcher autant qu'il est en eux, ou
tout au moins de retarder cette éventualité.
Soult ne méconnaît pas la nécessité d'un nouvel effort. Si, à la fin d'août, il se résigne à
marcher encore une fois à l'aide des assiégés,

1. A G., Le duc de Feltre à Soult. 23 août. Allusion à l'intention témoignée par Napoléon d'envoyer 25.000 hommes à
l'armée d'Espagne. Le 24, Soult avertissait Clarke que
3.000 Anglais avaient débarqué à Passages et 5.000 à Bilbao.

2. « Très heureusement pour nous, il restait à lord Wellington dans le siège de Pampelune une raison suffisante
de ne pas pénétrer en France, du moins pour le moment. »
(THIERS, t. XVII, p. xv.)

c'est que trois raisons majeures l'y convient.
D'abord l'ordre formel de Napoléon exprimé
par son ministre de la guerre; ensuite l'urgence
de frapper un coup capable de raffermir l'opinion publique, énervée dans le Midi à ce point
qu'elle préfère une offensive même infructueuse
à une inaction prolongée; enfin la position désespérée de Saint-Sébastien. Les Alliés en
avaient repris le siège, converti pendant quelques jours en simple blocus. Une nombreuse
artillerie foudroyait la place et la brèche était
ouverte. A moins d'une assistance immédiate,
la magnifique défense du général Rey touchait
à son dernier période.

Ces nouvelles interdisaient au maréchal de
se dérober à ce que « l'honneur et le devoir[1] »

1. « Quoi qu'il en soit du calcul de M. le duc d'Albuféra,
il s'agit bien moins de disputer sur la valeur et le nombre
des troupes ennemies, que d'aviser aux moyens de faire
échouer toutes les entreprises auxquelles elles pourraient
se livrer, et à chercher d'éloigner le théâtre de la guerre
des frontières de l'Empire, en portant secours aux places
d'Espagne occupées par les troupes de l'Empereur, qui sont
investies ou assiégées. J'ai fait deux tentatives pour parvenir à ce résultat; la première devait réussir, le succès m'est
échappé par des fautes qui sont étrangères à mes dispositions, et qu'il était impossible de prévoir. Je me suis livré
à la seconde entreprise par honneur et par devoir, car Votre
Excellence a pu remarquer dans ma correspondance que
je n'avais pas une grande confiance dans son résultat, et que
j'ai toujours considéré comme dangereux pour la conservation de l'armée tout projet d'opérations par la grande route
qui passe à Irun, à moins qu'un autre corps ne fît une
puissante diversion vers la Navarre ou l'Aragon. Il est fâcheux que l'expérience ait rendu cette vérité incontestable,
et que le temps qui s'est écoulé n'ait pas été mieux em-

exigeaient de lui. Il partirait au surplus sans illusions, et n'en faisait pas mystère à Clarke, ainsi qu'en témoignent les lignes qu'il lui adresse d'Ascain le 12 août : « Vous voyez la situation de l'armée ; vous connaissez ses forces et celles de l'ennemi... vous pouvez donc d'avance apprécier ce qu'il est en mon pouvoir de faire. Je ne charge point le tableau ; je dis ma pensée sans détour, et j'avoue que si l'ennemi emploie tous ses moyens, ainsi que probablement il le fera, ceux que je suis en mesure de lui opposer étant très inférieurs, je ne pourrai empêcher qu'il ne fasse beaucoup de mal. Mon devoir est de vous le dire, quoique je tienne un autre langage aux troupes et au pays...[1] » A la veille d'entrer en campagne, il exprime encore au duc de Feltre « son vif regret de ne pouvoir employer de cavalerie par l'impossibilité de nourrir les chevaux ». L'insuffisance des vivres et des transports le préoccupe également.

Enfin, sa responsabilité mise à couvert et le ministre prévenu, Soult se détermine par une vigoureuse attaque sur le front des Alliés, à

ployé. A ce sujet, je crains d'avoir trop facilement cédé aux pressantes insinuations qui m'ont été faites pour reprendre les opérations, et d'avoir accordé trop de confiance aux rapports qui m'ont été donnés sur l'état d'abandon dans lequel se trouvaient les places lorsqu'elles ont été investies, motifs qui m'ont peut être porté à agir avec trop de précipitation. » (A G., Soult au duc de Feltre. Saint-Jean-de-Luz, 2 septembre.)

1. Soult au duc de Feltre. Ascain, 12 août.

rompre le cercle de fer et de feu qui entoure Saint-Sébastien.

A l'aube du 31 août, d'Erlon gardant les hauteurs de la Rhune, Reille et Clausel franchissent la Bidassoa, l'un à Biriatou, l'autre en aval de Vera, au hameau dit Barrio de Lesaca ou Salain. Tous deux ont pour objectif le village d'Oyarzun. Le premier devra s'y rendre par la grande route de Bayonne à Saint-Sébastien et déloger l'ennemi du mont San Marcial qui en barre l'accès. Le second, se dirigeant par Vera, Salain et les forges de San Antonio, arrivera au même but à travers la Peña de Haya.

Mais, par deux fois, l'élan de Reille se brise contre les flancs escarpés du San Marcial, si à pic au-dessus du fleuve, qu'un officier anglais qui, quelques jours plus tard, eut occasion de les descendre, ne dissimule pas son admiration pour « le courage des soldats qui avaient osé affronter une pareille position[1] ». Les Espagnols qui, sous le commandement de Don Manuel Freyre[2] y sont retranchés, se battent splen-

---

1. Lieutenant Gleig, du 85ᵉ régiment d'infanterie britannique. (*The Subaltern*).

2. Freyre (Manuel), né en 1765, mort en 1834, sert avec distinction comme officier de cavalerie dans la guerre contre la France de 1793 à 1795. En 1808, il est colonel du régiment de cavalerie de Madrid. L'année suivante, il se signale aux batailles de Talavera et d'Ocaña. Nommé maréchal de camp, il lutte énergiquement contre Sébastiani dans les provinces de Murcie et de Grenade (1811). En 1813, il remplace Castaños comme généralissime des troupes espagnoles. Il

didement. Il semble que dans leurs rangs passe un peu de ce souffle héroïque qui, au dix-septième siècle, animait leurs ancêtres, du temps que l'infanterie castillanne était la première du monde. « Leur conduite, dit Wellington, dans son rapport au comte Bathurst, égala celle des meilleures troupes que j'aie jamais vues engagées [1]. » Et dans une telle bouche cet éloge n'est pas suspect. A la fin de la journée, Reille, au milieu des violences d'un orage éclaté subitement, regagne la rive droite de la Bidassoa.

Clausel n'est pas plus heureux. Après quelques succès contre les Anglais d'Inglis [2] et d'Alten, redoutant de voir ses communications coupées, il suspend son offensive et, sur l'injonction du maréchal, se dispose à retraverser la rivière. Mais une pluie diluvienne et la marée ont démesurément enflé la Bidassoa. Les

se couvre de gloire à la bataille de Toulouse (1814). Suspect aux partis politiques, il rentre dans la vie privée en 1820.

1. Wellington à lord Bathurst. Lesaca, 2 septembre (CLERC pp. 409-410).

2. Inglis (sir William), né en 1764, mort à Ramsgate le 29 novembre 1835. Il sert d'abord en Amérique, puis en Flandre (1793), en Hollande et en Westphalie (1794-1795). Major (1796), envoyé à Sainte-Lucie et à la Trinité, il rentre en Angleterre en 1802. Lieutenant-colonel (1803), il est attaché (1809) à la brigade du major général Richard Stewart, division de Hill, dans l'armée de Wellington, commande par intérim cette brigade à Busaco (1810), assiste au premier siège de Badajoz et à la bataille d'Albuera (1811). Brigadier général, placé à la tête de la 1re brigade de la 7e division (Dalhousie), il se signale à Sorauren, à Vera, à Orthez, est nommé lieutenant-général (1825) et gouverneur de Cork en 1829.

gués sont impraticables. Force est au général de passer la nuit sur la rive gauche. Le lendemain matin le niveau des eaux n'a pas baissé. Clausel est obligé de descendre jusqu'au pont de Vera qu'il a eu le tort de ne point occuper la veille, et de s'en emparer. « La perte de 1.000 hommes paie cette déplorable absence de précautions [1]. »

Quant au comte d'Erlon, abusé par une manœuvre des Alliés, et jugeant l'armée en danger d'être tournée sur sa gauche, il avait réclamé l'aide du duc de Dalmatie. C'est alors que, trompé par ce rapport, Soult qui s'apprêtait à soutenir Reille lui intima au contraire, ainsi qu'à Clausel, l'ordre de revenir. « Je me suis ainsi préparé à marcher avec toutes les troupes qui ne seront pas rigoureusement nécessaires pour garder notre ligne, contre le corps qui a paru vouloir forcer notre gauche, s'il a poussé son attaque, ou à me porter avec toutes les forces sur le point où il y aura quelque espoir de percer la ligne ennemie sans m'exposer à éprouver de grands revers [2]. » Telle est l'explication que le maréchal fournit à Clarke le 1er septembre.

De nombreux officiers tués, parmi lesquels les généraux Van der Maesen [3] et Mignot de

1. LAPÈNE, p. 110.
2. A G., Soult au duc de Feltre. Saint-Jean-de-Luz, 1er septembre.
3. Van der Maësen ou Vandermaësen (Lubin-Martin), né à Versailles le 11 novembre 1766. Soldat au régiment de

Lamartinière[1], 3.000 hommes environ hors de combat, voilà par quel résultat meurtrier se traduit du côté français la tentative stérile du 31 août[2]. Ce même jour, après un assaut terrible qui leur coûte plus de 2.000 morts ou blessés, les Anglo-Portugais pénètrent dans Saint-Sébastien qu'ils incendient et mettent à sac[3]. La garnison, réduite à peu près à 1.100 hommes, se retire dans la citadelle. Dans cet ultime refuge elle résiste encore pendant sept jours et capitule enfin le 8 septembre.

Touraine-infanterie (1782), sergent-major (1790), adjudant sous-lieutenant (1792), il se distingue à l'armée du Rhin où il devient successivement lieutenant, adjudant major et chef de bataillon les 15 juin, 30 septembre et 14 octobre 1793. Chef de brigade (2 messidor an II), il fait les campagnes du Danube et d'Helvétie des ans IV et V et passe général de brigade le 17 pluviôse an VII. Sa conduite à la bataille de Stockach lui vaut les félicitations du Directoire. Prisonnier des Autrichiens, il est échangé (an IX) et envoyé (an X) à l'Ile-de-France, où il reste jusqu'à la capitulation du 4 décembre 1810. Le 26 juin 1811, il commande les troupes de l'armée de Portugal et, le 6 décembre, celles du 6ᵉ gouvernement de l'armée du Nord de l'Espagne. Peu de temps avant sa mort, Napoléon l'avait créé baron de l'Empire. Il fut inhumé à Ascain le 1ᵉʳ septembre 1813.

1. Mignot de La Martinière (Thomas, baron), né à Machecoul, le 26 février 1768, mort à Bayonne des suites de ses blessures, le 6 septembre 1813. Sous-lieutenant (1791); colonel (1804); général de brigade (17 mars 1808); baron de l'Empire (24 juin 1808); chef d'état-major de l'armée de Portugal (septembre 1811); général de division (11 février 1813) et commandeur de la Légion d'honneur.

2. Wellington ne fut guère moins maltraité. Il perdit 2.600 hommes, dont 1.600 Espagnols.

3. CLERC, *Pièces additionnelles*, n° VII. *Le sac de San-Sebastian*, pp. 406-409. — JONES, pp. 143 et suiv.

CHAPITRE VI

PAMPELUNE ET LE PLAN DE WELLINGTON

Il est remarquable avec quelle régulière analogie se poursuivent de juillet à novembre les étapes de cette campagne. De mois en mois les adversaires vont se chercher et croisent le fer, et à ce renouveau d'activité succèdent invariablement quelques semaines d'accalmie, au cours desquelles, ramassant leurs forces, ils s'exercent pour des hostilités futures. Après les affaires du San Marcial et de Vera, comme après l'expédition de Pampelune, la trêve de rigueur ne manque pas de se produire. Soult l'emploie à couvrir de multiples ouvrages sa ligne de défense qui, très étendue [1], s'appuie à droite sur Saint-Jean-de-Luz et gagne Saint-Jean-Pied-de-Port en passant par les contreforts

---

1. 50 kilomètres environ, à vol d'oiseau. Soult disposait de 68.000 hommes (50 à 55.000 d'après le général LAMIRAUX), contre 112.000 alliés (CLERC).

de la Rhune, les hauteurs en arrière et en avant de Sare et d'Ainhoa, celles du Mondarrain et le cours de la Nive depuis Bidarray [1].

Entre temps il intervient de la façon la plus pressante auprès du maréchal Suchet pour l'amener à concerter avec lui un plan d'action commune. Les armées pourraient se réunir entre Tarbes et Pau. 70.000 hommes déboucheraient en Aragon par Jaca et se dirigeraient soit sur la Navarre, soit sur Saragosse [2]. Les opérations ainsi reportées en Espagne, on aurait eu quelque chance de rejeter Wellington derrière l'Èbre. « Il est très vraisemblable que la place de Pampelune sera sauvée si le projet dont il s'agit est immédiatement entrepris », affirme Soult, le 27 septembre, au ministre de la Guerre [3]. Entre les deux maréchaux les négociations traînaient depuis le commencement d'août. Mais le duc d'Albuféra qui, le 23 de ce mois, parlant de sa coopération éventuelle, écrivait à Clarke : « Si elle n'a

1. A G., Soult au duc de Feltre, 26 octobre.
2. A G., Soult au duc de Feltre, 2 septembre.
3. A G., Soult au duc de Feltre. Saint-Jean-de-Luz, 27 septembre. Le 5 du même mois, le duc de Dalmatie écrivait déjà au ministre : « C'est dans l'espoir de sauver Pampelune que j'ai présenté à Votre Excellence le dernier plan d'opérations, à l'exécution duquel les armées de Catalogne et d'Aragon devront concourir. Je pense que nous arriverons à temps, mais il ne faut pas différer davantage, et à ce sujet je ne puis que renouveler à Votre Excellence la prière instante de faire en sorte que les moyens que je lui ai demandés soient incessamment mis à ma disposition. Sans cela je ne serais pas assez fort. » (A G., Soult au duc de Feltre. Saint-Jean-de-Luz, 5 septembre.)

pour but que d'aller retirer la garnison et faire sauter la place de Pampelune, il y aurait de la folie à compromettre pour un tel résultat les deux armées, les affaires d'Espagne et nos frontières [1] », se sentait peu de goût pour cette combinaison. Ses préventions contre le duc de Dalmatie demeuraient vivaces. Il continua de se dérober.

Aussi bien, n'était-ce point en l'espèce du camp français qu'allait partir l'offensive. La chute de Saint-Sébastien, en procurant aux Anglais sur mer un point d'appui commode par où ils pourraient recevoir renforts et approvisionnements, en rendant libres les troupes de Graham, avait renversé les rôles. Wellington était d'autant moins tenté de négliger ces avantages, que la situation européenne qu'il suivait attentivement, se dessinait plutôt comme encourageante. Par la rupture des conférences de Prague, toute solution pacifique était momentanément écartée; et l'entrée de l'Autriche dans la coalition pesait sur les événements d'un poids que la victoire de Napoléon à Dresde ne balançait pas. C'est pourquoi il se résolut, non point à envahir la France, — l'expression eût dépassé de beaucoup sa pensée, — mais à en entamer le territoire, à s'y établir solidement, « dans une position menaçante », digne

1. A G., Suchet au duc de Feltre. Barcelone, 23 août.

à l'occasion de lui servir de base pour de plus grands desseins.

Donc, le 7 octobre, les Alliés forcent le passage de la Bidassoa et s'emparent des hauteurs de la Croix-des-Bouquets et de la Baïonnette. Le 8 et le 9, ce qui est plus grave, les sommets de la Grande Rhune, « sorte de vigie d'où l'on découvre tout l'espace entre les Pyrénées et Bayonne », tombent en leur pouvoir, perte sérieuse que ne répare pas la reprise de la redoute de Santa Barbara, effectuée par le général Conroux dans la nuit du 12 au 13. Pour la première fois depuis les guerres de la Révolution, le sol français est violé.

Wellington se contente de ce succès. Il se refuse à s'aventurer dlus loin tant que Pampelune n'aura pas succombé. Ceci ressort nettement de sa correspondance avec Beresford[1] et

1. Beresford (William Carr, vicomte), né le 2 octobre 1768, fait une partie de son éducation militaire en France à l'école de Strasbourg (1785). Lieutenant (1790); capitaine (1791); lieutenant-colonel (1794) ; il est employé à Toulon, en Corse (1793), aux Indes, en Égypte, au Cap (1805-1806), à Buenos-Aires, à Madère (1807), et dans l'armée de Moore en Portugal et en Espagne. A partir de 1809, il est chargé avec le grade de maréchal, de réorganiser l'armée portugaise, et déploie dans cette tâche de hautes qualités administratives. En 1811, il commande par intérim le corps de Hill, sous Wellington, retourne à Lisbonne, puis accompagne Wellington dans la campagne de 1813-1814. A Orthez, il commande le centre de l'armée alliée. Après la paix, il continue son œuvre en Portugal, mais, par suite de troubles politiques, est obligé de quitter définitivement ce pays en 1822. En Angleterre, il appartient au parti des tories et soutient le gouvernement de Wellington. En 1828, il obtient de ce

avec Graham. « Mon intention est de porter notre gauche en avant dans trois ou quatre jours. Je me bornerai là jusqu'à la chute de Pampelune », déclare-t-il, le 2 octobre, au premier ; et s'adressant au second à la même époque : « Une lettre chiffrée du gouverneur de Pampelune a été interceptée ; il croit pouvoir tenir jusqu'au 20 ou 25. D'ici là, nous ne pourrons mettre la droite en mouvement, mais les hauteurs de la rive droite de la Bidassoa ont sur nous de telles vues qu'il nous les faut, et que le plus tôt sera le meilleur [1]. » Cé langage est significatif. Le billet auquel il est fait allusion et dont on trouvera le texte plus loin [2], est du 28 septembre. Destiné au duc de Dalmatie, il contenait ces lignes révélatrices : « Nous pourrons aller jusqu'au 20 octobre. Je ferai même mon possible pour aller jusqu'au 25, mais je ne puis pas répondre d'aller jusqu'au 1er. » On verra que Cassan tint plus que sa parole.

Au surplus, les feuilles espagnoles ou anglaises ne se lassent pas d'annoncer la reddition prochaine de la ville. Dans le *Patriote Ausonien* du 5 octobre, on lit : « La *Gazette de Saragosse*

dernier le poste de *Master general of the ordnance*, qui lui confère la haute main sur l'artillerie et le génie. Une controverse avec Napier assombrit ses dernières années. Il meurt le 8 janvier 1854.

1. Wellington à Beresford ; *id.* à Graham, 2 octobre. — CLERC, p. 96. — DUMAS, p. 206.
2. Voir page 195.

du 28 septembre renferme des détails relatifs à Pampelune. La disette se fait sentir chaque jour davantage parmi la garnison. On croit que Pampelune sera à nous avant la fin du mois et qu'elle se rendra par capitulation. La garnison avait le dessein de s'évader. Le général España a fait garder étroitement tous les passages. On ne peut donc penser que l'ennemi, n'ayant aucun espoir de salut, s'obstine à empirer sa situation par une résistance inutile. Du reste, Pampelune ne doit rien attendre et nous n'avons rien à craindre d'une armée aussi en désordre et aussi faible que celle du duc de Dalmatie[1]. » Par la malle de la Corogne arrivent à Londres des informations telles que la suivante : « Au camp devant Pampelune, le 21 septembre. — L'ennemi avance vers la captivité. Il ne pourra résister que jusqu'au 10 ou 11 octobre, et il est très probable qu'il se rendra au commencement de ce mois. Il a fait plusieurs sorties, mais il a toujours été repoussé à la pointe de la baïonnette. » Ou bien encore : « Madrid, 30 septembre. — Nous apprenons que la garnison de Pampelune est réduite à la plus grande misère. Un habitant qui a réussi à sortir de la place rapporte que les chefs français songent à capituler[2]. » D'aucuns, prenant sans doute leurs

1. A G., extraits du *Patrioto ausonien*, n° 235, du mardi 5 octobre.
2. A G., journaux anglais du 8 au 10 octobre.

désirs pour des réalités, content à leurs lecteurs ce récit fantaisiste : « Le navire *le Madagascar*, capitaine Curtis, est arrivé hier à Portsmouth, venant de Saint-Sébastien, d'où il avait fait voile huit jours auparavant. Ce bâtiment apporte, à ce qu'on croit, la nouvelle d'une attaque heureuse contre Pampelune. Après un feu destructif de trois jours, une des batteries de l'ennemi a été emportée d'assaut, et les canons tournés contre la ville qui a été presque entièrement détruite de cette manière. Les Alliés ont occupé la ville et une grande partie des ouvrages extérieurs [1]. »

Si Wellington, mieux instruit que le public anglais ou espagnol, connaît assez exactement ce qui se passe derrière les murs de Pampelune, Soult, en revanche, n'a rien appris de sérieux à cet égard. Au duc de Feltre qui, le 13 août et le 1er septembre, lui demande des « renseignements précis » pour être transmis à l'Empereur, il n'en peut fournir que de rétrospectifs ou d'hypothétiques : « Depuis mon arrivée à l'armée, répond-il le 5 septembre, je n'ai rien reçu directement du général qui commande à Pampelune, et j'ignore positivement la situation de cette place relativement aux subsistances : aucun des émissaires que j'y ai envoyés n'est revenu. Je sais seulement que la place n'a pas été attaquée, et que

---

1. A G., journaux anglais des 8 et 9 octobre. *Feuille de la Corogne.*

l'ennemi s'est borné à l'investissement. Il paraît même que la garnison a pu faire des sorties et qu'elle a enlevé une partie de la récolte qui était à portée de canon de la place. L'on a aussi dit qu'elle avait pris quelques convois aux ennemis, et qu'on avait découvert en ville un magasin de blé assez considérable. Cependant on ne peut ajouter foi à tout cela. Dans un de mes rapports, j'ai eu l'honneur de rendre compte à Votre Excellence, que M. le lieutenant général Clausel, qui a fait entrer dans la place le dernier approvisionnement, m'a assuré que la garnison pouvait avoir jusqu'au 25 septembre à ration entière (*sic*), mais que la viande devait lui manquer plus tôt. On pourrait donc espérer que la place pourra tenir jusque vers la fin d'octobre, pour peu que le général Cassan ait réduit les consommations et qu'il y ait mis de l'ordre, surtout si effectivement il a pu se procurer des ressources parmi les habitants et faire entrer dans la place une partie de la récolte qui était à portée de canon. Des déserteurs espagnols, qui étaient partis des environs de Pampelune, m'ont dit qu'il y a un mois le pain y était très commun, les marchés bien approvisionnés [1],

---

1. Cette assertion est contredite par Cassan, Maucune et Le Gentil de Quélern, d'accord tous trois pour affirmer qu'avant même que la place ne fût investie, l'approvisionnement en était rendu fort difficile par la surveillance que Mina et ses bandes exerçaient aux environs.

et que les prix n'étaient pas trop élevés[1]. »

La veille du jour où il confesse au ministre son incertitude, le maréchal essaie une dernière fois de communiquer avec Cassan. « Il y a six semaines, lui écrit-il, le 4 septembre, que j'ai pris le commandement de l'armée, et je n'ai pas encore reçu de vous la moindre nouvelle. Vers la fin de juillet, j'ai été dans le voisinage de Pampelune où je croyais vous voir. Mais les circonstances m'ont obligé à différer de quelques jours ce moment que je ne crois pas éloigné. Je désire que vous me fassiez connaître votre situation actuelle, ainsi que le moment jusqu'auquel vous pourrez tenir, et la position de l'ennemi. Faites tous vos efforts pour me donner des nouvelles. Un seul mot suffira pour me faire deviner le reste[2]. » Ce message, inspiré par le souci évident d'affermir le moral des assiégés, fût-ce au prix d'une irréalisable promesse, ne parvint jamais à son adresse. Un soldat espagnol « juramentado », natif de Pampelune, chargé de l'y porter, ne prit que la peine de le livrer aux Alliés le 7 septembre. Le texte en fut reproduit par la *Gazette de la Corogne* et les journaux anglais.

Aussi bien, Pampelune investie fait dans l'ar-

<hr>

1. A G., Soult au duc de Feltre. Saint-Jean-de-Luz, 5 septembre.

2. A G., journaux anglais des 8 et 9 octobre. *Feuille de la Corogne*. Communication du 11 septembre. La dépêche de Soult est datée de Saint-Jean-de-Luz le 4 septembre.

mée l'objet de toutes les suppositions. Les bruits les plus sensationnels et les plus contradictoires, encore que de provenance inconnue ou suspecte, sont colportés de bouche en bouche et trouvent du crédit. Au milieu d'invraisemblances de toutes espèces, à peine se glisse-t-il quelque parcelle de vérité. Un jour, ce sont les salines de Pampelune, situées à une lieue des remparts, dont les assiégés se sont emparés ; un autre, c'est un dépôt de 150.000 rations, il n'est point spécifié de quelle nature, qu'on a découvert dans la ville. « Je désire que ces rapports se confirment », se borne à observer le duc de Dalmatie [1]. Le 12 septembre, le général Foy, qui est à Saint-Jean-Pied-de-Port, fait part à son chef des confidences qu'il a reçues des habitants du Valcarlos. Ceux-ci racontent que la garnison a enlevé près de Villaba un troupeau de moutons et 60 Espagnols ; qu'un officier et un soldat français, déserteurs de la place, leur ont avoué que les vivres y manquent; que Cassan a le projet de percer les lignes de España et de marcher sur Jaca, et que le corps de Mina, grossi des recrues de Navarre et de Biscaye, s'apprête à s'y opposer [2]. Ceci est peu de chose, mais il y a mieux.

Dans la matinée du 22 octobre, Foy interrogeant quelques transfuges du camp des Alliés,

1. A G., Soult au duc de Feltre, 7 septembre.
2. A G., Foy à Soult. Saint-Jean-Pied-de-Port, 12 septembre.

est averti par eux d'un événement si grave
que, sans perdre un instant, il expédie à Soult
la dépêche que voici : « Monseigneur, trois déserteurs du 60ᵉ régiment anglais, qui arrivent
en ce moment, me disent que la garnison de
Pampelune en est sortie le 20, à la pointe du
jour ; qu'elle a pris le chemin de l'Aragon ; qu'un
officier espagnol, commandant la grand'garde
la plus rapprochée de la ville, a facilité son
départ et a fait que les troupes du blocus ne s'en
sont aperçues que très tard ; qu'il n'est resté
dans la place que 150 Français malades. On dit
dans le camp anglais que les Français sortant
de Pampelune ont emmené avec eux sept voitures chargées d'argent. Aucune des troupes
employées devant moi n'a été détachée à la
poursuite de la garnison. Le lieutenant général
Stewart, qui commande la 2ᵉ division anglaise
sous les ordres du général Hill, étant hier à
4 heures du soir aux avant-postes, a dit aux
officiers qu'en raison de la prise de Pampelune,
il y aurait moins de troupes campées sur les
montagnes et qu'une partie de la division prendrait cantonnement à Valcarlos. Les trois déserteurs disent la même chose. Depuis le 19 à
10 heures du soir, nous n'avons plus entendu
le canon de Pampelune. Un déserteur espagnol
du régiment de Doyle fait le même rapport que
ceux du 60° régiment. Il est parti hier matin
d'Orbaïceta. Le bruit de l'évasion de la garnison

de Pampelune s'y était répandu la veille au soir[1]. »

L'aventure était à la vérité fort extraordinaire. Il semblait malaisé d'admettre qu'avec une poignée d'hommes nécessairement éprouvés par les rigueurs du siège, Cassan se fût frayé un chemin à travers la division de Don Carlos, ou même que, par le moyen de complicités subalternes, il eût réussi à en tromper la vigilance. Si catégorique est cependant l'avis qu'on lui soumet, le détail en est précis à ce point, que le maréchal ne croit pas possible de le négliger. En hâte, il fait « prévenir sur toute la frontière » qu'on ait à s'enquérir de la marche de la garnison de Pampelune et à favoriser son retour. Il écrit dans le même sens au duc d'Albuféra et au général Decaen. Informant aussi Clarke, il remarque avec assez de scepticisme, qu'aucun changement dans la disposition de ses lignes ne manifeste que l'ennemi ait détaché du monde du côté de Pampelune. Sa situation personnelle, et l'attitude en même temps recueillie et menaçante où se plaît Wellington depuis la conquête de la Rhune, lui inspirent cette réflexion : « S'il se confirme que la garnison de Pampelune soit sortie, il est probable que cette circonstance hâtera le dénouement[2]. »

1. A G., Foy à Soult. Du château d'Olhonce, 22 octobre 1813, 10 heures du matin.
2. A G., Soult au duc de Feltre. Saint-Jean-de-Luz, 23 octobre.

Mais la journée ne s'est pas écoulée, qu'un démenti vient couper court à la légende qui depuis vingt-quatre heures fait le tour de l'armée. Dans l'après-midi du 23, Foy dépêche un courrier à Saint-Jean-de-Luz. On entend de nouveau le canon de Pampelune, mande-t-il, et la place tient toujours[1]. Le 28, des émissaires que M. d'Arampé, « chef de légion, commandant dans le pays de Soule », a envoyés dans les vallées de Salazar et de Roncal pour servir de guides aux assiégés de Pampelune, rapportent que ceux-ci continuent leur résistance ; que, le 19 ou le 20, ils ont effectivement tenté de s'échapper « avec l'intention de se diriger sur Aoiz et de là sur Ochagaria en passant par le bois d'Areta », mais que les Alliés ont déjoué leur projet et les ont refoulés dans la ville[2], assertion qui n'est pas plus véridique que la première, puisque nous savons, par le triple témoignage de Cassan, de Maucune et de Quélern, que la dernière sortie de la garnison date du 10, et qu'à l'époque indiquée celle-ci était arrivée à un degré d'épuisement qui ne lui laissait, dans un délai plus ou moins rapproché, d'autre alternative que de s'ensevelir sous les ruines de la citadelle ou de capituler.

Ainsi jusqu'à la fin, le duc de Dalmatie de-

1. A G., Soult au duc de Feltre. Saint-Jean-de-Luz, 24 octobre.

2. A G., Foy à Soult, 28 octobre.

meura dans l'ignorance du sort véritable de Pampelune. A aucun moment, le rideau de troupes anglo-espagnoles qui l'en séparait ne s'entr'ouvrit pour laisser filtrer jusqu'à lui quelque nouvelle digne de foi. Chose à peine croyable, Clarke était à Paris mieux renseigné que lui [1].

Cependant, à Leipzig, la fortune avait trahi l'Empereur, et en Espagne, « Pampelune ayant capitulé le 31 octobre et la droite de son armée n'ayant plus à couvrir le blocus de cette place [2] », le 10 novembre, au petit jour, Wellington avec 94.000 combattants [3] attaquait les 75.000 hommes de Soult, emportait les lignes de la Nivelle, et forçait le maréchal à se replier sur Bayonne.

1. Voir p. 259 sa lettre du 10 novembre au duc d'Albuféra.
2. Wellington à lord Bathurst, 13 novembre (CLERC, p. 421).
3. DUMAS, p. 237.

LIVRE III

L'AGONIE DE PAMPELUNE

CHAPITRE PREMIER

D. CARLOS DE ESPAÑA, COMMANDANT DU BLOCUS

Après la grande émotion de juillet, la vie
avait repris pour les défenseurs de Pampelune,
pénible et monotone. La moisson était devenue
leur principale occupation. Pendant le mois
d'août, il n'y eut presque pas de jour que les
fourrageurs ne sortissent, et il est vrai que ce
coûteux expédient était le seul par quoi l'on
pût, dans une faible mesure, s'opposer aux progrès de la famine. Quelques épis abandonnés,
de maigres débris de paille, excitaient d'âpres
convoitises. Les Espagnols y mettaient une
égale ardeur. Leurs nocturnes expéditions dans
les jardins ne leur suffisaient plus. Ils pous-
saient la témérité jusqu'à marauder en plein
jour jusqu'au pied des faubourgs et au bas des
glacis de la place. Quand le feu des remparts
leur était trop insupportable, ils se dissémi-
naient et faisaient mine de s'en aller, mais

la plupart du temps ils revenaient ensuite.

Cette persévérance amena Maucune à supposer que les assiégeants ne laissaient pas que d'éprouver certaines difficultés dans leur ravitaillement[1]. En quoi il devinait juste, si l'on en croit ce passage extrait d'une lettre de lord Wellington à D. J. de Carvajal : « J'ai eu la mortification, lui écrit-il, le 30 août, de voir les troupes espagnoles aux avant-postes réduites à piller des noix et des pommes pour vivre, et de savoir que celles qui sont employées au blocus de Pampelune et de Santoña meurent de faim, faute de pain, tandis que l'ennemi qu'elles bloquent a tout en abondance[2]. » A quiconque aura lu les relations de Cassan, de Quélern ou de Maucune, ce dernier détail paraîtra d'une ironie lugubre.

Au cours des escarmouches quasi quotidiennes que ces incursions provoquaient, on se fusillait consciencieusement. Le canon de la citadelle répondait à celui de Sainte-Lucie et de Mendillory, mais il n'y eut point durant ce mois d'engagements importants, comme en juillet et, depuis, en septembre.

Ce n'est pas que la surveillance des Alliés se départît de sa sévérité ; au contraire. A O'Donnell avait succédé un chef hardi, tenace, d'humeur tout ensemble orgueilleuse et sauvage,

---

1. A G., MAUCUNE, *Journal du blocus*, 10 août-31 août.
2. Wellington à D. J. de Carvajal, 30 août (CLERC, p. 32)

fanatique jusqu'au fond de l'âme, inflexible dans sa volonté, cruel dans ses emportements, sombre figure qui semble d'avance vouée au sort tragique qui le guette. Don Carlos de España n'était point homme à laisser échapper une proie. Il s'appelait en réalité d'Espaigne. Né en France vers 1775, il prétendait se rattacher aux anciens comtes de Comminges et de Foix. Engagé depuis 1792 dans l'armée espagnole, les événements de 1808 avaient servi à point sa fortune. Colonel en 1809, maréchal de camp en 1811, il s'était distingué par une éclatante bravoure aux batailles de l'Albuera et de Salamanque. Dès alors, ses violences commençaient à valoir à son nom cette sorte de « célébrité sinistre » dont le souvenir n'est pas entièrement aboli de nos jours.

Les premiers rapports officiels qu'il entretint avec Cassan n'en furent pas moins empreints d'une cérémonieuse courtoisie. Le 1er août, à 7 heures du matin, un lieutenant-colonel d'infanterie aux gardes royales se présente devant la ville. Il est porteur d'un message de Don Carlos de España, ou du comte d'Espagne, comme l'on dit. Celui-ci, « par ordre du lieutenant général chevalier Thomas Picton », déclare au gouverneur de Pampelune que les récents succès remportés sur les Français ont fait tomber quantité de blessés de cette nation entre ses mains. Malgré le désir qui l'anime de soulager leurs souffrances, il constate que ses ressources ne le lui permettent pas. Il s'adresse donc au commandant de la place, le priant d'envoyer des chirurgiens, ainsi qu'un certain nombre de médicaments et d'instruments dont la liste est annexée au présent document. Il se flatte que « l'humanité et les qualités personnelles » du général « ne verront pas sans intérêt l'état de ces officiers et de ces soldats[1] ».

Cet appel est entendu. Le lendemain, le chef de bataillon Marin se rend au camp des Alliés. Chargés de remèdes, de bandages et de charpie, un chirurgien, un aide-major, deux sous-aides et un infirmier l'accompagnent. Ceux-ci, à qui, malgré la rareté des fonds, on paya d'avance un mois d'appointements, n'avaient pas encore rejoint la garnison, lorsqu'elle dut capituler. Cassan obtint plus tard l'assurance que, pendant toute cette période, les blessés avaient été bien traités et pour la plupart guéris. Dans sa réponse à Don Carlos, il lui proposa une entente relative à l'échange d'une centaine de prisonniers de guerre, mais aucune suite ne fut donnée à cette ouverture[2].

Trois jours après, le gouverneur recevait une communication d'un ordre tout différent. Un grenadier du 32e de ligne, faisant partie de

1. A G., Don Carlos de España au général Cassan. Campement sous la place de Pampelune, 1er août.
2. A G., Cassan à D. Carlos de España. Pampelune, 2 août.

l'avant-garde française, avait été pris à l'affaire du 28. Il parvint à s'enfuir et courut à la porte Taconera. Introduit auprès de Cassan, il lui révéla que Soult remplaçait Joseph, que les Basques se soulevaient contre les Anglais, que le duc de Dalmatie était aux environs de Saint-Jean-Pied-de-Port et que son dernier mouvement avait eu pour objet la délivrance de Pampelune.

Ces nouvelles, malgré l'échec du maréchal, réconfortèrent un peu les assiégés. Au reste, leur tenue morale continuait d'être parfaite. «Le soldat », dit Maucune, le 30 août, « se fait une raison et ne murmure pas. Cependant, la diminution des vivres lui fait éprouver une première privation dont il ne se plaint pas non plus, persuadé que, puisque l'ennemi ne fait pas le siège de la place et ne fait même contre elle aucune tentative, le seul genre de gloire qu'il puisse acquérir ne doit être que de prolonger la durée du blocus par ces mêmes privations[1]. » A la vérité, des divers genres d'héroïsmes, en est-il de plus contraire à notre nature et, partant, qui mérite plus d'être admiré, que celui qui s'exerce dans l'ombre, ignoré de tous, sans relâche dans son labeur, sans espérance pour soutenir sa foi ?

Le service, de plus en plus fatigant, s'exécute avec une remarquable exactitude. Rondes et

---

1. A G., *Journal du blocus de Pampelune.*

patrouilles alternent avec la même régularité. Jusqu'au mois de septembre, Maucune, si pointilleux sur le chapitre de la discipline, n'y relève qu'une seule infraction grave parmi la troupe. Plusieurs soldats du 52e, allant porter la soupe à leurs camarades moissonneurs, ont profité du voyage pour dérober quelques grains et les ont revendus en ville. Surpris le 3 août, ils sont punis; et le gouverneur arrête que désormais des ouvriers civils, escortés d'un détachement militaire, seront employés au fourrage « comme étant plus accoutumés à la coupe du blé[1] ». Faute excusable, à vrai dire, si l'on prend garde à quel régime les hommes étaient assujettis déjà.

Le 4 août, la ration de viande fraîche de 4 onces est abaissée à 3, et celle de lard salé de 3 à 2, les malades étant naturellement exemptés de cette mesure. Le 16, c'est le pain dont on ne distribue plus que 20 onces. L'on met ce jour-là pour la première fois en consommation de la viande de cheval, ce qui permet d'affecter la plus grande partie de ce qui reste de bœuf aux hôpitaux. Une ordonnance du 13 a par avance fixé les dispositions concernant la vérification, l'acceptation, l'estimation et le mode de paiement des chevaux destinés à être abattus. La ration en sera de 6 onces. On décide en même temps de délivrer un quart d'once d'huile.

1. A G., *Journal du blocus de Pampelune*, 3 août.

Les répartitions sont réglées comme il suit : le premier jour du cheval, le second du lard, le troisième du bœuf, le quatrième de l'huile. A partir du 27 août, la quantité de pain est encore diminuée de 4 onces.

Au commencement du mois, Cassan, selon qu'il en avait usé en juillet, fit procéder à un recensement général et conduire aux avant-postes espagnols deux cents personnes dont les ressources furent trouvées insuffisantes. Mais l'ennemi les accueillit à coups de canon, tuant un individu et en blessant deux autres. « Mû par un sentiment d'humanité », le général agréa qu'ils revinssent et « invita M. l'Alcade mayor à prendre les mesures qu'il jugerait convenables pour subvenir aux besoins de ces habitants, lorsque la totalité de leurs provisions serait épuisée[1] ». La population de Pampelune n'atteignait plus à ce moment que le tiers de son chiffre ordinaire. Cet incident provoqua entre Cassan et Don Carlos un échange de lettres fort vives.

Le 18 août, le lieutenant-colonel Charles Donovar, « du service de Sa Majesté britannique », apporta celle du comte d'Espagne. Au nom de sir Thomas Picton, ce dernier signifiait au gouverneur que les Alliés avaient ordre d'ouvrir le feu sur quiconque franchirait l'enceinte de la cité. Le

---

1. A G., *Journal du blocus* (MAUCUNE), 7 août.

baron Cassan était informé qu'on le tiendrait pour responsable, lui et sa garnison, de l'existence des habitants consentis par lui dans ses murs avant la formation du blocus. S. E. le marquis de Wellington était décidé à exiger « avec toute rigueur la représaille et responsabilité du sang qui pourrait se répandre pour un pareil cas ». Don Carlos saisissait cette occasion de faire connaître au général « que le seul fondement que le gouverneur, d'une place bloquée pouvait avoir d'espérer de jouir des avantages d'une capitulation suivant les lois de la guerre, dépendait absolument de l'état dans lequel les commandants de place, ceux du génie et de l'artillerie, remettraient les ouvrages, tous les magasins de munitions, et tous les objets qui avaient rapport au service de leurs armes respectives ». Faute d'une pareille condition, le gouverneur n'aurait à se prendre qu'à lui du traitement dont il serait l'objet [1].

A ce langage comminatoire, inspiré au comte d'Espagne autant par la rudesse de son tempérament que par l'irritation mal déguisée d'une résistance qu'il ne prévoyait pas si longue, Cassan répliqua avec une tranquille fierté, qu'il ne pensait pas « que sa garnison ni lui fussent responsables des coups de canon et des coups de fusil qui, le 7 de ce mois, avaient été tirés sur

---

1. A G., Don Carlos de España au général Cassan. Du camp devant Pampelune, 18 août 1813.

de malheureux habitants de Pampelune qui avaient désiré d'en sortir ». Il priait Don Carlos de le dispenser de répondre « aux autres articles de sa lettre, et d'être bien convaincu que, dans tous les cas, ses troupes et lui sauraient remplir les intentions de leur souverain et mériter l'estime de celles qui leur étaient opposées[1] ».

Les choses en restèrent là; non que les Anglo-Espagnols se tinssent pour battus. N'ayant pu intimider le chef, ils s'attaquèrent aux soldats, tâchant, par un mélange habile de flatteries et de menaces, à ébranler leur fidélité. C'est pourquoi, le matin du 23 août, quand les hommes de garde entrèrent au grand poste de la Rochapea, que l'on n'occupait pas la nuit, ils y trouvèrent plusieurs exemplaires d'un placard rédigé dans un langage familier, jugé propre à les impressionner. Voici dans sa forme volontairement incorrecte, le texte même de ce factum : « A quoi (*sic*) attendez-vous, camarades ? N'êtes-vous point encore convaincus que vous n'avez point nuls (*sic*) secours à attendre ? Voulez-vous donc mourir de faim ou être forcés de vous rendre à discrétion ? Non, le soldat français est trop éclairé pour devenir la dupe des contes de ses officiers qui mangent et boivent très bien. Nous savons qu'ils vous ont dit que nous

1. A G., Cassan à Don Carlos de España. Pampelune, 19 août.

sommes des barbares démoralisés, que nous tuons ceux qui viennent à nous. Mais, camarades, serait-ce cette crainte qui vous retient ? Venez, vous verrez ceux qui vous ont précédés ; ils ont été traités comme ils doivent l'être. On les (*sic*) a accordés la permission de se rendre chez eux ou de rentrer parmi nous à son gré (*sic*). Oui, nous vous recevrons à bras ouverts, et, après avoir tari votre faim avec de la bonne viande et du bon vin, on vous laissera le loisir de votre sort futur. Profitez donc de ces moments, puisque dans peu vous ne serez point dans le cas de le faire, et votre opiniâtreté ne vous attirera que les maux qui suivent une capitulation forcée. On vous dit que le 10 du mois prochain vous serez secourus. Souvenez-vous que le 15 de ce mois est passé. Adieu.[1] » Ces insinuations n'excitèrent, d'après Maucune, d'autre sentiment dans la garnison « que le mépris tout naturel qu'elles inspirent ».

Cette date du 15 août, à laquelle fait allusion l'écrit anonyme qu'on vient de lire, fut précisément l'occasion d'une belle et touchante manifestation. Ce jour-là, on célébra en grand apparat la fête de l'Empereur. La veille au soir, une première salve de 50 coups de canon dirigés contre leurs batteries avait annoncé aux Alliés le retour de cet anniversaire

---

1. A G., Journal de Maucune, 23 août.

« si cher aux Français ». Une deuxième salve éclata le lendemain dès l'aube, et une troisième sur les midi. A onze heures, les autorités civiles et militaires se réunirent dans le salon du palais, où Cassan les attendait. A onze heures et demie, le cortège se forma et se rendit à la cathédrale, où une messe en musique fut chantée, ainsi qu'un *Te Deum*. La cérémonie achevée, toutes les troupes de la garnison, l'artillerie en tête, défilèrent à la parade au cri de : « Vive l'Empereur. » Après quoi, le gouverneur et son chef d'état-major firent la visite des hôpitaux et portèrent aux blessés quelques paroles d'espoir et de consolation. Le général, « regrettant de ne pouvoir faire davantage », gratifia les soldats d'une double ration de viande et d'eau-de-vie. Sur son ordre, les hommes détenus par police de corps furent mis en liberté. A cinq heures et demie, les fonctionnaires les plus marquants, au nombre de 45, retournaient au Palais où un banquet leur fut offert. Nous savons seulement qu'il fut « autant somptueux que les circonstances pouvaient le permettre », et que « la gaîté française en fit les principaux frais [1] ». Il paraît que les dignitaires civils et ecclésiastiques exprimèrent leur étonnement d'un tel sang-froid dans de si périlleuses conjonctures. Au dessert, Cassan se leva et but à

---

1. A G., Journal de Maucune, 15 août.

la santé de l'Empereur, de l'Impératrice, du Roi de Rome et de la famille impériale; et ces acclamations, répétées par les assistants et au dehors par les troupes, franchissant les espaces, volaient dans la pensée de tous jusqu'à ces Pyrénées où combattait le duc de Dalmatie, et plus loin encore, par-delà les frontières, jusqu'au fond de ces plaines teutonnes où le sort de l'Empire allait se décider, et l'aveugle complicité des forces avoir enfin raison du génie. Des strophes et des couplets terminèrent la soirée.

Dix jours plus tard, le 25, les mêmes réjouissances recommencèrent en l'honneur de la fête de l'Impératrice Marie-Louise. Cette fois, ce fut Maucune qui reçut trente personnes à dîner, et, à défaut d'une chère abondante et savoureuse, le repas, nous dit l'amphitryon lui-même, « fut naturellement embelli par tous les sentiments qu'inspirent les hautes qualités et les vertus qui distinguent notre souveraine [1] ». La réunion, pleine d'enthousiasme et de bonne humeur, obtint tous les suffrages.

Ainsi l'esprit français ne perdait pas ses droits, encore que chaque jour vît croître la misère des assiégés. Le manque d'argent ne fut pas un de leurs moindres embarras. On se souvient que, le 24 juin, Cassan avait attiré l'atten-

1. A G., Journal de Maucune, 25 août.

tion de Jourdan sur ce point [1], et que le maré-chal, impuissant à combler le déficit qu'on lui signalait, en avait purement et simplement ré-féré au duc de Feltre. Tant que dura juillet, le gouverneur, par un miracle d'équilibre, fit face à la difficulté ; mais, la première semaine d'août, la détresse devint telle qu'il fallut recou-rir à un moyen radical. Par une décision du 5, Cassan frappa les habitants les plus fortunés d'un emprunt de 400.000 réaux de vellon et en con-signa le montant entre les mains du payeur. Les caisses des différents corps, dans lesquelles, vu les risques à prévoir, le général ne crut pas prudent de laisser de numéraire, celles de plu-sieurs administrations, et en premier lieu de la douane qui, grâce à d'anciennes percep-tions et à la vente d'une certaine quantité d'in-digo et de tabac, possédait une réserve relati-vement importante, durent aussi contribuer au salut commun. Sur les fonds recueillis, Cassan fit verser un mois de solde à la garnison et aux employés, tant des services civils que mili-taires des deux nations, et donner des acomptes à quelques fournisseurs, créanciers du gou-vernement, ainsi qu'à l'artillerie et au génie qui avaient consacré à éteindre un arriéré de dettes les subsides à eux remis par le général Clausel. Le receveur Pierron et le payeur Rivals

1. Voir page 21.

produiraient en temps voulu le compte de la recette et de la dépense de toutes ces sommes.

Deux dispositions des 1er et 9 septembre complétèrent ces mesures. La première est relative aux isolés de toutes armés. Trop nombreux pour pouvoir être envoyés sans inconvénient en subsistance dans les divers corps, ils avaient été jusqu'alors rassemblés sous les ordres d'un capitaine, qui, aidé de quelques officiers, pourvoyait à leurs besoins. Désireux de les faire participer à la solde allouée aux autres troupes, Cassan les répartit en deux dépôts séparés, ayant chacun son conseil d'administration. Le second arrêté réglementa les conditions de vente de l'indigo et du tabac conservés au magasin de la douane. L'opération s'effectuerait dorénavant par l'entremise du secrétaire de l'intendance Pellou. Le tabac serait soldé au prix courant ; l'indigo, adjugé au plus offrant et dernier énchérisseur. Le gouverneur espérait se procurer ainsi un léger supplément de revenu [1].

1. A G., Rapport de Cassan.

CHAPITRE II

LES COMBATS DE SEPTEMBRE

Sanglant prélude à l'agonie d'octobre, septembre débuta sous de funèbres auspices. L'élément civil souffrait horriblement. Le peuple fut atteint le premier. Le 2, Cassan manda l'Alcade Mayor. Il lui renouvela sous la forme la plus catégorique son intention de fournir une longue et vigoureuse résistance. L'Alcade n'ayant point jugé à propos de renvoyer les indigents, alors qu'il lui était loisible de le faire, et l'ennemi refusant maintenant de leur livrer passage, le gouverneur ne pouvait que les recommander à l'esprit charitable et à l'ingéniosité de la municipalité[1]. « On doit s'attendre au plus affreux résultat », écrit Maucune, prédiction qui se réalise à brève échéance. Le 13, la femme d'un préposé aux douanes meurt d'inanition dans sa chambre. Rapide-

1. A. G., Journal de Maucune, 2 septembre.

ment le fléau gagne les classes supérieures. Le 25, la veuve d'un ancien capitaine espagnol, succombant aux tortures de la faim, se jette dans un puits [1].

La troupe n'est pas moins éprouvée. Surmenés par de continuelles alertes, des sorties plus fréquentes et plus meurtrières que jamais, les soldats sentent leurs forces s'affaiblir, en même temps que leur ration décroît impitoyablement. A dater du 11 septembre, ils n'ont plus que 12 onces de pain; encore à partir du 20, les remplace-t-on, un jour sur deux, par 9 onces de biscuit. Le 25, nouvelle réduction de 2 onces. Le 16, l'ordre des distributions, établi un mois auparavant, est modifié. La portion journalière est composée désormais de 4 onces de cheval, une demi-once de lard salé, et une once de riz. Sauf pour les hôpitaux, le bœuf est supprimé.

Affamés, les hommes se mettent à donner la chasse aux chiens, aux chats, aux rats, aux souris. Ceux des chevaux qui n'ont pas encore été sacrifiés à la consommation deviennent presque impossibles à nourrir. Ce n'est plus du fourrage que les moissonneurs vont au péril de leur vie chercher pour eux dans les champs, mais des feuilles d'arbres [2] qui, mêlées à une partie des paillasses du casernement, servent à prolonger leur existence.

1. A G., Journal de Maucune, 13 et 25 septembre.
2. A G., Mémoire de Quélern. — Journal de Maucune.

Dans le billet chiffré qu'il tâcha vainement à faire parvenir au duc de Dalmatie, Cassan s'exprime ainsi le 28 septembre : « M. le maréchal, nous mangeons du cheval depuis le 17 août et nous sommes à dix onces de pain depuis le 28 du mois courant. A toute rigueur et en faisant encore des réductions, nous pourrons aller jusqu'au 20 octobre. Je ferai même mon possible pour aller jusqu'au 25, mais je ne puis pas répondre d'aller jusqu'au 1er novembre. Nous avons un peu de viande de bœuf et un peu de vin pour les hôpitaux. Depuis le commencement du blocus nous avons toujours eu plus de 400 malades. L'effectif de la garnison est de 3.991 hommes et 156 chevaux. Nous sommes entourés de batteries et l'ennemi travaille toujours. Il coupe les chemins. Nous ignorons absolument ce qui se passe hors de la place [1]...» C'est cette lettre qui, interceptée par les Anglais et déchiffrée par lord Somerset, éclaira Wellington sur la situation réelle des assiégés.

Le 23, Cassan avait tenté d'atténuer les tourments qu'endurait la troupe en lui faisant délivrer du tabac. Il ordonna que tout ce qui n'en avait pas été vendu serait à l'avenir réservé à l'usage de l'armée. Un roulement fut institué. De cinq jours en cinq jours, les soldats reçurent des cigares à raison de trois par jour, en-

1. A G., Cassan à Soult. Pampelune, 28 septembre.

suite du tabac râpé, enfin du tabac du Brésil, et ainsi de suite.

Le sort pitoyable des défenseurs de Pampelune n'étant plus un secret pour l'ennemi, celui-ci ne néglige rien pour en tirer parti et redouble d'ardeur pour abattre leur courage. Alors que, séparés du monde extérieur, ils ne se doutent même pas de la victoire de Dresde, on ne leur fait grâce d'aucune nouvelle, pourvu qu'elle soit déprimante et désavantageuse pour les armes françaises. Ces récits, perfidement commentés, amplifiés à dessein, sont calculés pour jeter le trouble dans les âmes les mieux trempées. Le 9, à la suite d'une sortie que nous aurons à raconter, Maucune ramène quelques prisonniers. Ils apprennent au gouverneur que Don Carlos a 18.000 hommes sous ses ordres, dont 700 cavaliers, et que son intention est de soumettre la ville par la famine. Ils ajoutent que Soult vient d'être défait sur la Bidassoa et que Saint-Sébastien a capitulé[1]. Un domestique portugais, arrêté par le piquet de la Rochapea, fournit les mêmes détails. Dans la nuit du 11 au 12, on entend les cloches des villages avoisinants sonner à toute volée. Dans le camp espagnol, on bat la caisse, les fanfares retentissent, les musiques jouent des marches. A l'aube, s'étale, placardé à l'avancée de la Rochapea,

---

1. A G., Journal de Maucune, 10 septembre.

l'avis que nous reproduisons dans toute la trivialité de ses termes : « Nouvelle intéressante au public. — On a confirmé par lettre officielle la très intéressante nouvelle de l'union d'Autriche avec nos alliés du Nord, ayant déjà mis en campagne 150.000 hommes en notre faveur. Le 8 septembre 1813 — Signé : le gouverneur, Gasset. — Si vous ne pouvez, mes chers frères, remplir de cheval votre grand fanal (*sic*), écoutez le conte nouveau que l'on vous met dans le coco (*sic*). La riche et nombreuse armée de François II porte son secours à l'Espagne. Saint-Sébastien est rendu et Soult, dispersé et battu, a pris la fuite dans les montagnes. Craignez donc notre rigueur, si dans trois jours vous ne rendez pas la place à l'Espagne [1]. »

Le 28, un manifeste aussi violent, quoique de facture moins grossière, déposé au même endroit, est apporté sur-le-champ au général Cassan. En voici le texte : « Soldats : Eh bien ! camarades, le 15 août, le 10 et le 20 septembre ont déjà passé et vos amis n'ont point arrivé (*sic*). Voilà comme nous vous disions la vérité sur cela. Voulez-vous en savoir une autre ? Sachez donc que le 15 ou le 20 octobre qu'on vous dit maintenant que vous serez débloqués arriveront aussi bien que les autres et auront

1. A G., Journal de Maucune, 12 septembre

comme eux le même résultat. On vous entretient comme des enfants. On allonge vos souffrances et on vous empêche de jouir d'une capitulation honorable que vous souhaitez sans oser la demander. C'est pour la dernière fois que nous nous parlons. Si vous voulez voir vos foyers, venez et venez bien vite ; autrement, la France est perdue pour vous et perdue peut-être pour toujours. Adieu.-P. S. Votre maréchal Soult perd la tête en fortifiant tous les cols et passages sur les frontières, mais ça n'empêchera point au lord Wellington de se promener à Bordeaux avant le jour que Monsieur le Gouverneur vous a promis d'être débloqués [1]. »

Cependant, les progrès de la gêne sont si intolérables que, dans la partie la moins saine de la garnison, plusieurs finissent par se laisser impressionner par ces exhortations. « Le manque de vivres et la fatigue du service semblent appeler la désertion », relate le 14 septembre le journal du blocus de Pampelune. « M. le général gouverneur a fait connaître à la troupe le danger personnel, le déshonneur auxquels étaient livrés ceux qui passaient à l'ennemi. Il leur a représenté qu'il n'existait plus de patrie, ni de famille, ni d'espoir de pardon pour eux. » Mais ces objurgations n'enrayent pas le mal. « La désertion commence à se faire sentir de notre

---

1. A. G., Journal de Maucune, 28 septembre.

côté... », note de nouveau Maucune, le 16. Même observation le 24. Le 25, onze militaires s'enfuient. Le 26, d'autres profitent de leur présence aux postes extérieurs pour en faire autant. A la vérité, c'est d'étrangers ou de soldats des départements réunis à la France qu'il s'agit dans la plupart des cas [1], et leur nombre n'est pas considérable.

Ces défections, pour tristes qu'elles fussent, m'en rehaussaient que mieux la généreuse abnégation de ceux qui persistaient dans le devoir. Une circonstance contribuait plus particulièrement à soutenir leur énergie. Ils avaient remarqué la peine que prenaient les Alliés de retrancher certains endroits qui ne paraissaient pas intéresser directement le blocus. Non seulement ceux-ci agrandissaient circulairement la gauche de leur batterie de Burlada et la droite de celle de Sainte-Lucie, mais, malgré l'éloignement de leur première ligne de défense, ils en construisaient une seconde au delà. Sur les montagnes, ils avaient imaginé pour la nuit un système de signaux composé de longues perches à l'extrémité desquelles étaient attachées de petites torches de paille, dont on allumait une quantité plus ou moins grande selon les ordres qu'on voulait transmettre. Cette activité, ce souci de se couvrir en arrière et surtout du côté

---

1. A. G., *Analyse du Journal du blocus de Pampelune* (MAUCUNE).

du levant par où les Français avaient débouché en juillet, étaient favorablement interprétés par les assiégés. Ils en déduisaient que Don Carlos craignait d'avoir affaire au duc de Dalmatie et pourrait bien se voir un jour obligé de lever le camp.

Et puis, il arrivait quelquefois de « la Cuença » autre chose que des paroles décourageantes. Le 30 septembre, un fantassin du 52e qui glanait tombe dans une patrouille ennemie. Par un heureux hasard, c'est un Français, sergent au service d'Espagne, qui la commande.

Ce sous-officier traite notre homme civilement et lui fait manger la soupe. Après quoi, il lui conseille fort « de n'avoir jamais envie de déserter ». Il lui dit qu'avec de la patience la ville sera sûrement débloquée, que, tout au moins, les conditions consenties à la garnison seront honorables, et qu'au reste l'armée de Soult a reçu des renforts. Il congédie ensuite son prisonnier. Celui-ci, de retour à Pampelune, raconte partout son aventure qui obtient auprès de ses camarades le succès que l'on pense [1].

Mais la meilleure preuve des sentiments qui animent les troupes est la manière dont, en dépit de leurs maux, elles savent se conduire devant les Anglo-Espagnols. Le 5 septembre, à 9 heures du soir, des factionnaires se figurent

---

1. A G., Journal de Maucune, 30 septembre.

entendre piocher en avant de la porte Taconera. 400 hommes sautent sur leurs armes et parcourent inutilement les positions suspectes. Cette fausse alerte donne au gouverneur la mesure du zèle de ses soldats. En un instant, tous ceux qui n'étaient pas de service se trouvèrent comme par enchantement à leur poste, et, dit Maucune, « la place prit ce caractère imposant qui sans doute la ferait distinguer si l'ennemi osait tenter un coup de main ».

Le 9, eut lieu le combat le plus important de tout le blocus. Maucune y joua comme à l'habitude le rôle principal. Les jours précédents avaient été très calmes. Cassan, dans le but de contraindre les Alliés à montrer leurs forces, de « faire faire un grand fourrage » et de détruire la maison Larenza ou Maison Blanche, située à 140 toises environ de la maison Suza, rassemble 500 fantassins, 50 sapeurs, 2 pièces de 12, et les 80 gendarmes à cheval, seuls disponibles depuis que les montures des autres ont été sacrifiées. Le tout est confié à Maucune que seconde le chef d'escadron Caux. Maucune, pour garder sa retraite et ses deux flancs, dispose de l'infanterie dans les vignes entre la lunette San Bartholome, et la batterie espagnole de Mendillory, au couvent de Saint-Pierre, à la maison Garcia, et au moulin de la Tejeria; puis il passe le pont de la Madeleine. Tandis que sapeurs et grenadiers s'emparent des maisons Suza et Larenza et s'efforcent en vain à y mettre le feu, toutes les matières combustibles en ayant été retirées par l'ennemi, Maucune prend la tête de la cavalerie et charge à fond de train dans la direction de Villaba. Tout cède devant lui, et voilà l'audacieux escadron à l'entrée du village. Le comte d'Espagne voit le danger. Exaspéré par la retraite précipitée des siens, il sort en personne de Villaba avec un nombre respectable de soldats. Mais à peine a-t-il le temps de les mettre en ligne, que Maucune et les gendarmes du capitaine Loos les abordent avec une folle impétuosité. Quelques minutes suffisent à disloquer leurs rangs. « Sabrés, culbutés », hommes et chevaux s'enfuient dans tous les sens. Le capitaine Quesada, des dragons de Villaviciosa, un maréchal des logis, plusieurs dragons, huit chevaux restent aux mains des Français. Don Carlos, gravement blessé d'un coup de feu à la cuisse, manque d'être pris[1]. L'intention de Maucune était de compléter ce brillant fait d'armes en se rabattant sur sa droite, pour ramasser un parti d'Espagnols qui se sauvait entre la rivière et lui.

1. Le général Cassan, dans son rapport du 1er novembre, parlant de la sortie du 9 septembre, dit que ce fut à la reprise de la maison Larenza par les Alliés que Don Carlos de España reçut sa blessure. Mais Maucune, qui était présent, et le major Le Gentil de Quélern assurent que ce fut à la charge de Villaba, opinion confirmée par les journaux anglais et espagnols.

Mais de partout arrivent des renforts aux Alliés. Très supérieurs en nombre, ils ont réoccupé les maisons Larenza et Suza, et l'intrépide chef d'état-major, très engagé, éloigné de la protection des batteries de Pampelune, abandonne son projet. Rapidement, il se replie sur les détachements laissés en réserve, sans que ses adversaires déconcertés osent le poursuivre. Là, il rallie l'infanterie, et ordonne la reprise de la maison Suza dont la possession importe à la sécurité des fourrageurs. L'opération s'exécute sur-le-champ, nonobstant une vive résistance de l'ennemi. Celui-ci a placé une pièce d'artillerie au coin du jardin de la Maison Rouge et une autre à l'entrée du ravin qui flanque la Maison Blanche. La seconde s'embourbe tellement qu'elle ne peut tirer qu'un seul coup, mais, défendue par 300 cavaliers et une nuée de tirailleurs, Maucune renonce à l'enlever. Pendant que se déroule cette lutte, le capitaine Jacquemard, du 117e régiment, quittant avec 200 hommes la ville par la porte de secours, s'est avancé jusqu'au fort du Prince, où il se saisit de quelques sacs et d'un peu de pain. Assailli par des forces triples des siennes, il se retire en bon ordre, non sans infliger de sérieux dommages à ses agresseurs. Telle fut cette affaire du 9 septembre qui, à de certains moments, prit l'allure d'une véritable bataille. Les assiégeants subirent des pertes considérables. Les Français eurent 8 hommes tués et 72 blessés, parmi lesquels le lieutenant Mene- cier, mortellement atteint [1].

Cette sortie, si fièrement dirigée par M. de Maucune, eut du retentissement dans toute la Péninsule. *Le Journal de la Corogne* en rendit compte à ses lecteurs en ces termes véhéments : « On ne peut se faire une idée de l'audace et des témérités de cette poignée de forcenés qui composent la garnison de Pampelune. Le 9 de ce mois, 600 d'entre eux sont sortis de la place comme des furieux, ont sabré et culbuté tous nos postes, forcé les lignes du blocus, et pénétré jusques au quartier général où ils ont blessé grièvement notre brave général Don Carlos d'España qui, à la tête de 300 chevaux et d'une nombreuse infanterie, n'a pas pu les arrêter. Ils ont enlevé à la tête de sa compagnie l'intré- pide capitaine Don José Quesada, commandant une compagnie d'élite du régiment de Villavi- ciosa, et tous les cavaliers qui ont voulu le dé- fendre. Enfin, après avoir tout ravagé pendant la journée, ils sont rentrés le soir dans Pampe- lune, emportant comme de coutume tout ce qui leur convenait. On assure que 300 de ces téméraires ont pénétré jusqu'à Lecumberri et menacent Tolosa. Il est bien plus que temps

1. A G., Rapport de Cassan. — *Journal du blocus de Pampe- lune.* — *Analyse du Journal du blocus de Pampelune.* — Mémoire de Quélern.

enfin que le lord Wellington, avec sa grande armée, prenne des mesures rigoureuses pour réduire ces forcenés. Autrement nos hôpitaux de Vitoria ne seraient bientôt plus à l'abri de leurs entreprises. » Les journaux de Madrid, de Lisbonne et de Londres, tiennent le même langage[1].

Le capitaine Quesada, ayant sollicité la permission d'écrire au comte d'Espagne, ainsi qu'à sa famille et au commandant de son régiment, Cassan l'y autorisa et en fit part à Don Carlos par un billet du 14 septembre. Ce dernier, qui était auprès de Wellington, ne reçut le message que le 22 à son retour. Il s'empressa de remercier le gouverneur « de son honnête communication », s'excusant sur ce que les circonstances l'avaient empêché de le faire plus tôt. « Je me plais à vous assurer, M. le général, ajoutait-il, que j'ai toujours traité de la même manière les prisonniers que le sort de la guerre a mis en notre pouvoir, et il sera très agréable pour moi de reconnaître vos nobles procédés[2]. » Le lendemain, un officier espagnol se présenta à l'avancée de l'hôpital Saint-Pierre et remit pour le capitaine Quesada une lettre ouverte et de l'argent. Il raconta que les troupes du blocus venaient d'être augmentées de 5.000 hommes, et que Don Carlos avait établi son quartier géné-

1. A G., Journaux anglais et mémoire de Quélern.
2. A G., Cassan à Don Carlos de España, 14 septembre. — Don Carlos à Cassan, 22 septembre.

ral près de Burlada, derrière la montagne Mendillory [1].

Le 27 et le 28, le duel quotidien entre les batteries de la citadelle et celles des assiégeants fut particulièrement intense, sans que d'un côté ni de l'autre on marquât quelque avantage particulier.

Le 30, Cassan fut amené à prendre une décision grosse de conséquences. Il avait à peu près perdu l'espoir d'être secouru. Le nombre des déserteurs, encore restreint, allait pourtant en augmentant, et l'on pouvait prévoir l'heure fatale où, tout héroïsme étant superflu, leurs forces physiques trahiraient les défenseurs de Pampelune. C'est pourquoi le gouverneur prescrivit que l'on commençât ces travaux suprêmes à quoi se reconnaît qu'une place est à l'agonie. On forerait des puits de mines, on percerait des galeries ; tout, en un mot, serait disposé pour anéantir, s'il le fallait, les ouvrages de la forteresse. Neuf mines furent pratiquées, dont quatre aux murs de la ville et cinq à la citadelle. ● Elles avaient trois objets », dit simplement Cassan dans son rapport, « le premier, d'en imposer à l'ennemi, qui en était indubitablement informé par les déserteurs ; le second, d'être prêt à faire sauter les fortifications, dans le cas où, l'armée venant nous

1. A G., Rapport de Cassan.

débloquer, c'eût été l'intention du général en chef, et le troisième, de capituler sur les décombres de la place, si lorsque nous avons eu (*sic*) épuisé toutes nos ressources, l'ennemi avait eu la prétention de nous avoir à discrétion [1].»

1. A G., Rapport de Cassan.

CHAPITRE III

PAMPELUNE AFFAMÉE

Octobre arriva enfin. La misère publique était au comble. La mesure de blé, qui, au début du blocus, valait 8 et 9 piécettes, se payait de 120 à 130 piécettes. Encore à ce prix pouvait-on à peine s'en procurer. Le pain de munition, extrêmement mauvais, composé d'un mélange de son et de maïs broyé, se vendait de 10 à 12 piécettes [1]. Dans les ruelles étroites de la vieille cité navarraise, les habitants se traînaient en gémissant. D'aucuns tombaient sans vie sur le pavé. D'autres, silencieux, attendaient la mort enfermés dans leurs maisons. Les cas de décès par inanition se multiplièrent [2]. Ému de pitié, le gouverneur, malgré qu'il lui en coûtât, n'hésita pas à risquer une dernière démarche en faveur de ces malheureux.

1. A G., Maucune, 15 septembre. — Mémoire de Quélern.
2. A G., Maucune. Quélern.

Le 2 octobre, il s'adressa à Don Carlos. Il lui représentait l'état lamentable de la population, et qu'il était dans l'impuissance absolue de lui porter quelque soulagement. C'est pourquoi il proposait que le comte d'Espagne consentît à envoyer tous les deux jours 7.000 rations de pain à l'hôpital Saint-Pierre. La municipalité de Pampelune les y ferait chercher et les paierait comptant à la personne qui les livrerait. Le général promettait sur son honneur que la garnison ne profiterait en aucune manière de cette fourniture. Il demandait qu'on s'engageât mutuellement à ne pas abuser des relations que cet échange nécessiterait, pour tramer quoi que ce fût de contraire aux intérêts des assiégés comme à ceux de leurs adversaires. Au cas où cet arrangement ne serait point agréé, Cassan suggérait que, revenant sur sa détermination du 7 août, Don Carlos autorisât le passage de ceux des habitants qui désireraient se retirer. Il remarquait, à cette occasion, que si ces derniers se fussent rendus à ses conseils, réitérés à trois reprises et eussent quitté la ville alors qu'ils en avaient la liberté, ils ne seraient point aujourd'hui en si cruelle posture. Seul, un fallacieux espoir les avait retenus, et le comte d'Espagne ferait acte d'humanité en se prêtant à l'un ou à l'autre des arrangements précités [1].

1. A G., Cassan à Don Carlos de Espana. Pampelune, 2 octobre.

Comme il fallait le craindre, l'ennemi se montra rebelle à toute concession. Le brigadier général Don Luis Vives remit sa réponse le 5. Don Carlos de España, « quoique les intentions du lieutenant-général commandant le corps de l'armée combinée qui forme le blocus de la place de Pampelune, et les ordres de Son Excellence Mgr le maréchal marquis de Wellington, duc de Ciudad Rodrigo, général en chef des armées alliées et nationales de l'Espagne, relatifs à cette place, lui fussent parfaitement connus », n'avait pas manqué cependant de leur soumettre les observations du baron Cassan. Il lui avait été répliqué par les instructions suivantes, qu'il se faisait un devoir de transmettre au gouverneur.

« S. E. le général en chef, ayant vu les deux propositions du général commandant dans la place de Pampelune, m'ordonne de vous dire qu'elles ne sont pas de nature à être admises, étant en contradiction avec les lois généralement reçues et religieusement observées par les nations civilisées, et de notifier au général que, non seulement lui, en sa personne, mais aussi tous les chefs qui composent le conseil de guerre et administration de la place, les chefs du commissariat et de la police en la leur, répondront de la mort des habitants qui auront été jusqu'à présent, ou qui à l'avenir pourront être victimes de la famine, à compter du 26 septembre, jour où a expiré le terme de trois mois de vivres que le général donna l'ordre aux habitants de se pourvoir; et que cette responsabilité s'étend à l'état de conservation et de rémission (*sic*) de toute espèce d'ouvrages, magasins de munitions, dépôts d'habillement et tout ce qui concerne le matériel de guerre. Vous êtes autorisé à rappeler au général la série des événements qui justifieront tous les effets de la responsabilité qui lui est imposée, ainsi qu'aux personnes désignées, et généralement à tous les autres chefs des troupes; et que, si la violence a cherché dans la force des prétextes pour former un nouveau code des lois et coutumes de guerre, les nations belligérantes n'ont jamais reconnu de pareilles innovations, et la justice, soutenue aujourd'hui par la force, fera respecter les anciennes lois et coutumes de guerre reçues par les nations civilisées. »

Don Carlos ajoutait à titre personnel : « Je dois vous dire, M. le général, que le 26 du mois de juin de cette année, époque à laquelle la place de Pampelune se trouvait déjà bloquée par l'armée combinée, vous avez publié un ordre pour faire sortir tous les habitants qui n'auraient pas de vivres pour trois mois, excluant les autorités civiles et un grand nombre do riches propriétaires qui furent retenus contre leurs volontés en vertu de votre mandat. Il sortit ce jour-là, et consécutivement le 9 et le 16 de juillet, 6.000 âmes de cette place, qui toutes, d'après la teneur de votre ordre, furent obligées d'abandonner leurs provisions dont vous avez profité pour alimenter et grosir (*sic*) vos magasins. Vous êtes trop juste, M. le général, pour ne pas connaître que vous êtes uniquement redevable de ce grand et singulier avantage, aux rares sentiments d'humanité sublime qui caractérisent le héros qui commande les armées alliées et nationales de l'Espagne, et à sa généreuse nation.

« Ce noble procédé suffirait pour exiger que les habitants qui, sur votre parole, sont restés dans la place, pourvus de vivres pour les trois mois fixés par vous, soient traités avec tous les égards que votre responsabilité vous impose.

« S'il n'était contraire à l'opinion que j'ai formée de votre caractère d'ajouter foi aux déclarations unanimes de 52 déserteurs, parmi lesquels 3 sergents et un chirurgien, il aurait été exigé des habitants de fortes contributions pécunières (*sic*), depuis la formation du blocus et même en vivres. Mais ce qui certainement a été offert à nos yeux, est que les habitants ont été employés par la garnison à fourrager pour elle. Nous avons vu les traitements que leur escorte a employés pour les faire avancer, et nous avons été dans la nécessité de faire feu

trop souvent sur eux; et il en a résulté la mort
de plusieurs, et que quelques-uns se sont échap-
pés pour venir se jeter dans nos bras.

« En conséquence, c'est à vous, M. le général, qu'il appartient, d'après toutes les lois de
la guerre et sous tous les rapports possibles, à
pourvoir à l'existence des habitants que vous
avez consentis dans vos murs avant la formation
du blocus, avec d'autant plus de justice qu'ils
ont obéi à votre ordre, comme je vous l'ai manifesté dans ma communication du 18 août, au
contenu de laquelle je m'en réfère en tout.

« Dans la situation présente des choses, si
vous jugez convenable, M. le général, de me
faire des propositions admissibles, et surtout
compatibles avec la réduction de vos moyens de
subsistance, la modique ration de votre garnison et les triomphes de l'armée combinée, forte
de 140.000 hommes, consacrés par trois victoires mémorables, la première sur les plaines
de Vitoria, la deuxième à proximité de Pampelune, et la troisième, remportée également sur
les armées françaises et leurs renforts par le
héros libérateur de l'Espagne et du Portugal
sur la Bidassoa le 3 août, qui fut accompagnée
de la prise par assaut de la place et fort de
Saint-Sébastien, qui rendent la chute de Pampelune inévitable, le brigadier général Vivès qui
vous portera ma réponse est autorisé par moi
à les recevoir. Mais vous savez très bien, M. le

général, qu'en matière de blocus l'adoucissement des rigueurs d'une capitulation est aussi attaché au nombre de jours de subsistances que la garnison tient en magasin, bien constaté lorsqu'on commencera à vouloir s'entendre [1]. »

Sans s'attarder à relever le ton volontairement blessant de cette longue et emphatique déclaration, dont nous avons scrupuleusement reproduit le texte, ni à discuter ce qu'elle contient d'exagéré, tel que le chiffre de 6.000 personnes donné comme expulsées de Pampelune, ou d'inexact comme la présence dans les rangs des alliés d'un chirurgien déserteur, Cassan se borna à riposter, ce même 5 octobre, par les quelques lignes qu'on va lire, dont la concise fermeté contraste dignement avec la morgue affectée par Don Carlos de España. « M. le général, je m'empresse de répondre à la lettre que vous m'avez fait l'honneur de m'écrire aujourd'hui en réponse à celle que je vous ai adressée le 2 de ce mois. Je suis fâché pour les habitants de Pampelune que les propositions que j'ai eu l'honneur de vous faire en leur faveur ne soient point acceptées, car, quant à moi, je suis parfaitement en règle sous tous les rapports qui peuvent intéresser ma responsabilité dans tous les cas. Si le temps arrive où mes devoirs et mon honneur pourront me per

---

1. A G., Don Carlos de España à Cassan. Au camp devant Pampelune, 5 octobre 1813.

mettre de vous faire des propositions relativement à la place dont la défense. m'est confiée,
j'aurai l'honneur de vous les adresser par un
officier de mon état-major[1]. » Et devant les
horreurs de la famine, plus généreux que le
comte d'Espagne, Cassan, prenant sur ses
maigres réserves, fit distribuer des secours à
l'hôpital civil et aux habitants les plus nécessiteux. 1.236 rations complètes de pain leur furent
ainsi délivrées[2].

Deux jours auparavant, sévissant contre le
fléau de la désertion qui, encore que localisé
à peu près dans les corps étrangers à l'armée
du Nord et parmi les compagnies d'Espagnols
au service du roi Joseph, n'avait cessé de
croître un moment, depuis son apparition au
milieu de septembre, que pour se développer
avec plus de violence, le gouverneur lançait
un appel énergique aux sentiments patriotiques
de la garnison.

« Soldats, s'écrie-t-il dans son ordre du jour
du 3 octobre, je n'avais pendant trois mois qu'à
me féliciter d'avoir à commander à d'aussi
braves gens, mais les excès auxquels quelques-
uns d'entre vous se portent depuis quelque
temps, me mettent dans la pénible nécessité de
vous déclarer que vous diminuez la bonne
opinion que j'avais conçue de votre résignation,

1. A G., Cassan à Don Carlos de España, 5 octobre.
2. A G., Rapport de Cassan.

de votre dévouement, de votre constance dans les travaux et les opérations inséparables de la position où nous nous trouvons.

« Serait-il possible qu'après avoir si bien commencé, nous dussions finir d'une manière déshonorante ? Je ne puis me le persuader, parce que je suis entièrement convaincu que la masse de la garnison est bonne, et à toute épreuve contre tout attentatoire (*sic*) à l'honneur.

« Jusqu'à présent, ce que nous avons souffert n'a pas d'objet de comparaison à notre avantage. Nous pourrions prendre dans l'histoire des guerres de l'antiquité des exemples de sièges et de blocus, mais je ne vous en citerai que de récents, tels que les sièges de Mayence, de Gênes et de Burgos, dont les garnisons se sont immortalisées. Pourquoi ne pourrions-nous pas prétendre à la même gloire ? Cela dépend de nous, et j'ose croire que vous serez tous de mon avis.

« Au surplus, soldats, si contre mon attente vous aviez la faiblesse d'écouter vos besoins, qui, je vous le répète, ne peuvent pas être bien pressants, comparativement à ceux qui ont été supportés avec constance par les troupes qui nous ont précédés dans la défense des places, je vous préviens que je suis déterminé à mettre en vigueur toute l'autorité qui m'est confiée, pour faire rentrer dans le devoir quiconque s'en écartera.

« ... Pour attendre le terme que le devoir et notre honneur nous imposent pour la défense de cette place, nous aurons encore quelques privations à supporter, mais j'emploierai toutes mes ressources pour vous les rendre le moins sensibles possible... Que ceux qui ne sentent pas le prix de la gloire et que l'amour de leur pays n'embrase point, nous abandonnent ! Nous ne devons point les regretter. Leurs remords et le mépris qu'ils trouveront chez l'ennemi vengeront la patrie, notre souverain, leurs familles et nous, de leur lâcheté et de leur trahison [1]. »

Ces paroles viriles remuèrent profondément la troupe. La désertion diminua et sembla même s'arrêter. Elle reprit toutefois dans les dernières semaines du siège, provoquée par la disette et par la maladie. Le nombre total des transfuges pendant toute la durée des blocus fut de 130 individus.

Si triste que soit le sort des habitants de Pampelune, celui de la garnison, soumise aux mêmes épreuves, et par surcroît astreinte aux exigences du service, est encore plus déplorable. En ce mois d'octobre, ce qu'on est convenu d'appeler ration mérite à peine ce nom. Le 4, celle de cheval descend de 5 onces à 4. A partir du 11, les hommes valides ne reçoivent plus que

____

1. A G., Journal de Maucune, 3 octobre.

8 onces de pain, chiffre ramené le 25 à 6 onces. Les malades des hôpitaux sont réduits à 10 onces. En dernier lieu, l'ordinaire du soldat ne se compose plus que de 9 onces de subsistances, dont 4 d'un pain de son presque immangeable, 4 de viande de cheval et 1 de riz. Il faut y joindre un huitième de pinte d'eau-de-vie. Cette liqueur, dont on restait passablement fourni, faisait, dit Quélern, à ceux qui en buvaient « le même effet qu'un coup d'éperon à un cheval épuisé ». Mais elle ne pouvait suppléer au défaut d'une alimentation plus substantielle, et l'excitation factice qu'elle produisait était suivie d'abattements profonds.

Ainsi, les souffrances des troupes atteignent leur paroxysme. Il faut en lire l'effrayant détail dans le rapport de Cassan, dans les journaux de Maucune et de Quélern. Les soldats ont dévoré les animaux les plus vils. Ils coupent les herbes et déterrent les racines pour s'en repaître. Tâchant à tromper la faim qui déchire leurs entrailles, ils avalent tout ce qui tombe entre leurs mains. En vain, le 13 octobre, le gouverneur, pour éviter les accidents, leur défend-il de se nourrir d'herbages et de feuilles. On ne l'écoute point. Plusieurs s'empoisonnent en absorbant de la ciguë et d'autres plantes vénéneuses qu'ils ne connaissent pas. L'un meurt en deux heures. D'autres sont frappés d'horribles convulsions, et certains, de contractions nerveuses qui leur font perdre l'usage de leurs membres. Il y en a qui deviennent fous, et quelques-uns, valétudinaires pour le reste de leurs jours. Sur la voie publique un navrant spectacle s'étale. A bout de souffle, des militaires, pareils à des insensés, se disputent entre eux d'abjects débris. Les yeux fixes et hagards, le teint hâve et plombé, ils errent, chancelant comme des hommes ivres, « regardent sans voir, écoutent sans entendre », trop faibles pour se tenir debout sur le rempart ou pour porter leur fusil en faction[1]. D'aucuns vont demander du pain aux sentinelles ennemies. Et malgré tout, parmi ces moribonds, une stricte discipline s'exerce comme par le passé. Un chasseur à cheval français et trois miquelets des régiments franco-espagnols s'introduisent la nuit dans une maison abandonnée, espérant y découvrir quelques victuailles. Un conseil de guerre est aussitôt réuni et leur inflige, le 11, un sévère châtiment.

De si anormales conditions ne pouvaient manquer de réagir sur l'état sanitaire de la garnison. Une épidémie éclata, aggravée par les intempéries d'un automne exceptionnellement pluvieux et froid. Les hommes, qui dépérissaient à vue d'œil, commencèrent à enfler de tout le corps; leurs jambes se marbrèrent de

____

1. A G., Quélern. Maucune.

pustules et de taches noires. Le médecin principal François reconnut que le scorbut venait de faire son apparition à Pampelune. Les hôpitaux se remplirent. Ils étaient de la part de Cassan l'objet d'une incessante sollicitude. Accompagné de son chef d'état-major, il y allait fréquemment, parlant aux malades et s'assurant qu'ils jouissaient de tous les soins désirables. Ayant appris que la proximité du rempart nuisait à leur rétablissement à cause du bruit continuel de l'artillerie, et que même des obus étaient tombés sur les ambulances, le gouverneur avait, dès le 17 août, décidé de transporter tous les blessés dans une des ailes de l'hôpital civil ou royal, situé près de la longue courtine de la Rochapea. On a vu que, pour leur usage exclusif, il avait fait conserver sur pied aussi longtemps qu'il l'avait pu, la viande de mouton et de bœuf, et quand cette dernière fut presque épuisée, le bouillon de cheval qu'il fallut faire prendre aux convalescents leur fut distribué en quantité plus abondante. Grâce à cette sage prévoyance, lorsque la place se rendit, l'hôpital disposait encore de 2.696 rations de bœuf, d'un peu de farine, de vin et d'eau-de-vie, le tout pour environ huit jours[1].

Mais toute la bonne volonté de Cassan, tout le zèle du médecin principal François, restaient

---

1. Rapport de Cassan.

impuissants devant la pénurie générale. Dès l'origine, et à cause de l'interdit jeté par Mina, les matières les plus urgentes avaient manqué : « l'orge pour les tisanes, le sucre, le lait, le miel, les drogues à fumigation, le savon, le linge pour les pansements [1] ». Il en fut bientôt de même de l'huile d'éclairage. On essaya d'abord de la remplacer par de la graisse de cheval, mais la provision en fut vite consommée. Dès 5 heures du soir, les salles furent plongées dans l'obscurité [2]. Écoutons Quélern : « Les soldats, dit-il, affaiblis par les maladies et par les blessures, se tourmentaient dans les hôpitaux, n'entrevoyaient aucun terme à leurs souffrances et moins encore aux privations qu'ils éprouvaient. Les fièvres et les blessures prenaient un caractère de malignité qui les rendait dangereuses. Le nombre des morts augmentait chaque semaine progressivement. Plusieurs de ceux qui se rétablirent d'abord firent des convalescences pénibles ou, faute d'une nourriture saine et abondante, rechutèrent bientôt pour ne plus se relever. » Remarquons toutefois que, sur 1.038 fiévreux traités pendant le blocus, 70 seulement succombèrent. Sur 794 blessés entrés à l'hôpital, on en perdit 281. Ainsi, grâce au dévouement et à l'ingéniosité du personnel de santé, la mortalité ne fut pas aussi

1. A G., Mémoire de Quélern.
2. A G., Journal de Maucune, 2 octobre.

considérable qu'on était en droit de l'appréhender, surtout en ce qui concerne les fiévreux. Le chiffre plus élevé des décès parmi les blessés doit être attribué à la gravité des coups reçus et aux chaleurs qui avaient été accablantes pendant les mois de juillet et d'août.

CHAPITRE IV

LA DERNIÈRE SORTIE. — LES MENACES
DE DON CARLOS

Au milieu de ces infortunes, les assiégés gardaient quand même l'âme vaillante, dignes, certes, du beau portrait que Cassan trace d'eux dans son rapport au duc de Feltre : « A l'exception de quelques lâches qui nous ont abandonnés aux époques les plus difficiles du blocus, la garnison s'est parfaitement bien conduite et je n'ai eu qu'à me louer de ses services. Sa constance dans les travaux comme dans les longues privations qu'elle a supportées et son intrépidité dans les nombreuses sorties qu'elle a faites, ont excité l'admiration de nos ennemis. Elle s'estimerait heureuse si S. M. l'Empereur et Roi pouvait être satisfait de son dévouement. La récompense des braves est d'avoir bien servi leur souverain et leur pays. »

Au reste, le gouverneur veille jalousement

au moral de ses hommes. Durant ce dernier mois, les notes de Maucune nous le dépeignent, infatigable, « encourageant les troupes, engageant les officiers à en faire autant[1] ». Et il y réussit, car, c'est toujours Maucune qui parle, « malgré la pénible position dans laquelle se trouve la garnison..., le service se fait avec beaucoup d'exactitude[2] ». Ces « squelettes ambulants », comme les appelle Quélern, qui, « assis en faction, n'avaient pas la force de se lever lorsque leurs officiers et les rondes et patrouilles passaient à leur poste[3] », achevaient pourtant, le 6 octobre, les travaux de mine commencés le 30 du mois précédent, « passaient toutes les nuits au bivouac, appuyés aux parapets, ne se déshabillant jamais[4] », surveillaient l'ennemi du dehors, maintenaient celui du dedans. Les habitants, en effet, exaspérés par la longueur du siège, n'avaient-ils pas manifesté bruyamment leurs sentiments en acclamant, ce même 6 octobre, l'envoyé du comte d'Espagne, Don Luis Vivès[5] ?

Tel était encore à ce moment l'esprit des soldats, que ce qu'ils redoutaient par-dessus tout c'était de tomber prisonniers aux mains des Anglais et surtout des Espagnols. S'ils n'avaient

1. A G., Journal de Maucune, 13 octobre.
2. Le 13 octobre.
3. A G., Journal de Maucune, 27 octobre.
4. A G., Mémoire de Quélern.
5. A G., Journal de Maucune, 6 octobre.

plus qu'une foi vague dans l'arrivée du duc de Dalmatie, une autre idée leur souriait, celle de faire sauter la place et de se retirer à travers les bataillons des assiégeants. Cassan repoussait cette éventualité. Ce qu'il n'avait pas voulu tenter en juillet, lorsque ses forces étaient intactes et les Français en vue de la place, son bon sens lui interdisait d'en courir la chance, maintenant que ses moyens étaient dérisoires et le maréchal Soult derrière les Pyrénées. Son ambition se bornait à tenir le plus longtemps possible.

Les Alliés, au contraire, redoutaient extrêmement quelque acte désespéré de sa part. On en eut la preuve le 22 octobre, où un déserteur, ancien chasseur à cheval du 10° régiment, avoua que les Espagnols demeuraient des nuits entières sous les armes dans l'attente de quelque surprise [1].

On apprit avec étonnement que ces coupures que Don Carlos multipliait sur les routes jusqu'à deux et trois lieues de la ville, ces retranchements qu'il accumulait, ces signaux nocturnes qui brillaient sur les montagnes, avaient beaucoup moins pour objet de s'opposer à une marche de l'armée française, devenue improbable, que d'arrêter la garnison, si elle s'avisait de sortir, et de donner, le cas échéant, le temps

____

1. A G., Journal de Maucune, 22 octobre.

à toutes les troupes du blocus de se concentrer pour l'écraser. Le bruit qu'une révolte suprême des assiégés se préparait, et même qu'elle avait triomphé, circulait dans tout le pays. On sait comment, recueilli par le général Foy, l'écho en parvint jusqu'au duc de Dalmatie.

A la vérité, si Cassan ne songeait point à risquer cette aventure, il n'entrait pas davantage dans ses vues qu'une complète inaction laissât croire à son adversaire que ses soldats n'osaient plus se mesurer avec lui. C'est pour quoi il les envoya pour la dernière fois au feu le 10 octobre. Cette affaire ne fut point aussi heureuse que les précédentes. Les hommes n'en pouvaient plus. Ils se battirent tout de même admirablement. Comme à l'ordinaire, ce fut Maucune qui dirigea le mouvement.

Donc, 53 chevaux, décharnés, nourris de l'écorce des arbres de la Taconera, — c'est à quoi se réduit la cavalerie, — et 650 fantassins, quittent la place par trois endroits différents. Le centre s'empare presque aussitôt de la maison Suza qu'il conserve pendant toute l'action ; la droite, du fort du Prince où le capitaine Jacquemard se maintient pendant 2 heures contre un ennemi très supérieur. La gauche fait une démonstration contre la batterie de Sainte-Lucie. On s'aperçoit bientôt que tout le front des coalisés, garni de postes fortifiés, offre une insurmontable barrière. Bravant le feu des redoutes de Mendillory, de Burlada et d'Ezcava, cette dernière récemment construite, Maucune avec ses cavaliers, soutenu par 200 hommes d'infanterie, balaie la plaine entre la Maison Rouge et Burlada. Au plus chaud de la mêlée, il est sur le point d'être victime de sa témérité. S'étant imprudemment avancé sur la ligne de la Maison Rouge, suivi seulement de deux gendarmes à cheval, à l'effet de reconnaître les forces masquées des Espagnols, une cinquantaine de dragons de Villaviciosa surgissent par le chemin couvert de la Maison Blanche et le chargent si furieusement, tandis qu'il cherche à regagner sa troupe, qu'ils le dépassent, lui et quelques tirailleurs qui arrivent à son secours. Le cheval de Maucune, blessé, s'abat sous lui. Huit ou dix dragons l'entourent. L'un d'eux saisit la bride de sa monture et lui crie : « Rendez-vous, général ! » Mais Maucune, aidé de ses deux gendarmes et d'un sapeur du 52e régiment, se relève avec sang-froid, sabre à droite, sabre à gauche, se dégage « je ne sais comment », dit-il, et remonte sur sa bête qui recouvre assez de vigueur pour le ramener jusqu'à son infanterie. Celle-ci, attaquée à son tour, riposte par une fusillade nourrie et se replie sans être entamée. Pendant ce temps, le gouverneur a fait installer un mortier de 12 pouces sur le rempart à gauche du bastion Reding. Vingt-deux bombes sont lancées avec succès sur la Maison Rouge que les Alliés évacuent. Après quoi Cassan ordonne la retraite qui s'accomplit en bon ordre. Ce combat, où nombre d'Anglo-Espagnols restèrent sur le carreau, coûta aux assiégés 4 hommes tués, 2 prisonniers et 75 blessés dont 2 officiers. Aux côtés de Maucune, le capitaine Barat, du 52°, et le lieutenant Pomade s'étaient particulièrement distingués. Telle fut l'ultime sortie de la garnison de Pampelune [1].

Cependant, la durée du blocus lassait singulièrement, et les assiégeants qu'une surveillance de tous les instants excédait, et le haut commandement britannique qui comptait sur la coopération de Don Carlos au plan qu'il formait contre le duc de Dalmatie. Il fallait en finir. Le comte d'Espagne eût acheté trop chèrement la victoire au prix d'un assaut. Il préféra user d'un artifice qui lui était familier. Dès le 11, il dépêcha au gouverneur un parlementaire porteur de la dépêche suivante, datée du camp de Labiano : « M. le général, je connais trop bien les égards dus entre militaires, particulièrement dans des circonstances pénibles comme celles où vous vous trouvez, pour avoir l'intention de vous mortifier, ni Messieurs les chefs de votre garnison. Mais, par un sentiment d'humanité, et pour épargner le sang de quel-

___

1. A G., Rapport de Cassan. — Journal de Maucune, 10 octobre, et Analyse. — Mémoire de Quélern.

ques-uns de vos soldats et des nôtres, dont le sacrifice ne peut avoir aucune influence sur le sort certain de Pampelune, j'ai l'honneur de vous faire savoir par le colonel Goldfinch, du service de Sa Majesté britannique, qui possède ma confiance, que je dois célébrer par une salve générale à 5 heures du soir du présent jour, 11 d'octobre, les succès mémorables remportés par les Alliés russes, prussiens, autrichiens et suédois dans le Nord, et la victoire obtenue le 7 du présent sur l'armée française par S. E. Mgr le marquis de Wellington sur le territoire français, ayant attaqué lui-même à son entrée la ligne française, dont il s'est emparé avec l'artillerie qui la défendait. J'ai l'honneur de vous proposer de tirer seulement à poudre de nos batteries, si vous me promettez que la place ne tirera pas sur nos ouvrages pendant cette cérémonie[1]. »

Devant les officiers chargés de le recevoir, le colonel Goldfinch ne tarit pas en détails sur le passage de la Bidassoa et la conquête de la Rhune. Il leur dit qu'une grande bataille avait eu lieu à Dresde entre Napoléon et les coalisés et voulut bien concéder que ces derniers avaient cédé le terrain, mais il prenait sa revanche en narrant l'infortune du général Vandamme[2], qui,

1. A G., Don Carlos de España au général Cassan. Au camp de Labiano, 11 octobre.
2. Vandamme (Dominique-Joseph-René), comte d'Une-

engagé dans les défilés de Bohême, avait dû se rendre avec un corps d'armée. Il raconta encore que Jomini[1], chef d'état-major du prince de la Moskowa, était passé à l'ennemi, et que le général Moreau, au service de la Russie, ayant eu les deux cuisses emportées à Dresde, en était mort. Cassan ne jugea point utile de répondre à la communication de Don Carlos.

Mais le comte d'Espagne était tenace. Il re-

bourg, né le 5 novembre 1770. Soldat, puis sergent aux régiments de la Martinique (1788), et de Brie (1790) ; général de brigade après Hondschoote (1793), puis de division en 1799, il fait les campagnes des armées de Sambre-et-Meuse, du Rhin (1796), du Danube (1799), de Hollande, sert sous Moreau (1800) et sous Macdonald (1801). Napoléon le nomme grand-aigle de la Légion d'honneur (1805) pour sa conduite à Austerlitz, et lui confie le 9ᵉ corps de la Grande Armée (1806-1807). En 1809, il se signale à Abensberg et à Eckmühl. En 1812, il dirige les troupes westphaliennes du 9ᵉ corps. Appelé au commandement de 1ᵉʳ corps de la Grande Armée (1813), il prend Hambourg et reçoit après la bataille de Dresde l'ordre d'occuper Pirna et Toeplitz. Cerné par des forces très supérieures à Kulm, il est contraint de se rendre après une belle défense, le 30 août 1813, et n'est remis en liberté que le 1ᵉʳ septembre 1814. Pendant les Cent Jours, il contribue à la tête du 3ᵉ corps à la victoire de Ligny. Proscrit (1816), il se retire aux États-Unis, rentre en France (1819) et meurt le 15 juillet 1830.

1. Jomini (Henri, baron), né à Payerne (Suisse) en 1779, mort à Paris en 1869. D'abord employé de commerce, puis successivement lieutenant, aide de camp de Ney, colonel, chef d'état-major du même maréchal, général de brigade, il fait les campagnes d'Allemagne, de Prusse, d'Espagne. Disgracié en 1813, il passe au service du Tzar, prend part aux congrès de Vienne, d'Aix-la-Chapelle, de Vérone, est nommé précepteur militaire et ensuite aide de camp du grand-duc Nicolas. Il réorganise l'Académie militaire de Russie (1830).

vint à la charge le 18 octobre. Quittant le ton de l'ironie, il adopta celui de la menace qui, à vrai dire, convenait mieux à sa manière. Aussi bien, la nouvelle des travaux qui s'effectuaient dans la ville l'avait irrité : « M. le général, signifia-t-il au gouverneur de Pampelune[1], les postes avancés du corps du blocus, ainsi que quelques déserteurs, ont rapporté que votre garnison travaille à la destruction de quelques ouvrages et à des mines. En conséquence, S. E. le marquis de Wellington, duc de Ciudad-Rodrigo, général en chef des armées alliées et nationales de l'Espagne, a ordonné qu'il vous soit notifié, comme je l'exécute par la présente communication : « Que si vous permettez que
« l'on détruise le plus petit ouvrage de la place
« ou de la citadelle, vous ne devez espérer ni
« pour vous, ni pour la garnison, aucun terme
« de capitulation; et qu'il ne sera donné quar-
« tier à personne, si vous faisiez voler la plus
« petite mine sous le prétexte illusoire de vou-
« loir marcher. Et, afin que dans aucun cas vous

---

1. A G., Don Carlos de España au général Cassan, 18 octobre. — Encore que les redites y abondent, que le style en soit fort embrouillé et, pour ces causes, la lecture un peu fatigante, nous avons préféré reproduire intégralement le texte inédit des lettres de Don Carlos, que d'en donner une analyse. Rien en effet ne saurait, mieux que les documents mêmes, renseigner le lecteur sur l'état d'esprit du gé néral espagnol, sur ses irritations, ses déceptions et la vio-lence de ses procédés comminatoires.

« ne puissiez alléguer ignorance du sort certain
« qui vous attend et à tout ce qui appartient à
« la garnison (*sic*), et que vous soyez seul comp-
« table du sacrifice assuré de la garnison et de
« tant d'autres victimes dont vous répondez et
« que rien ne pourra sauver », j'ai l'honneur de
vous envoyer la présente communication par le
capitaine d'hussards de S. A. R. le Prince Régent
du Royaume-Uni de la Grande-Bretagne, et des
régiments qui forment le blocus.

« Je vous prie, M. le général, de m'accuser
le reçu de la présente dépêche. J'ai également
l'ordre de vous notifier que la présente communication ne détruit ni n'affaiblit en rien la
responsabilité qui vous a été imposée antérieurement, et aux autres chefs, sur les objets qui
y ont donné lieu, lesquels restent pour tous
leurs cas respectifs dans toute leur force et vigueur et auxquels j'ai l'ordre de me référer
nouvellement. »

A ce coup, Cassan sortit de son silence. Il fit,
le 19, la brève et noble réplique que voici :
« M. le général, j'ai l'honneur de vous accuser réception de la lettre que vous m'avez
écrite hier et qui m'a été apportée par un capitaine de hussards de S. A. R. le Prince Régent de
la Grande-Bretagne.

« Le sort dont vous nous menacez ne peut
m'en imposer ni aux braves troupes que je commande. Nous ne connaissons point de chances qui

puissent nous faire sacrifier notre honneur [1]. »

Afin que personne à Pampelune ne se méprît sur les sentiments de Don Carlos, une lettre fut, selon l'habitude consacrée, déposée la nuit suivante au poste de la Rochapea, comme étant celle du général espagnol au gouverneur. Au vrai, la même inspiration pouvait s'y reconnaître, mais un langage plus coloré, un tour plus violent, rendaient cette seconde édition susceptible de frapper plus sûrement l'imagination des soldats à qui elle était destinée.

« J'ai su avec horreur, y lit-on, que l'on travaillait depuis quelques jours aux remparts de la place pour les bouleverser. Cette nouvelle m'a d'autant plus surpris, que je m'étais persuadé que votre caractère et vertu militaire ne ne vous permettrait pas cette indigne démarche qu'un vil désespoir pourrait seulement suggérer. Vingt-cinq mille baïonnettes, non comptées celles de l'armée, et quinze cents cavaliers vous attendent, avec ordre de peine capitale pour celui qui, dans ce cas, présenterait un prisonnier. Les obstacles qu'on a mis sur les chemins m'assurent que l'effet de ces ouvrages ne sera pas su du tyran de l'Europe et surtout de la France (contre qui elle crie déjà ouvertement), ni par vous, ni autre personne qui est à vos ordres, d'autant que si quelqu'un échappe-

1. A G., Cassan à Don Carlos de España, 19 octobre.

rait (*sic*) de la fureur et vengeance de mes soldats, périra (*sic*) infailliblement par la main des paysans qui, étant armés, seront avertis de votre marche dans moins d'un quart d'heure jusqu'à dix lieues tout à l'entour[1]. »

Comme on voit, les termes de ce factum ressemblent à peine à ceux employés officiellement par Don Carlos de España, encore que le sens n'en diffère aucunement. L'équivoque était grossière. Plus d'un s'y laissa prendre. Pour en compléter l'effet et, après avoir intimidé la troupe, achever de la déconcerter par le séduisant mirage des promesses, deux jours ne s'étaient pas écoulés que l'on ramassait près de

1. Ceci est le texte donné par Maucune. (A G., *Journal du blocus de Pampelune*, 20 octobre.) Celui de Quélern offre dans le détail quelques légères divergences. Le voici : « J'ai appris avec horreur que l'on travaillait depuis plusieurs jours à faire des fourneaux sous les remparts de la place pour les bouleverser. Cette nouvelle m'a d'autant plus surpris, que je m'étais persuadé que votre caractère et vos vertus militaires ne vous permettraient pas de prendre une indigne résolution qu'un vil désespoir pourrait seul suggérer. Vingt-cinq mille bayonnettes, non comptées celles de l'armée, et quinze cents cavaliers vous attendent au sortir de la place et dans les défilés des Pyrénées, avec ordre de peine capitale pour celui qui dans ce cas présenterait un prisonnier. Les obstacles qu'on a semés sur le chemin arrêteront votre marche, et je me suis assuré que l'emplacement et la disposition de ces ouvrages ne seront connus ni de notre souverain, ni de vous, ni d'aucune autre personne à vos ordres. D'ailleurs, si quelqu'un parvenait à échapper à la fureur et à la vengeance de mes soldats, il périrait infailliblement de la main des paysans, qui sont tout armés et qui seront avertis de votre marche dans moins d'un quart d'heure jusqu'à dix lieues tout autour de la place. » (A G., *Mémoire sur la défense de Pampelune*.)

la lunette San-Bartholome une proclamation, rédigée cette fois en espagnol, et dont Maucune donne cette traduction : « Amis français, je vous écris ces quatre lignes afin que vous soyez informés de tout ce qui suit. A tout Français qui se rendra à l'ennemi, il sera payé la somme de dix duros, et s'il déserte avec armement et équipement, on lui en paiera la valeur, et on l'enverra où il voudra aller. S'il veut servir les Anglais, il sera libre. Combien vaut-il mieux passer à nous que d'être bientôt prisonniers ? N'espérez aucun renfort. Il y a déjà des Espagnols, Anglais et Portugais dans Bayonne, et des Russes qui menacent la France d'un autre côté. Je vous écris cela, parce que je vois bien que vous êtes trompés et que le renfort que vous attendez ne viendra pas. Adieu [1]. »

Entre ces lignes qui sont du 22 octobre et le document trouvé le 19 à la Rochapea, le contraste est éloquent. Jamais la prime à la désertion ne fut offerte plus crûment. Aussi bien, le terme approchait où tout ce luxe d'arguments allait devenir superflu.

[1]. A G., Journal de Maucune, 22 octobre.

CHAPITRE V

LE SACRIFICE

Le 23 octobre, « les ressources en subsistances touchaient à leur fin, tous les moyens de les prolonger étaient épuisés [1] ». Cassan, les larmes aux yeux, convoqua le conseil de défense. L'assemblée se réunit à midi et, d'une voix unanime, émit l'avis que l'heure était venue « d'entamer des négociations pour traiter du sort de la garnison ».

Le lendemain 24, Maucune, tout frémissant, prit le chemin des avant-postes espagnols, chargé d'un message pour Don Carlos. La teneur en était laconique. Le gouverneur se référait à sa lettre du 5. « Le temps était arrivé où ses devoirs et son honneur pouvaient lui permettre de faire des propositions relativement à la place de Pampelune. » Il les adressait au comte d'Es-

---

1. A G., Rapport de Cassan.

pagne par l'intermédiaire d'un officier de son état-major, M. de Maucune [1].

Dans l'esprit de Cassan, cette première entrevue devait être purement préliminaire. Maucune se bornerait à s'assurer si Don Carlos était muni de pleins pouvoirs pour négocier. Parti dans la matinée avec le lieutenant Pomade, un trompette et deux gendarmes à cheval, il revint à trois heures sans avoir pu accomplir sa mission, « le général d'España étant en tournée [2] ». Force lui fut de remettre la dépêche du gouverneur à trois officiers supérieurs qui se déclarèrent qualifiés pour la recevoir.

Le 25, à 10 heures et demie, un parlementaire se présenta au pont de Tolosa. Il informa Maucune que le comte d'Espagne refusait d'avoir avec lui aucune espèce d'entretien particulier et direct. Don Carlos, mal guéri de sa blessure et de sa rancune, n'entendait point user de ménagements. Il fallut se plier à ses exigences. On convint que la conversation se poursuivrait entre Maucune et Pomade d'une part, et les trois officiers anglais et espagnols délégués à cet effet, de l'autre. Maucune se rendit à Artica où il rencontra dans la journée le brigadier Don François-Denis Vivès, « commandant général du 3° district de la ligne du blocus »,

1. A G., Cassan à Don Carlos de España, 24 octobre.
2. A G., Journal de Maucune, 24 octobre.

le lieutenant-colonel du génie Goldfinch, « au
service de Sa Majesté britannique », et le colonel
Don Ventura Mena, « chef de l'état-major de la
2e division du 4e corps d'armée espagnol ». Les
conférences s'annoncèrent dès le début comme
longues et épineuses.

Les instructions emportées par Maucune,
encore que d'un caractère provisoire, étaient
fort précises. Le texte, rédigé par Cassan le
23 octobre, nous en a été conservé [1]. Il se compose d'un préambule et de 10 paragraphes.
Convaincu du « tact et de la dextérité dans les
affaires » de son chef d'état-major, le gouverneur compte qu'il sondera d'abord les intentions
de la partie adverse. Celles-ci reconnues, Cassan
revêtira, s'il y a lieu, les négociateurs de l'autorité nécessaire pour s'engager à fond. Voici
sur quelles bases un accord lui paraît admissible. Maucune demandera « à rentrer en France
avec armes et bagages, 4 ou 2 pièces de canon
en tête, par le chemin le plus court et où puissent passer des voitures, tambour battant, et la
mèche allumée ». Si ceci n'est point accepté,
Maucune offrira d'aller, dans le mêmè appareil
que précédemment, jusqu'au quartier général
de l'avant-garde des Alliés, où l'on mettra bas
les armes. Enfin, comme définitive concession,
Maucune consentira que les troupes, sortant

1. A G., pièce n° 9. Instructions de Cassan à Maucune,
23 octobre.

de la place avec armes et bagages, 2 pièces
de canon en tête, tambour battant, la mèche
allumée, déposent leurs armes sur les glacis
de la forteresse. Elles regagneront la France
par la voie la plus rapide, les officiers gardant
leur épée. « Cette proposition, dit le gouverneur, est la dernière de ce genre, et à laquelle
il faut tenir fortement dans le cas où l'on ne
pourrait absolument pas obtenir l'une des deux
premières. »

Si le comte d'Espagne en agrée le principe,
Maucune fera en sorte que l'application en soit
réglée comme il suit. La garnison sera escortée
et mise à l'abri de toute espèce d'insulte, elle
et ses bagages. Elle sera logée et recevra les
vivres de campagne assignés à l'armée française. On déterminera les lieux d'étapes, ainsi
que les moyens de transport pour les effets, les
malades et les éclopés. « Tous les militaires au
service de S. M. C. le roi Joseph Napoléon »
seront compris dans ladite convention et les
Espagnols de tout sexe, qui souhaiteront de se
retirer en France avec les troupes, en auront
la faculté. Les malades que leur état obligera
de laisser à l'hôpital seront confiés aux soins et
à la bienveillance des Alliés. Une fois guéris,
ils partageront la destinée de la garnison. Des
officiers de santé et des infirmiers français
pourvoiront au service de l'hôpital jusqu'à son
entière évacuation. Don Carlos fournira des

otages qui répondront de la parfaite exécution de ces dispositions. Enfin « les Espagnols, et notamment ceux qui depuis l'an 1808 ont servi dans quelque emploi par nomination de S. M. le roi Joseph Napoléon ou de quelque autorité française, ne seront aucunement inquiétés, ni eux, ni leurs familles, dans leurs personnes, ni dans leurs biens, à cause du parti qu'ils ont pris, ni à cause desdits emplois et de leur opinion. Ceux d'entre eux qui dans le cours du mois de juin ont suivi l'armée française, pourront rentrer librement dans leurs foyers s'ils le désirent, avec l'assurance d'y trouver protection pour eux et leurs propriétés. » « M. de Maucune, pour appuyer ces propositions, conclut Cassan, fera valoir les avantages que l'ennemi trouvera dans la place sous tous les rapports, mais il n'avancera cela que dans le cas où les condition seraient en notre faveur. Il se taira sur nos intentions si on lui parle des travaux qui se font actuellement dans la ville. »

Maucune prit à peine contact avec les représentants de Don Carlos qu'il perdit toute illusion sur l'accueil réservé à ses démarches. Les Anglo-Espagnols sentaient la forteresse à leur merci. Sa résistance avait mis leur patience à dure épreuve. Ils repoussèrent toute transaction. Entre leur attitude et celle que Maucune avait ordre de montrer, aucune conciliation n'était possible. Les pourparlers traînèrent péniblement deux jours. Après quoi, Cassan les fit rompre le 26.

La nouvelle provoqua dans Pampelune une véritable consternation[1]. Un soulagement général avait accueilli l'entrée en scène des négociateurs. D'un commun accord les hostilités avaient été suspendues. Espagnols et Français se parlaient aux avant-postes et buvaient même ensemble. Pour arrêter un commerce pernicieux, le gouverneur avait puni deux officiers de garde aux avancées, décidé que les portes resteraient fermées et que la soupe des hommes de faction au dehors leur serait descendue du rempart au moyen d'une corde[2]. Dès qu'on apprit l'échec des conférences, une sorte de prostration envahît les plus ardents. « Un accablement qu'on ne peut exprimer, raconte Maucune, pesa sur la garnison. La désertion, que l'espoir avait fait cesser, recommença. » Dans les journées du 26 et du 27, 32 soldats passèrent à l'ennemi.

Impassible en apparence, la mort dans l'âme en réalité, Cassan comprit que tout était fini. Sa volonté de fer se tendit en un ultime effort. Mais c'est lui-même qu'il faut écouter, au lendemain de la capitulation, décrivant au duc de Feltre l'angoisse de ces heures vécues dans la fièvre et dans le désespoir : « Quoique je ne

1. A G., Mémoire de Quélern.
2. A G., Journal de Maucune, 25 octobre.

dusse raisonnablement pas songer à tenter de
forcer les lignes de l'ennemi pour joindre l'armée, puisque la troupe était réduite à un état
d'épuisement si déplorable qu'à peine aurait-
elle pu faire une lieue, et que je n'avais pas un
seul cavalier monté et point de moyens de transport, j'ordonnai dès ce moment les dernières
mesures de vigueur pour en imposer encore
à l'ennemi. Je donnai ordre aux officiers de
réduire leurs bagages au plus petit volume possible. Je fis démonter et entasser tous les four-
gons. Cent cinquante cartouches furent distri-
buées à chaque homme. Des préparatifs furent
faits pour démonter et entasser tous les caissons et les affûts des pièces de campagne,
comme pour y mettre le feu [1]. Tout fut disposé
pour charger les mines. On fit enfin toutes les
démonstrations pour une trouée. Déjà ces
dispositions produisaient le meilleur effet sur
l'esprit des habitants et je ne doutais point
que leur appréhension sur nos intentions ne se
communiquât au dehors ; mais malheureusement la désertion s'étant manifestée de manière
à faire prévoir des suites fâcheuses ; pénétré
d'ailleurs de l'impossibilité de prolonger la
défense de la place plus loin que le 31 et convaincu qu'après avoir causé à l'ennemi tout
le mal que les lois de la guerre autorisent et

1. Quélern affirme qu'on en brûla quelques-uns sur les
glacis.

avoir fait pour le service de Sa Majesté l'Empereur et Roi tout ce qu'il est humainement possible de faire dans les circonstances où nous nous étions trouvés, nous ne succombions point sans cette portion de gloire qui accompagne toujours le courage malheureux, je me déterminai, le 30, à rouvrir les négociations à la suite desquelles il fut conclu la capitulation que j'ai l'honneur d'adresser à Votre Excellence [1]. »

Il était temps, car, s'écrie douloureusement Maucune, le 28, « la garnison offre un spectacle horrible. L'un meurt d'inanition ; l'autre s'empoisonne en mangeant des herbes, et enfin, celui qui peut s'échapper, déserte [2] ».

Donc, « voyant... qu'il ne pouvait lui être que désavantageux d'attendre plus longtemps [3] », le gouverneur se résigna, le 29, à écrire à Don Carlos de España. Il se flattait « que la conduite honorable de la garnison de Pampelune, tant à l'extérieur envers les troupes du blocus que dans l'intérieur envers les habitants, serait prise en considération » dans les arrangements à intervenir relativement au sort de la place. Il proposait qu'on reprît les pourparlers à l'effet de « traiter définitivement » et qu'on fixât pour lieu de réunion des officiers porteurs des pouvoirs des deux généraux l'hôpital Saint-Pierre,

---

1. A G , Rapport de Cassan.
2. A G., Journal de Maucune, 28 octobre.
3. *Id.*, 29 octobre.

situé entre les avant-postes français et les espagnols. Les délégués pourraient s'y assembler
le lendemain, à l'heure qu'il conviendrait à
Don Carlos d'indiquer [1].

La réponse du comte d'Espagne ne se fit
point attendre. La communication du gouverneur l'avait touché dans la nuit. Il s'empres-
sait, selon son désir, d'envoyer à l'endroit
désigné le brigadier Vivès, les colonels Goldfinch et Mena. Ils y seraient à 10 heures du
matin. Don Carlos ajoutait : « Je me plais à
vous dire, M. le général, que vous me trouverez toujours disposé à vous donner les
preuves de l'estime que vous m'avez inspirée,
autant qu'elles seront compatibles avec le
triomphe des armées alliées et nationales et les
ordres dont je suis chargé, desquels je ne puis
me départir [2]. »

Ce fut Maucune, qui, secondé par le chef de
bataillon Marin et le lieutenant Pomade, assuma
de nouveau la tâche redoutable de défendre
les intérêts des assiégés. Pied à pied, pendant
toute la journée du 30, il lutta sans parvenir à
vaincre l'obstination de ses antagonistes. Le 31,
« après des débats non moins orageux », tous
les arguments étant épuisés, et la certitude
acquise que rien ne fléchirait les Alliés, encou-
ragés qu'ils étaient, d'un côté, par les succès

1. A G., Cassan à Don Carlos de España, 29 octobre.
2. A G., Don Carlos de España à Cassan. Huros, 30 octobre.

de Wellington, de l'autre, par la désastreuse influence des déserteurs, « n'ayant plus que pour un jour de vivres et l'ennemi paraissant vouloir nous contraindre à nous rendre à discrétion, je frappai les derniers coups », rapporte Maucune dans l'Analyse de son journal du blocus, « et j'obtins cependant les avantages et les honneurs portés à la capitulation ci-jointe [1] ».

Avantages minimes, en vérité, car de toutes celles qui furent signées en Espagne depuis le commencement de la guerre, cette capitulation, sans être humiliante, fut l'une des plus rigoureuses. L'examen en est instructif. Derrière la sèche nomenclature des charges imposées, toute la détresse de ceux qui les subirent ressort, cruelle et glorieuse. « C'est en ce sens », remarque avec un légitime orgueil le major Le Gentil de Quélern, « qu'il est vrai de dire que souvent la capitulation la plus désavantageuse est aussi la plus honorable ».

Maucune avait énoncé dix-huit propositions [2]. Par la première, il revendiquait pour la garnison le droit de quitter la place avec les honneurs de la guerre et de rentrer en France. Elle serait escortée jusqu'aux lignes du duc de Dalmatie par un détachement de l'armée alliée. Officiers et soldats s'engageraient à ne point servir

---

1. A G., *Analyse du Journal du blocus de Pampelune* (MAUCUNE).
2. A G., articles de la capitulation de Pampelune.

contre celle-ci pendant un an et un jour, jusqu'à parfait échange. Sur ce point capital, les délégués de Don Carlos ne tolérèrent aucune discussion. Ils accordèrent les honneurs de la guerre, mais exigèrent que la garnison, après avoir déposé armes, drapeaux et aigles à 300 toises de la barrière, se rendît prisonnière purement et simplement. Elle serait dirigée sur le port de Passages et embarquée pour l'Angleterre. Tout au plus, Maucune arriva-t-il à faire décider (art. 2) que « les sous-officiers et soldats conserveraient leurs havre-sacs, et les officiers, leurs épées et leurs propriétés ». Encore ne le lui concéda-t-on que par égard pour la manière équitable dont les Français s'étaient comportés envers les habitants de la ville pendant le blocus, et sous l'expresse réserve que « la place et la citadelle seraient remises sans qu'il y eût été commis aucune dégradation, et que l'artillerie, les projectiles et toutes les munitions restantes seraient trouvés sans qu'on eût rien fait pour les détériorer ». La poudre dont les mines étaient chargées devait être retirée avant que s'effectuât la reddition. L'article 3, stipulant que les officiers de santé et les employés de l'armée suivraient la même destination qu'elle et jouiraient des mêmes immunités ne souleva pas de difficultés.

Il n'en fut pas de même de la quatrième proposition. Maucune insistait pour que les militaires amputés et ceux qui seraient « hors d'état de reprendre du service » fussent autorisés à regagner leurs foyers, au fur et à mesure qu'ils pourraient supporter les fatigues du voyage. Si raisonnable que fût cette satisfaction, on la lui dénia impitoyablement. Les Anglo-Espagnols s'entêtèrent à garder captifs ces malheureux jusqu'à ce qu'un échange en règle fût intervenu.

Le paragraphe 5 est relatif aux malades actuellement à l'hôpital. On s'entendit pour déclarer qu'ils seraient « traités avec tous les soins dus à leur état » et qu'il resterait auprès d'eux le nombre d'officiers de santé et d'employés nécessaire. Une fois rétablis, ils partageraient le sort de leurs camarades valides. La même mesure s'étendrait au personnel affecté à leur service. Nous savons par le rapport de Cassan qu'au 31 octobre on comptait à l'hôpital 370 fiévreux ou blessés. Quinze médecins, chirurgiens et infirmiers et quatorze employés de l'administration, auxquels le gouverneur fit payer un mois de la solde arriérée, demeurèrent avec eux.

Par les articles 6 et 7, Maucune réclamait que les « voitures, chevaux et mulets, indispensables au transport des hommes éclopés et des bagages », ainsi que les vivres et le logement des troupes, fussent fournis par l'entremise et aux frais des vainqueurs. Ceux-ci accédèrent à cette demande, jusqu'à concurrence des moyens qu'ils trouveraient à se procurer dans le pays. Ils admirent sans objection que, « les militaires de la garnison étant très affaiblis par les privations qu'ils avaient eues à supporter, les lieux d'étapes sur la route qu'ils auraient à suivre seraient le plus rapprochés possible » (art. 8).

Ils prétendirent, en revanche, que les Français non combattants, résidant à Pampelune, fussent assimilés aux prisonniers de guerre, acceptant seulement leur échange éventuel « contre des Espagnols de l'état civil détenus en France et nommément des habitants de la Navarre » (art. 9).

Sur la question des passeports à délivrer « aux vieillards sexagénaires, aux femmes et aux enfants des militaires et employés de l'armée française », ils ne se prononcèrent pas, promettant toutefois d'en référer à Lord Wellington « avec un intérêt particulier » (art. 10).

Maucune ayant voulu faire reconnaître que les Espagnols et les Français domiciliés en Espagne antérieurement et postérieurement à l'an 1808, qui, depuis cette époque, avaient accepté quelque emploi civil, ainsi que les familles de ceux qui, au mois de juin, avaient accompagné l'armée française dans sa retraite, ne seraient inquiétés ni dans leurs personnes ni dans leurs biens, on se contenta de lui répliquer que ces individus « resteraient sous la protection des lois sages qui gouvernent l'Espagne » (art. 11), réponse d'une ironie attristante, lorsque le conflit des passions bouleversait la péninsule et que les atrocités du sac de Saint-Sébastien étaient présentes à toutes les mémoires.

Maucune soutenait que le fait de la capitulation ne suffisait pas à dégager de leur parole les officiers prisonniers à Pampelune et que ceux-ci devaient s'abstenir de porter les armes contre la France, jusqu'à ce que leur situation fût régulièrement établie. La thèse était contestable. Les alliés l'écartèrent sans examen. Les officiers visés par l'article 12 recouvreraient pleine et entière liberté.

Il fut arrêté que les deux parties nommeraient des commissaires aux fins de se remettre respectivement les différents services de la forteresse. Mention particulière fût faite du matériel de l'artillerie et du génie, ainsi que « des plans appartenant à la place et autres papiers publics » (art. 13).

Le gouverneur aurait la faculté d'expédier « par le chemin le plus court » un officier au duc de Dalmatie, pour lui transmettre la présente capitulation et lui en expliquer les motifs. Le brigadier Vivès, les colonels Goldfinch et Mena adhérèrent à ce vœu sous trois conditions. L'officier serait considéré comme prisonnier de guerre sur parole jusqu'à son échange qui, au reste, pourrait être opéré sur-le-champ par le maréchal Soult. Son grade n'excéderait pas celui de capitaine. Toutes les dépêches dont il serait porteur devraient être ouvertes (art. 14).

Ladite convention dûment ratifiée, les commissaires institués en vertu de l'article 13 seraient introduits dans la place pour y remplir leur mission. Le même jour, un détachement espagnol occuperait la porte de secours de la citadelle, et un autre, la porte de France en ville. Pour éviter toute espèce de désordre, les troupes du blocus ne pénétreraient dans Pampelune qu'après que les Français l'auraient évacuée (art. 15). La sortie de la garnison s'accomplirait le 1er novembre, à 2 heures de l'après-midi, par la Porte neuve (art. 16).

Nous arrivons, enfin à l'article 17, autour duquel se livra la suprême bataille. Maucune l'avait rédigé en ces termes : « Il est bien entendu que la garnison de Pampelune jouira de tous les avantages qui pourraient lui être garantis par un armistice ou tel autre arrangement qui aurait été convenu entre S. M. l'Empereur et Roi Napoléon et les puissances coalisées, avant la ratification de la présente capitulation. » Cassan attachait beaucoup de prix au maintien de cette clause. Tout l'espoir des assiégés se résumait en elle. Les soldats, confiants dans le génie de l'Empereur, répétaient couramment : « Il n'y a plus que lui qui puisse nous sauver d'ici, et certainement il ne nous oubliera pas [1]. » Quelques jours auparavant, le rejet de ce paragraphe avait contribué pour une large part à la rupture des négociations. Maucune parla en homme de cœur. Tour à tour vibrant ou persuasif, conciliant ou énergique, il s'acharna à convaincre l'ennemi. Toute son éloquence se brisa devant la froide ténacité du colonel anglais Goldfinch, qui trancha brusquement le différend en écrivant de sa propre main, en marge de l'alinéa, le mot *refusé* [2]. Par un maigre dédommagement, les Alliés s'engagèrent à ce que, « s'il s'élevait quelques discussions sur l'exécution des articles de la présente capitulation, l'interprétation en serait toujours faite à l'avantage de la garnison » (art. 18).

Comme si dans son ensemble cet instrument n'était point assez sévère, Don Carlos crut devoir en aggraver le caractère par un dispositif annexe intitulé : « Articles imposés à la garnison par MM. les officiers de l'armée alliée, fondés de pouvoir ». Des trois paragraphes dont est composé ce nouveau texte, deux ne sont autre chose que la répétition, sous une forme plus accentuée, des réponses faites aux onzième et douzième propositions de Maucune. « Aucun Espagnol, y est-il dit, sans distinc-

1. A. G., Mémoire de Quélern.
2. *Id.*

tion de sexe ni de classe, ne pourra suivre la garnison française dans sa destination et il restera sous la protection des lois, quel qu'il soit, civil ou militaire. » Et plus loin : « Tous les prisonniers de guerre, sans exception, et les déserteurs appartenant aux armées espagnole et alliée seront remis immédiatement après la ratification de la capitulation aux troupes desdites armées sans échange. » Enfin il est stipulé que « l'emprunt forcé de 20.000 duros, levé pendant le blocus sur les habitants de Pampelune, dont les fonds avaient été employés au paiement de la solde des troupes de la garnison, n'ayant pu être recouvré pour cause de l'occupation du pays par les armées alliées, cet objet serait reconnu comme une créance de l'Espagne sur le gouvernement français et devrait entrer en compensation lorsqu'à la paix les intérêts des deux nations seraient réglés. » A quoi Cassan et Maucune acquiescèrent d'autant plus aisément que, comme ils ne manquèrent pas de le faire observer, « il était dû beaucoup au gouvernement français pour les contributions arriérées de la Navarre, et que même la ville et plusieurs habitants de Pampelune devaient ensemble, à l'époque du 1er janvier de l'année courante, la somme de 330.614 réaux de vellon[1] ».
Telle fut la capitulation de Pampelune.

1. A G., articles de la capitulation de Pampelune.

CHAPITRE VI

APRÈS LA CAPITULATION

S'il fallait, pour nous renseigner sur les incidents qui marquèrent la difficile rédaction de l'acte du 31 octobre 1813, nous en tenir au rapport de Cassan et aux deux journaux de Maucune, nous n'en posséderions qu'une version officielle et d'une sobriété déconcertante. Ayant consommé le sacrifice, ni le gouverneur de Pampelune ni son chef d'état-major n'ont jugé à propos de le commenter. Mieux qu'une vaine révolte le silence convenait à la dignité d'un Cassan. L'exemple était donné de haut; Maucune le suivit.

Mais un informateur nous reste, qui n'est pas tenu à tant de discrétion, perspicace au demeurant, et placé à merveille pour tout savoir. Le major Le Gentil de Quélern, en effet, n'a point pris de part active aux conférences d'Artica et de l'hôpital Saint-Pierre, mais il en a connu par Maucune les poignantes péripéties.

Après la capitulation, il a causé avec don Francisco Vivès et avec le colonel Mena, écouté leurs doléances, et recueilli de ces conversations des impressions qu'il a notées soigneusement.

On en goûterait mal toute la saveur, si l'on ne prenait garde aux sentiments, d'une complexité si caractéristique, que professent pour leurs alliés d'outre-mer l'immense majorité des sujets de Ferdinand VII. Une commune horreur de la domination française a confondu les intérêts des peuples sans rapprocher leurs cœurs. Que ce lien unique, mais essentiel, vienne à se relâcher, et leurs rapports ne sont plus qu'antipathie mal déguisée, que défiances et que critiques. Aux yeux de tout bon Espagnol, l'auxiliaire britannique n'est qu'un ennemi d'une nature particulière, dont il faut subir l'indispensable concours contre un autre ennemi plus puissant.

Pas plus que le reste de la nation, les officiers choisis par don Carlos pour traiter de la reddition de Pampelune n'échappent à cet état d'esprit. Parlant à Quélern de la capitulation, ils s'en excusent presque. Ils en blâment la dureté. Ce n'est point à eux qu'elle incombe. A les entendre, « ils auraient consenti volontiers à laisser retourner en France la brave garnison de Pampelune pour y être échangée contre leurs compatriotes[1] ». Mais le colonel Gold-

---

1. A G., Mémoire de Quélern.

finch s'était montré intraitable. Tout le mal venait de lui. Lui seul avait exigé « contre l'avis
de tout le monde que les combattants et les
non combattants, les amputés et les invalides,
les incurables et les éclopés hors d'état de rentrer au service, les femmes et les enfants des
militaires, et jusques aux négociants, mar-
chands, commis de boutique et domestiques
nés français, fussent considérés comme de
bonne prise et conduits en Angleterre[1] ».

Et pourquoi cette humeur irréductible ? Ici le
dialogue prend un tour confidentiel, et l'un des
officiers fournit à Quélern une bien curieuse
explication : « Chaque Français fait prisonnier en
Espagne, lui révèle-t-il, et livré aux Anglais,
coûte au gouvernement espagnol dix ou douze
francs par jour pour sa nourriture et son entretien en Angleterre, quoique le gouvernement
anglais n'accorde pour tout cela aux généraux et
officiers français qu'un shilling et demi, et aux
soldats, qu'un shilling par jour... Ils vous con-
sidèrent donc comme une marchandise qui rapporte entre leurs mains ; et, comme ils espèrent
vous soutirer en Angleterre le peu d'argent
que chacun de vous peut avoir encore sur lui,
vous pouvez être tranquilles, vous ne serez ni
pillés, ni même fouillés, jusqu'à ce que vous ne
soyez arrivés dans les prisons d'Angleterre[2]. »

1. A G., Mémoire de Quélern.
2. *Id.*

« Voilà bien les calculs financiers et mesquins d'une nation boutiquaire ! » s'écrie Quélern, tout ému. Sans manquer à la courtoisie, il eût pu, à la vérité, rappeler à son interlocuteur quels traitements barbares, réguliers et irréguliers espagnols s'étaient, trop souvent au cours de cette guerre, fait un jeu d'infliger à ceux que le sort des armes réduisit en leur puissance.

La chute de Pampelune eut un retentissement considérable en Espagne et en Angleterre. Elle fut saluée avec enthousiasme dans les deux pays. Orgueilleux de sa victoire, Don Carlos en fit part à Wellington en termes lyriques : « Excellentissime Seigneur ! » lui écrivit-il le 31 octobre, « Gloire à l'Éternel et honneur aux triomphes de Votre Excellence dans cette campagne à jamais mémorable ! J'ai l'honneur et la grande satisfaction de féliciter Votre Excellence sur la réduction de l'importante forteresse de Pampelune, dont la capitulation, ayant été signée par les officiers supérieurs munis de mes pleins pouvoirs et par ceux délégués par le général commandant la place, vient d'être ratifiée par moi, en vertu de l'autorité que vous m'avez conférée. La garnison reste prisonnière de guerre, ainsi que Votre Excellence l'avait déterminé dès le principe, et elle sortira demain, à 2 heures après-midi, afin d'être conduite au port de Passages. Nos troupes occupent l'une des portes de la citadelle et les troupes françaises occupent la place. Dieu ait en garde la vie précieuse de Votre Excellence[1] ! »

Le contentement de Wellington ne fut pas moindre. Ainsi, libre de toute arrière-pensée, il allait pouvoir reprendre contre le duc de Dalmatie cette offensive, dont la conquête de la Rhune ne constituait que la première étape. Lord A. Hill partait pour l'Angleterre. Il se chargea de porter au gouvernement l'épître de Don Carlos en même temps que deux dépêches de Wellington, dont l'allégresse, sincère et mesurée fait avec l'emphase du comte d'Espagne un contraste singulier. Adressées à lord Bathurst, elles sont datées de Vera le 1er novembre : « Depuis que j'ai écrit à Votre Seigneurie, rien d'important n'a eu lieu », constate le vainqueur de Vitoria dans la première. « La garnison ennemie, à Pampelune, a fait des propositions à Don Carlos de España de rendre la place le 26 octobre, à condition : 1° qu'il lui soit permis de se retirer en France avec 6 pièces de canon ; 2° qu'elle puisse rentrer en France avec engagement de ne pas servir contre les Alliés pendant un an et un jour. Ces deux conditions ont été rejetées par Don Carlos de España, et on répondit à la garnison qu'il y

1. A G., Journaux anglais du 8 novembre arrivés au ministère le 12 novembre 1813.

avait ordre de ne lui accorder de capitulation, qu'à condition qu'elle se rendrait prisonnière de guerre. La garnison déclara qu'elle ne se soumettrait jamais à cette condition. »

Quelques heures plus tard, Wellington reprend la plume : « Depuis que j'ai écrit à Votre Seigneurie ce matin, j'ai reçu une lettre, dont je joins ici la copie, du maréchal de camp Don Carlos d'España, par laquelle il annonce que la forteresse de Pampelune s'est rendue par capitulation et que la garnison est prisonnière de guerre, événement sur lequel je demande la permission de féliciter Votre Seigneurie. Je ne puis assez louer la conduite de Don Carlos de España et des troupes qu'il a commandées pendant la durée du blocus, c'est-à-dire depuis le commencement d'août. Dans toutes les sorties que l'ennemi a faites, il a été repoussé avec pertes, et le général, les officiers et les troupes se sont bien comportés. Don Carlos de España a été grièvement blessé le 10 septembre, ainsi qu'il fut rapporté dans ma dépêche du 19 de ce mois, mais, ayant déclaré qu'il était en état de continuer son service, j'ai cru qu'il était juste de lui permettre de continuer l'exercice d'un commandement dont, jusqu'à ce moment, il avait rempli les fonctions d'une manière si satisfaisante ; et je suis charmé qu'il lui soit échu en partage d'être l'instrument de la restitution d'une forteresse aussi importante que Pampelune à la monarchie espagnole. N'ayant pas encore reçu le détail des termes de la capitulation, j'attendrai une autre occasion pour les envoyer [1]. »

Décernées par Wellington, ordinairement sceptique lorsqu'il s'agit des Espagnols et de leurs exploits, de telles louanges dénotent tout le soulagement qu'il éprouve de la prise de Pampelune.

Le comte Bathurst reçut ces lettres le 8 novembre, des mains de lord Hill arrivé le jour même. Il les communiqua le lendemain au Lord maire, qui informa officiellement la population de Londres. Des réjouissances publiques furent ordonnées et des salves tirées par les canons de la Tour et du parc de Saint-James.

A Paris, le bruit de l'entrée des Alliés à Pampelune se répandit dès le 10 novembre. « Je ne dois pas différer d'apprendre à Votre Excellence »; mandait ce jour-là Clarke au duc d'Albuféra; « que, d'après les rapports qui me sont parvenus, je ne puis plus mettre en doute que la place de Pampelune ne soit enfin tombée au pouvoir de l'ennemi. Il paraît constant que la garnison, réduite faute de vivres aux dernières extrémités, a capitulé le 1er du courant, et que, le 2, l'ennemi a pris possession de la place. La garnison paraît avoir obtenu les honneurs de la guerre.

1. A G., Journaux anglais du 8 novembre, arrivés au ministère, le 12 novembre 1813.

Cet événement fâcheux restreint beaucoup les données sur lesquelles on pouvait baser un plan d'opérations offensives et ne permet plus de penser, au moins de quelque temps, à réaliser les projets convenus entre vous et M. le duc de Dalmatie[1]. »

Le maréchal Soult, à qui la nouvelle importait le plus, fut des derniers à la connaître. Le 2 novembre, il émettait au duc de Feltre l'avis qu'il se pourrait que Pampelune tînt encore quelque temps, et de cette hypothèse il déduisait d'avantageuses conclusions. « Il paraît démontré qu'ils (les Anglais) ont le projet d'attaquer aussitôt que la place de Pampelune sera en leur pouvoir. S'il était possible qu'elle prolongeât sa résistance de quinze jours, l'armée ennemie serait inévitablement forcée à renoncer à ses projets et elle emporterait les germes de sa destruction, car, pendant ce temps, les maladies, qui déjà se manifestent, auraient fait des progrès effrayants et enlevé beaucoup de victimes ; ainsi, l'opinion que j'ai exprimée que la position de la Bidassoa et de la haute Rhune, que je leur laissai occuper, leur deviendrait funeste, serait complètement justifiée. Déjà, ils se plaignent amèrement de leur situation, des pertes journalières qu'ils éprouvent et du découragement des

---

1. A G., le duc de Feltre au duc d'Albuféra. Paris, 10 novembre.

troupes [1]. » Ainsi s'exprimait le duc de Dalmatie, que les faits démentaient cruellement.

Wellington s'était appliqué à entretenir ses illusions. On sait que l'article 14 de la convention du 31 octobre stipulait expressément que le gouverneur dépêcherait à Soult un officier, « par le chemin le plus court, pour l'informer de la capitulation et lui en faire connaître les motifs ». Cassan avait désigné son aide de camp, le lieutenant Pomade. Mais, à la veille d'attaquer les lignes de la Nivelle, Wellington ne se pressa pas d'apprendre à son adversaire que Pampelune avait succombé et qu'il disposait de la division de Don Carlos. Il retint dix jours Pomade à son camp, ce dont il s'excusa depuis auprès de Gazan, chef d'état-major du maréchal, sur ce qu'en raison « du mouvement qu'il faisait opérer à son armée, il n'avait pas jugé à propos de laisser passer plus tôt l'aide de camp porteur de la capitulation [2] ».

Enfin, le 12 novembre, le succès des Alliés étant définitif, Pomade fut conduit aux avant-postes français. Il vit le duc de Dalmatie, s'acquitta de sa mission, et lui remit la lettre suivante [3], écrite par Cassan le 1er novembre, et que nous croyons devoir reproduire en entier :

1. A G., Soult au duc de Feltre. Saint-Jean-de-Luz, 2 novembre.

2. A G., Soult au duc de Feltre. Bayonne, 19 novembre.

3. A G., Cassan à Soult. Pampelune, 1er novembre 1813, Pièce n° 12, annexée au rapport de Cassan.

« Monseigneur, après un blocus des plus rigoureux pendant cent vingt-neuf jours, le manque total de subsistances m'a forcé de conclure la capitulation, dont M. le lieutenant Pomade, mon aide de camp, aura l'honneur de remettre une copie à Votre Excellence.

« Resté à Pampelune, le 18 juin dernier, avec ordre de M. le général baron Clausel, commandant alors l'armée du nord de l'Espagne, de commander dans cette place et dans toute la Navarre, je me suis trouvé bientôt dans le cas de soutenir un blocus.

« Le 25 juin, les armées commandées par Sa Majesté catholique le roi Joseph Napoléon, qui avaient séjourné une partie du 23 et du 24 dans les environs de la place, ayant fait leur retraite vers les Pyrénées, Pampelune se trouva investie.

« A des dispositions que j'avais prises dès le 18 juin, j'en ajoutai d'autres, pour mettre la place en état de soutenir toute espèce d'attaque. Nos travaux se succédèrent avec rapidité et, pendant le premier mois, la garnison ne quittait le travail que pour aller passer la nuit au rempart. Elle a bivouaqué aux postes qui lui étaient assignés sur les courtines et dans les bastions, pendant tout le temps du blocus.

« Les subsistances ont été bien administrées, et nous avons usé avec la plus grande modération des ressources que nous avions et de celles que nous nous sommes procurées par les fréquentes sorties que nous avons faites sous le canon de la place.

« Les réductions sur les vivres ont commencé dès le 29 juin et ont continué progressivement, de manière que, dans les derniers jours du blocus, la ration n'était composée que de 9 onces de subsistances, dont 4 onces de pain, 4 onces de viande de cheval et 1 once de riz.

« Nous avons mangé nos chevaux, toutes les bêtes de somme, les chiens, les chats, les rats, et les herbes que l'on pouvait se procurer dans les fortifications et sur les glacis.

« Nous avons fait enfin, pour le service de Sa Majesté l'Empereur et Roi, tout ce qu'il est humainement possible de faire dans les circonstances où nous nous sommes trouvés, et je sors de la place avec des hommes réduits à un tel état d'épuisement qu'il leur sera bien difficile de supporter la route que nous allons faire. Ils ont reçu aujourd'hui, chacun, les dernières douze onces de pain qui nous restaient.

« J'ai expédié trois billets, l'un, le 2 juillet, à S. E. le maréchal Jourdan, le second, le 16 du même mois, et le troisième, le 28 septembre, à Votre Excellence ; et, comme je n'ai jamais eu d'autres nouvelles de l'armée qu'à l'époque des 26 et 27 juillet, qu'elle est venue en vue de la place et nous a donné l'espoir d'être débloqués, je présume qu'ils ont été interceptés.

« Lorsque nous le pourrons, le chef d'état-major, les commandants de l'artillerie et du génie et moi, aurons l'honneur d'adresser à S. E. le ministre de la Guerre, chacun pour ce qui nous concerne, le rapport des événements qui se sont passés pendant le blocus [1].

« Je saisis cette occasion, Monseigneur, pour recommander particulièrement à Votre Excellence mon aide de camp, qui a servi avec beaucoup de distinction. J'ai l'honneur d'être, de Votre Excellence, Monseigneur, le très humble et très obéissant serviteur. »

Le lendemain 13 novembre, le duc de Dalmatie expédiait à Clarke les documents apportés par Pomade. Ce dernier était prisonnier sur parole. Soult fit procéder à son échange [2]. On pouvait lire, ce même jour, dans les journaux anglais : « Une partie de la garnison de Pampelune est déjà arrivée à Portsmouth, à bord de la frégate *la Volontaire*. Au départ de cette frégate de Passages, le 7, on disait que lord Wellington voulait avancer sur le terri-

1. Ce sont ces documents qui sont conservés aux archives historiques du ministère de la Guerre sous les noms de *Rapport du général Cassan ; Journal du blocus de Pampelune* et *Analyse du journal du blocus de Pampelune*, par M. DE MAUCUNE ; et *Mémoire sur la défense de Pampelune*, par le major du génie LE GENTIL DE QUÉLERN. Il n'y a pas de rapport du colonel Doguereau, commandant de l'artillerie.

2. A G., Soult au duc de Feltre. Bayonne, 13 novembre.

toire français aussitôt que le temps, qui est, depuis quelque temps, contraire aux opérations militaires, le permettrait. L'armée jouissait de la meilleure santé [1]. »

Ainsi tomba Pampelune, et sa chute fut plus glorieuse que le triomphe de ses vainqueurs. La nécessité eut raison de ces braves, que les bataillons de Picton, d'O'Donnell, de Carlos de España, n'osèrent pas affronter à l'assaut. Leur cœur fut à la hauteur de leur courage physique, puisque, n'ayant rien ignoré qui fût propre à les accabler, ni la défaite de Sorauren, ni la prise de Saint-Sébastien, ni la ruée sanglante des Alliés à travers la Bidassoa, ni la défection de l'Autriche, ni sa coalition avec la Suède, l'Angleterre, la Russie et la Prusse, malgré tant d'alarmes semées dans leurs âmes, malgré une somme de souffrances « les plus fortes auxquelles il soit possible d'assujettir les soldats les mieux disciplinés », sur près de 3.600 hommes, il n'y eut à défaillir que cent trente malheureux qui n'étaient même pas des Français.

Huit mille cent sept coups de canon furent tirés de la place pendant cent vingt-neuf jours de blocus [2]. La garnison perdit 10 officiers et 370 hommes, les uns, tués aux combats qui se livrèrent autour de la ville, les autres, morts des suites

1. A G., Journaux anglais du 13 novembre 1813.
2. A G., Journaux de Maucune. Mémoire de Quélern.

de leurs blessures ou victimes des fièvres [1]. On a vu qu'un nombre égal de blessés était en traitement à l'hôpital, lors de la capitulation. Le reste subit de véritables tortures. Mais tant d'abnégation ne resta pas stérile. Privés des ressources en tout genre, et particulièrement en artillerie, que renfermait la capitale de la Navarre, décimés dans près de cinquante sorties qu'il leur fallut subir, 15.000 Anglo-Espagnols, immobilisés autour de Pampelune, durent passer plus de quatre mois jour et nuit sous les armes, alors que leur présence à la frontière eût constitué pour leur chef un précieux appoint. Au surplus, le prix que lord Wellington et le maréchal Soult attachaient respectivement à la possession de Pampelune n'est-il pas le meilleur garant de l'opportunité du zèle que surent en déployer les défenseurs ? A la fin de juillet, le duc de Dalmatie, nous citons ici le commandant Clerc, ne dut-il pas « le salut de l'armée à la résistance de Pampelune et de Saint-Sébastien, et aux lenteurs de son adversaire [2] » ?

1. Voici comment, d'après le rapport de Cassan, se décomposent les pertes de la garnison pendant le blocus:

	Officiers	Troupes
Tués aux combats pendant le blocus. . .	»	29
Morts de blessures reçues pendant le blocus.	5	92
Morts d'anciennes blessures	5	179
Morts par suite de fièvres	»	70
Désertés pendant le blocus.	»	130
Totaux. . . .	10	500
Total général. . . .		510

2. CLERC, p. 13.

Une objection cependant a été posée, qu'on n'a pas le droit de négliger. Il existe aux Archives historiques du ministère de la Guerre un document sans date ni signature, intitulé : *Rapport au ministre*, avec ce sous-titre : *Blocus de Pampelune. Précis des opérations relatives à ce blocus, d'après les pièces envoyées par le gouverneur et autres officiers commandant dans la place*[1]. L'auteur, après avoir constaté le petit nombre des assiégés et la rareté des subsistances; après avoir vanté « l'ardeur » et « l'intelligence », avec lesquelles « officiers et soldats » mirent la ville « en état de soutenir un siège régulier », et admiré « la constance » des troupes de Cassan, faisant allusion aux sorties « presque journalières » effectuées par les Français, ajoute : « Le gouverneur dit qu'elles avaient particulièrement pour objet de connaître les forces de l'ennemi et de découvrir ses postes retranchés et ses batteries. Comme, vu la faiblesse de la garnison, le gouverneur ne pouvait tirer aucun parti de cette connaissance, elle ne lui fut pas très utile, et néanmoins elle coûta des hommes. » Et plus loin : « Le but général que se proposait le gouverneur était de retarder la marche victorieuse de l'armée anglo-espagnole et d'entraver ses opé-

---

1. A G., Correspondance de l'armée d'Espagne. Classé au 31 octobre 1818.

rations sur le territoire français, en arrêtant 25.000 hommes de cette armée sous ses murs. Ce but était certainement très louable. Mais, n'a-t-il pas été porté au-delà des bornes qu'y mettaient les calculs d'une politique humaine et éclairée ? Le gouverneur n'a pas pu ignorer les tentatives que l'armée française a faites pour le secourir et leurs fâcheux résultats. Dès le mois d'août, il a pu être convaincu qu'il ne serait pas délivré. Cependant, il a tenu, comptant lasser la persévérance de l'ennemi, qui avait conçu à son égard le même espoir, et avec plus de certitude de le voir se réaliser. Effectivement, après avoir épuisé toutes ses ressources, et sa garnison se trouvant réduite au plus déplorable état de misère et d'exténuement, le gouverneur a dû se rendre prisonnier de guerre avec ses troupes, et, non seulement ce qui était militaire, mais encore tout individu né français, quels qu'aient été son sexe, son âge, sa profession, son état de santé, a été considéré comme de bonne prise et conduit en Angleterre. Une défense moins opiniâtre aurait peut-être amené une capitulation moins dure. »

Certes, mais une telle préoccupation, si elle dominait uniquement les commandants de citadelles, serait de nature à entraîner de désastreuses conséquences. L'exemple de Soissons en 1814 est caractéristique à cet endroit. Tout au moins, dans la généralité des cas, risquerait-on d'énerver la vigueur de la résistance. Celle-ci serait d'autant moins efficace, que le terme en semblerait, pour ainsi dire, marqué à l'avance. La confiance ébranlée des chefs aurait pour corollaire la démoralisation des soldats, moins enclins à supporter de nécessaires privations, si l'utilité ne leur en apparaissait pas immédiate. A trop raisonner le courage, on arrive à l'amoindrir, et c'est pourquoi l'auteur du rapport précité n'a pas voulu conclure par une critique. « Néanmoins », déclare-t-il pour terminer, « ce ne serait pas rendre justice à la fermeté militaire que de ne pas louer celle qu'ont déployée M. le général baron Cassan et tous les officiers chargés de le seconder dans la défense de Pampelune. »

Ce n'est pas dire assez. Cassan vaincu n'est que plus digne d'admiration. Sur un théâtre modeste il a donné de grands exemples. Cela seul importe. Murés dans Pampelune, ses compagnons et lui ont mené par devoir un combat sans issue. La victoire ne pouvait pas couronner leur effort. Ils le savaient, et leur vaillance n'en fut point émue. Aussi bien, cette gloire demeure leur part, qui est la plus noble de toutes, et ne se mesure point à l'éclat du succès, mais à l'étendue du sacrifice.

CHAPITRE VII

LE SORT DES ADVERSAIRES

La fortune n'accorda pas à ces hommes qu'elle venait d'éprouver si rudement ce renouveau de faveur dont elle se plaît à faire suivre parfois les pires tribulations. Le destin de presque tous fut médiocre et le plus illustre d'entre eux finit ses jours dans la tristesse.

Moins heureuse que la garnison de Saint-Sébastien qui, échangée dès le début de 1814, revint défendre ses foyers menacés par l'invasion[1], celle de Pampelune, retenue en Angleterre jusqu'à la paix, fut privée de cet honneur.

Rendu à la liberté le 9 juin 1814, Cassan accourut à Paris. Il y retrouva sa famille. De modique, la situation des siens était devenue, pendant sa captivité, précaire à ce point que la baronne Cassan, quittant l'Aude, avait fait le voyage de la capitale. De l'hôtel de France, rue

1. LAPÈNE, pp. 115 et 127.

Saint-Thomas-du-Louvre, où elle était descendue, elle envoyait au mois de janvier une supplique à l'Empereur. Mère de trois enfants, « elle sollicitait de la bonté » du souverain une dotation pour son mari, conformément à la faveur dont jouissaient les généraux « qui, comme lui, avaient été honorés du titre de baron[1] ». Il lui fut répondu, le 14 février, que puisque « il ne s'agissait que de dotation[2] », elle devait s'adresser au comte Defermon[3], ministre d'État, intendant du domaine extraordinaire. La chute de l'Empire interrompit les démarches de Mme Cassan.

L'ancien gouverneur de Pampelune était avant tout un soldat. Serviteur passionné de son pays, étranger aux détours de la politique,

---

1. A G., archives administratives. Dossier Cassan. La baronne Cassan à l'Empereur.

2. Id. Rapport au ministre du 18 janvier 1814 et réponse du 14 février.

3. Defermon (Jacques, comte), né le 15 novembre 1752, mort le 15 juillet 1831. Avocat, puis procureur au Parlement de Bretagne (1783), élu député du tiers aux États généraux par la sénéchaussée de Rennes (1789); président de la Constituante (1791); président du tribunal criminel de Rennes (1791); député à la Convention (1792); président de cette assemblée (1792), il se rangea du côté des Girondins et fut mis hors la loi après le 31 mai. Président des Cinq Cents, il coopéra au coup d'État de brumaire. Membre du Tribunat; conseiller d'État; directeur général de la liquidation de la dette publique; intendant général (1805); ministre d'État et directeur des Finances (1808); comte, la même année, il resta fidèle à l'Empereur et, à la seconde Restauration, se prononça comme député d'Ille-et-Vilaine en faveur de Napoléon II. Proscrit en 1816, il ne rentra en France qu'en 1822.

quelles que fussent ses préférences intimes, Napoléon ayant abdiqué, il se rallia aux Bourbons en toute loyauté. La première Restauration se montra assez bien disposée à son égard. Elle le créa chevalier de Saint-Louis le 29 juillet 1814, confirma son titre de baron par lettres du 11 novembre et, le 27 décembre, l'éleva à la dignité de commandeur dans la Légion d'honneur dont il était officier depuis onze ans. Mais elle lui refusa ce à quoi il tenait le plus, c'est-à-dire de le nommer lieutenant-général, encore qu'il eût fait valoir à Dupont[1], alors ministre de la Guerre, que « plusieurs de ses collègues qui, comme lui, s'étaient trouvés dans le cas de défendre des places, ayant été promus à un grade supérieur », il se flattait d'y avoir « au moins autant de titres que ces messieurs[2] ».

1. Dupont de l'Étang (Pierre, comte), né le 4 juillet 1765, mort le 7 mars 1840. Aide de camp de Théobald Dillon à l'armée du Nord (1791) ; général de brigade (1793) ; directeur du dépôt de la Guerre ; général de division, il applaudit au coup d'État de brumaire. Employé en Italie et en Allemagne, il s'y conduit brillamment, notamment à Marengo, au passage du Mincio, à Ulm, à Friedland. Il est moins heureux en Espagne, où il signe la désastreuse capitulation de Baylen (23 juillet 1808). Destitué et emprisonné, la chute de Napoléon le rend à la liberté. Le gouvernement provisoire le nomme commissaire au département de la Guerre, choix que ratifie Louis XVIII, le 3 avril 1814. Il quitte le ministère, le 3 décembre de la même année, pour les fonctions de gouverneur de la 22ᵉ division militaire, que lui enlève l'Empereur au retour de l'île d'Elbe. Après Waterloo, il entre au conseil privé et siège à la Chambre, comme député de la Charente, de 1815 à 1830.

2. A G., Cassan au comte Dupont. Paris, 17 juillet 1814.

Soult, successeur de Dupont, venait de l'adjoindre au général Reille, chargé pour 1815 de l'inspection des troupes d'infanterie du 20e arrondissement, lorsque survinrent les Cent Jours. Cassan vit avec émotion le retour de l'Empereur. Il n'était point homme à résister au vertige des souvenirs d'antan. « Sire, écrivit-il à Napoléon le 18 avril, il y a dix-neuf ans que je suis dans les hauts grades... J'ai fait toutes les campagnes. J'y ai gagné un peu de gloire, des blessures et point de fortune. Je n'ai jamais eu de gratification, ni de dotation. Votre Majesté ne pouvait point en donner à tout le monde. Si ce peut être un mérite auprès de Votre Majesté que d'avoir tenté de l'arrêter pour l'arracher au danger auquel Elle s'exposait, lorsqu'Elle voulut se porter à la tête de l'attaque du pont d'Arcole, le soir du premier jour de la bataille, j'ose, sur mon honneur, le revendiquer... J'ai prolongé la défense de Pampelune, dont j'étais gouverneur pour Votre Majesté, quarante-sept jours au-delà du terme calculé sur les approvisionnements qu'on m'avait laissés. Sire, si Votre Majesté me juge digne du grade de lieutenant-général, je la supplie humblement de m'en honorer [1]. »

Cassan accepta de Davout [2] le poste de com-

---

1. A G., Cassan à l'Empereur, 19 avril 1815.

2. Davout (Louis-Nicolas), duc d'Auerstædt, prince d'Eckmühl, né le 10 mai 1770, mort le 1er juin 1823. Sous-lieute-

mandant du département de Vaucluse. A la vérité, il en eût préféré un plus actif. Si le prince d'Eckmühl l'eût mis à la tête d'une brigade dans un des corps d'armée employés contre les alliés, il eût « comblé ses vœux[1] ». Au surplus, la bienveillance du ministre lui était acquise : « Vous avez demandé le grade de lieutenant-général, lui déclarait celui-ci le 11 juin, je sais apprécier vos services et votre dévouement à l'Empereur. Je me propose de vous comprendre sur le tableau des promotions,

nant au régiment de Champagne au moment de la Révolution ; chef du 3ᵉ bataillon de volontaires de l'Yonne (1791) ; il fait la campagne de Belgique sous Dumouriez, est nommé général de brigade, puis destitué comme noble (1793). Incorporé l'année suivante dans l'armée de la Moselle, il sert successivement sous Pichegru, sous Moreau (1795-1797), et en Égypte avec Desaix (1798-1800). Nommé général de division (1800), il commande la cavalerie de l'armée d'Italie (1800-1801), les grenadiers de la garde consulaire (1801) et le camp de Bruges après la rupture de la paix d'Amiens. Napoléon lui donne le bâton de maréchal (1804) et le grand-cordon de la Légion d'honneur (1805). A la tête du 3ᵉ corps de la Grande Armée, il s'illustre à Austerlitz, à Auerstædt, à Eylau, à Friedland, à Eckmühl, à Wagram, gouverne un moment le grand-duché de Varsovie et reçoit les titres du duc d'Auerstædt (1808) et de prince d'Eckmühl (1809). Il dirige le 1ᵉʳ corps pendant la campagne de Russie et prend une part considérable à la bataille de la Moskowa (1812). En 1813, il soutient à Hambourg un siège mémorable et ne rend la place que sur l'ordre formel de Louis XVIII. L'Empereur le choisit comme ministre de la Guerre pendant les Cent Jours. Après Waterloo, il commande l'armée réunie sous les murs de Paris, mais est contraint de signer la convention du 3 juillet 1815 et de se retirer derrière la Loire. La Restauration lui tint rigueur jusqu'en 1819, où elle le fit entrer à la Chambre des pairs.

1. A G., Cassan à Davout, 27 avril 1815.

lors du premier travail que je serai dans le cas de soumettre à Sa Majesté[1]. »

Une semaine plus tard, Waterloo renversait ces espérances, et dans la confusion qui suivit un événement se produisait qui, exploité par les rancunes de plusieurs et l'ignorance de beaucoup, compromit pour toujours l'avenir de Cassan. Ce dernier, pendant les trois mois qu'il passa à Avignon[2], avait eu grand'peine à maintenir dans les esprits un calme relatif. Sur cette terre comtadine, chantée jadis par l'amoureux poète des « Triomphes », les passions politiques et religieuses, violemment surexcitées, n'attendaient qu'un signal pour se déchaîner. A la nouvelle des désastres de l'armée française, un mouvement de réaction se dessine, le 26 juin, si alarmant, que les fédérés sautent sur leurs armes, dans la vue, disent-ils, de veiller à leur sûreté[3].

Cassan voit le péril. D'une part, des bandes commencent à courir la campagne, capables, sous le couvert d'un royalisme occasionnel, de tous les excès. Non moins redoutable est la foule des fédérés, prête à de sanglantes représailles. Cassan, soucieux « d'assurer la tranquillité publique de quelque côté que

1. A G., Davout à Cassan, le 11 juin 1815.
2. Il avait pris possession de son commandement, le 5 mai 1815.
3. A G., Cassan à Gouvion-Saint-Cyr. Le Caumazou, 6 août 1815.

parte le trouble », se résout à des mesures énergiques. Il réunit sans tarder tout ce que la ville contient de troupes sur la place de la Municipalité, fait venir les fédérés, les place à la gauche de son infanterie, avec l'ordre formel de ne bouger que sur son commandement. Ainsi encadrés, il les organise en bataillon de garde nationale mobile et, par la stricte application des règlements militaires[1], les soumet à une étroite surveillance.

Dix-neuf jours s'écoulent dans l'incertitude. Enfin, le 14 juillet, on apprend par le *Moniteur* l'entrée de Louis XVIII à Paris[2]. Cassan se met en devoir de faire arborer aux soldats la cocarde blanche. Mais il se heurte à des résistances. Les autorités civiles lui représentent que ce geste, accompli dans la ville, risque de provoquer parmi la population, très fortement attachée aux Bourbons, une explosion de loyalisme dont la troupe aura à souffrir, et que des désordres, semblables à ceux dont Marseille vient d'être le théâtre, sont à craindre. Le général, informé que des rassemblements se forment autour d'Avignon dans le but d'y fomenter un soulèvement[1], se rend à ces raisons. Il décide de sortir des murs avec

---

1. A G., Cassan à Gouvion-Saint-Cyr. Le Caumazou, 6 août 1815.

2. Louis XVIII fit son entrée à Paris le 9 juillet à 3 heures de l'après-midi.

tout son monde et le bataillon des fédérés, qu'il conduira au Pont-Saint-Esprit. Là seulement, il déploiera le drapeau blanc.

Le départ s'effectue le 15, à 3 heures du matin. A peine a-t-on fait quelques kilomètres, qu'au lieu dit Le Pontet, débouche un groupe de cavaliers. C'est l'escorte de M. Lambot[1], major du régiment de Bourbon, « se disant commandant du département de Vaucluse ». Les deux chefs confèrent ensemble. Ils tombent d'accord pour éviter toute effusion de sang. Lambot apprend à Cassan que, parti de Carpentras, il se dirige sur Avignon avec 2.000 hommes, et que, de tous les points de la région, des détachements sont en marche pour la même destination. Puis il poursuit sa route, tandis que Cassan remonte

(1) Lambot (Paul-Grégoire-Joseph, baron de), né à Carcès le 11 octobre 1775. Volontaire dans l'armée de Condé, il prit part à l'expédition de Quiberon. La première Restauration le nomma chevalier de Saint-Louis et le plaça comme major au 9ᵉ régiment de ligne, poste qu'il dut abandonner pendant les Cent Jours. Commandant par intérim du département de Vaucluse, Lambot se trouvait depuis une quinzaine de jours à Avignon, lorsque le maréchal Brune fut assassiné dans cette ville (2 août 1815). Lambot, qui avait fait les plus louables efforts pour empêcher ce crime, a publié, en 1840, sous le titre : *le Maréchal Brune à Avignon en 1815*, un mémoire justificatif de sa conduite en cette circonstance. Lieutenant-colonel de la légion des Bouches-du-Rhône (1815), colonel de celle de l'Isère (1816), puis du 7ᵉ léger, il reçut le grade de maréchal de camp à la promotion du sacre, le 22 mai 1825. Attaché à la personne du duc de Bourbon, Lambot était aide de camp de service, mais absent de Saint-Leu lors de la fin tragique de ce prince le 27 août 1830. Réformé en 1831, Lambot mourut à Toulon le 10 avril 1858.

célle de Lyon. C'est alors qu'en dépit de toutes les précautions éclate un déplorable incident. Quelques fédérés, « gens passionnés et qu'il était difficile de retenir dans les bornes de la discipline et de la modération [1] », saluent d'une volée de coups de fusil deux pelotons de gardes nationaux royalistes qui s'écartent pour leur laisser passage. Ils tirent sur un guide que Lambot a donné à Cassan. Celui-ci était à l'avant-garde. Avisé de cette agression, il accourt et fait cesser le feu.

Après une halte à Courthézon, il bivouaque à Mornas qu'il quitte le 16, à la pointe du jour. Il arrive au Pont-Saint-Esprit à 8 heures du matin. Le lendemain, il arbore la cocarde blanche et procède à la dislocation des troupes. Les unes, parmi lesquelles les fédérés, sont envoyées à Montélimar ; d'autres, à Valence. Lui-même séjourne au Pont-Saint-Esprit jusqu'au 26. Le maréchal de camp comte de Vogüé, qui commande l'arrondissement d'Uzès, fait alors occuper la citadelle et disperse dans le département de la Drôme ce qui reste de la garnison d'Avignon. Demeuré seul, Cassan, voyant qu'il lui est impossible de regagner Avignon, où il courrait les plus grands risques s'il venait à être

1. Rapport du chef de bataillon Bonnet, commandant par intérim le département de Vaucluse, au lieutenant-général comte Partouneaux, commandant la 8e division militaire, à Marseille, 28 août 1815.

reconnu [1], rédige son rapport au ministre, et se retire dans ses foyers, où il attend des ordres.

En même temps que lui parviennent les explications de Cassan, le maréchal Gouvion-Saint-Cyr [2] reçoit de Lambot un véhément réquisitoire. Le major du régiment de Bourbon dénonce « la conduite infâme de la colonne du général Cassan ». « Il n'y a pas de doute qu'il y a eu des scélérats qui devraient être livrés à la vengeance [3] ! » s'écrie-t-il. « Fort de sa conscience, n'ayant jamais rien fait contre l'honneur [4] », Cassan réplique par une lettre justificative du 6 août. Devant cette contradiction, le ministre, avant d'arrêter son jugement, prescrit un supplément d'enquête qui a lieu pendant le mois d'août.

Les témoignages recueillis sont presque entièrement favorables à l'ex-gouverneur de

1. A G., Bonnet à Partouneaux, 28 août 1815.
2. Gouvion-Saint-Cyr (Laurent, marquis), né le 13 avril 1764, mort le 17 mars 1830. Volontaire (1792), général de division (1793), il s'illustre au siège de Mayence (1795), sert dans les armées du Rhin et d'Italie et reçoit du Premier Consul les fonctions de conseiller d'État et le poste d'ambassadeur à Madrid. En 1806, il fait la campagne de Pologne, et l'année suivante, commande dans la Péninsule l'armée de Catalogne. Après une courte disgrâce, il est mis à la tête du 6e, puis du 7e corps de la Grande Armée, et gagne la bataille de Polotsk qui lui vaut le bâton de maréchal. Prisonnier de guerre en 1813, il se rallie aux Bourbons. Louis XVIII l'appelle deux fois au ministère de la Guerre, l'élève à la pairie et lui confère le titre de marquis.
3. A G., Lambot à Gouvion-Saint Cyr. Avignon, 22 juillet 1815.
4. A G., Cassan à Gouvion-Saint-Cyr, 6 août 1815.

Pampelune. Le chef de bataillon Bonnet, qui a succédé à Lambot dans l'intérim du département de Vaucluse[1], ne partage pas les sentiments de son prédécesseur. « Les uns, déclaret-il, supposent au général Cassan de bonnes intentions. S'il n'a pu agir d'après ses principes, ni donner à sa troupe l'impression qu'il aurait désirée, c'est qu'il a eu affaire à des soldats exaltés par des gens et même des officiers mal intentionnés. Il est vrai que d'autres assurent le contraire, continue Bonnet, mais il est possible qu'ils mettent de la passion dans le jugement qu'ils portent... et... leur opinion peut être suspecte[2]. »

Quelques jours auparavant, le général Brenier avait émis un avis analogue[3]; mais le plus catégorique est celui du lieutenant-général Partouneaux[4], commandant la 8e division militaire

1. En attendant l'arrivée du maréchal de camp Corsin, nommé au commandement de ce département.

2. A G., Bonnet à Partouneaux. Avignon, 28 août.

3. A G., Rapport au ministre, 10 août. Brenier de Montmorand (Antoine-François, comte de), né en 1767, mort en 1832. Gendarme de la Maison du Roi (1786), chef de bataillon à l'armée des Pyrénées-Orientales (1793), il fait les campagnes d'Italie et de Hollande, est blessé à la prise de Vérone par Souvarow, et promu général de brigade. Envoyé en 1807 en Portugal, il sert sous les ordres de Junot, soutient contre les Anglais le siège d'Almeida et s'ouvre à travers leurs rangs un chemin jusqu'à l'armée de Masséna. Nommé général de division, il reçoit le commandement de la 6e division de l'armée de Portugal. En 1814, il commande la place de Lille, puis la 7e division militaire. Admis à la retraite en 1827, il siège au Parlement comme député de l'Isère de 1830 à 1831.

4. Partouneaux (Louis, comte), né le 26 septembre 1770,

à Marseille qui, expédiant à Gouvion-Saint-Cyr le rapport de Bonnet, n'hésite pas à l'annoter en ces termes particulièrement énergiques : « Je connais depuis de longues années le général Cassan comme un brave et loyal officier, incapable de commettre une vilaine action. Ainsi je prie Votre Excellence de l'entendre et j'espère qu'elle le jugera favorablement. » Et, le 1er septembre, insistant à nouveau : « Votre Excellence verra sans doute », écrit-il au ministre, « que le général n'a pas les torts qu'on lui avait imputés, et que les désordres auxquels a pu se livrer la troupe indisciplinée qui se trouvait sous ses ordres, ne proviennent pas de lui [1]. »

La vigueur de cette défense, si elle épargna à Cassan les poursuites que d'aucuns sollicitaient contre lui, n'empêcha pas que sa disgrâce ne durât jusqu'à la fin de la Restauration. Mis en non-activité le 1er juillet 1815, compris un moment, en 1818, comme disponible dans le cadre de l'état-major général de l'armée, il fut

mort le 14 janvier 1835. Capitaine au régiment de Hainaut, adjudant général au siège de Toulon, où il est blessé (1793), général de brigade (1799) ; de division (1803) ; baron de l'Empire, il fait les campagnes de Naples (1806-1811) et de Russie. Battu par Platov et Wittgenstein, il est contraint de signer, le 28 novembre 1812, une capitulation qui lui fut vivement reprochée. La Restauration nomma Partouneaux comte et lui donna les commandements successifs de la 8e division militaire, de la 10e, et de la 1re division d'infanterie de la Garde.

1. A G., Partouneaux à Gouvion-Saint-Cyr. Marseille, 1er septembre 1815.

admis à la retraite par ordonnance du 1er décembre 1824.

1830 faillit rompre la mauvaise chance qui paralysait son destin. Clausel avait remplacé Bourmont en Algérie. Il se souvint de Cassan, l'emmena avec lui et lui confia une brigade en lui disant : « Vous sentez qu'on ne peut nommer à un grade supérieur lorsqu'on remet en activité tous les retraités, mais vous serez porté aux premières nominations[1]. » Fidèle à cet engagement, il le recommanda chaleureusement à Soult, redevenu ministre de la Guerre. Cassan, de son côté, rappelait qu'en 1814, dans un cercle de généraux, le duc de Dalmatie avait loué sa conduite à Pampelune et promis de l'en récompenser. Le prince d'Eckmühl, pendant les Cent Jours, avait fait de même, et, sans la catastrophe de juin, son brevet de lieutenant-général eût été signé par l'Empereur. Voici maintenant que Clausel à son tour intervenait en sa faveur. Cassan priait l'ancien commandant en chef de l'armée des Pyrénées de « l'appuyer de son crédit ». « Je ne demande pas de faveur », expliquait-il non sans fierté, « ce serait la première fois ; mais la justice, que mes services et mon ancienneté de grade (je suis maréchal de camp depuis vingt

---

1. A G., Clausel à Cassan, 10 août 1830, cité par Cassan, dans sa lettre à Soult du 11 mars 1831.

ans) me font prendre la liberté de réclamer, et j'ose espérer de l'obtenir de vous [1]. »

Le ministre se contenta de répondre que « les dispositions de l'ordonnance du 15 novembre 1830 ne lui permettaient pas de proposer en ce moment au Roi de nomination dans l'état-major général ». Au demeurant, il examinerait « avec un véritable intérêt » le dossier de Cassan, lorsqu'on s'occuperait d'établir une promotion.

Mais aux premiers jours de 1831, le gouvernement de Louis-Philippe, peu enclin quant à présent à développer sa politique africaine, rappela une partie des forces de Clausel. Cassan dut se rembarquer pour Marseille, où il aborda le 3 mars. De cette dernière campagne, il rapportait une fièvre catarrhale compliquée de gastrite, dont les suites l'obligèrent à décliner les fonctions de commandant de la place de Cherbourg, qu'une décision du 16 mai 1832 lui assigna. Passé au cadre de réserve le 31 du même mois, il prit sa retraite définitive le 1er mai 1833. Ainsi se termina dans l'obscurité la carrière de cet homme dont le rare caractère s'était imposé à l'estime d'un Carlos de España.

Une déception, la plus cuisante de toutes, lui était réservée encore. Le 29 juillet 1836, la

1. A. G., Cassan à Soult. Alger, 9 décembre 1830.

France entière fêtait l'achèvement de l'Arc de Triomphe dont Napoléon, trente années plus tôt, avait décrété l'érection. Chalgrin en avait conçu le plan majestueux. Goust, Huyot et Blouet, y avaient travaillé tour à tour. Le ciseau de Rude en avait décoré la façade d'immortels chefs-d'œuvre et sur ses murs, parure d'orgueil et de gloire, s'étalaient les noms des grands acteurs de l'Épopée. La place de Cassan était au milieu de ses émules. Le 10 août 1836, il accomplit auprès du ministre de l'Intérieur les formalités nécessaires pour être inscrit « sur les massifs des arcades latérales ». Par une impardonnable négligence le nom du héros de Pampelune fut omis. Il s'indigna. Du fond de l'Aude où il vivait en reclus, il adressa, le 25 janvier 1843, à Soult, une fois de plus ministre de la Guerre, cette protestation attristée et vibrante : « Monsieur le ministre, mon nom n'a jamais figuré sur aucune des deux listes qui ont successivement été dressées pour l'inscription des officiers généraux sur l'Arc de Triomphe de l'Étoile. C'est sans doute de la part de ceux qui ont fait ce travail un oubli involontaire contre lequel je viens réclamer auprès de vous, et que je vous prie d'avoir la bonté de faire réparer.

« Je suis un vieux soldat de 1791. J'ai fait toutes les campagnes depuis cette époque. J'ai toujours servi avec zèle, exactitude, et souvent avec distinction, dans tous les grades que j'ai successivement occupés, et la conscience d'avoir honorablement rempli mon devoir me console de la fatalité qui a toujours semblé s'attacher à ma fortune militaire ; mais je serais toujours bien mortifié que mon nom ne fût pas gravé, comme celui de cent généraux, mes contemporains, sur le monument triomphal élevé à la gloire de l'armée [1]. » Ces quelques phrases, tracées sur un feuillet jauni par une main que l'âge et l'émotion ont fait trembler, ne sont-elles pas éloquentes dans leur simplicité ?

La réponse du duc de Dalmatie fut prompte [2]. C'était une fin de non-recevoir, polie et sèche. La commission instituée pour examiner, sous la présidence du maréchal duc de Reggio, les réclamations de cette nature avait depuis longtemps terminé son travail, et la liste d'inscription ayant été, vu le défaut d'espace, close définitivement sans que le nom du général y fût compris, le ministre se voyait « dans l'impossibilité absolue » de faire droit à sa demande.

Ayant essuyé cette humiliation suprême, Cassan ne sortit plus de son silence. Il s'éteignit à Lézignan le 20 janvier 1852, à plus de 81 ans, méconnu d'un petit nombre, ignoré des autres, digne d'être vengé par la postérité.

---

1. A G., Cassan à Soult. Lézignan, 26 janvier 1843.
2. A G., Soult à Cassan. Paris, 4 février 1843.

Maucune ne fut pas beaucoup mieux traité. La croix de Saint-Louis, obtenue le 5 octobre 1814, et sa nomination de maréchal de camp honoraire, accordée le 26 août 1824[1] en vertu d'une ordonnance royale qui faisait bénéficier, à titre honorifique, d'une promotion, tout officier qui aurait deux ans d'ancienneté dans le grade précédent à l'époque de sa retraite, et Maucune était colonel depuis vingt-quatre ans, telles furent les maigres faveurs par quoi les Bourbons récompensèrent le zèle qu'il afficha pour leur cause. Car nul plus que lui ne vit leur retour avec enthousiasme. Pendant les Cent Jours, il refusa de signer l'acte additionnel et s'exila dans son domaine du Mas, commune de Saint-Paulet, dans le Gard. Le prince d'Eckmühl lui ayant intimé, le 17 juin 1815, l'ordre de retourner à Paris pour concourir à la défense de la capitale, il n'y obtempéra point, et ne revint que le 18 juillet, lorsqu'il fut bien assuré que Louis XVIII était rentré aux Tuileries[2]. Un rapport de police du 17 août 1816 le dépeint comme n'ayant « pas marqué d'une manière défavorable pendant la dernière usurpation », et jouissant, ainsi que son frère le général, « d'une bonne réputation morale et politi-

---

1. A G., Dossier de Maucune. États de service.
2. A G., Maucune aux membres de la commission d'enquête, 27 décembre 1816.

que[2] ». Fort de ce témoignage et de l'appui du lieutenant-général commandant la première division militaire qui, à l'inspection de 1820, le déclarait « très disposé à bien servir le Roi, soit comme colonel de gendarmerie, soit comme commandant de place[2] », Maucune tâcha vainement à se faire employer. Il resta en demi-solde depuis le 8 février 1815 jusqu'au 13 juin 1824 où sa retraite fut liquidée. Maucune se consola de ses déboires en faisant à 48 ans passés un riche mariage[3]. Il mourut le 4 octobre 1845.

Quant à Quélern, voici ce que, le 29 novembre 1819, il déclarait au directeur de l'artillerie Evain : « J'étais loin de croire que la nécessité de défendre Pampelune serait cause d'un retard aussi prolongé pour mon avancement au grade de colonel. Je croyais avoir servi la France, et non pas des particuliers[4]. » Des trois il était pourtant celui qui avait le moins sujet de se plaindre. Libéré le 1er avril 1814, trois mois avant Cassan, chevalier de Saint-Louis le 19 juillet, officier de la Légion d'honneur le 24 août

1. A G., Rapport de police militaire. Extrait d'une lettre du ministre de la Police du 17 août 1816.
2. A G., Revue-Inspection de 1820. Paris, 25 septembre 1820.
3. Il épousa, en 1823, Lætitia-Hortense-Athenaïs Boyer (remariée en 1846 au marquis de Lagrange), dont il eut une fille, Louise-Lætitia Popon de Maucune, née le 24 septembre 1824, mariée en 1856 au comte Albéric de Bernis.
4. A G., Dossier de Quélern. Quélern au général Evain. Ajaccio, 29 novembre 1819.

de la même année, il se rallia à l'Empire des Cent Jours et fut présent à Waterloo, ce qui ne l'empêcha pas d'être, dès la fin de 1815, attaché à l'état-major de la garde royale. Successivement chef du génie à Brest (1816), directeur des fortifications en Corse (1818), colonel (1821) et directeur des fortifications à Brest (1822), il fut encore créé baron par ordonnance du 10 février 1824, confirmée par lettres patentes du 22 juillet 1830. Cette dernière distinction, à la vérité, n'ajoutait que peu de lustre à une maison qui avait produit les marquis de Paroy et les comtes de Rosmorduc. La monarchie de Juillet nomma Quélern maréchal de camp honoraire et lui alloua[1] une pension de retraite sur ce grade (1831). Conseiller général du Finistère, il décéda à Brest le 10 février 1843.

Si tant de courage et d'énergie dépensés à Pampelune ne portèrent pas bonheur à ses défenseurs, du moins le sort d'aucun d'entre eux n'égala-t-il l'horreur tragique de celui de leur vainqueur, Don Carlos de España. L'invasion française, en pénétrant des marches de l'Èbre aux côtes andalouses, n'avait pas seulement renversé les assises séculaires de la royauté bourbonienne. De l'Espagne officielle, imbue du philosophisme élégant d'un

1. Par ordonnance du 5 mars 1831 (A G., États de service d Quélern).

Charles III ou d'un d'Aranda, il n'était resté que le souvenir. Derrière cette façade pompeuse et fragile, tôt écroulée, les masses de la bourgeoisie et du peuple, jusqu'alors indifférentes, avaient été profondément atteintes. La Révolution, entrée dans la patrie du Cid à la suite des soldats de Napoléon, suscita parmi elles un éveil formidable d'idées et de passions. L'explosion se tourna d'abord contre l'envahisseur, mais, quand celui-ci eut repassé les monts, la nation ne sentit point s'apaiser la fièvre qui la tourmentait. Ayant cessé d'être absorbée par le souci patriotique, les querelles politiques commencèrent à la déchirer. Tour à tour écrasés ou triomphants, absolutistes et libéraux bouleversèrent de leur dispute le règne de Ferdinand VII. Après lui, pendant sept ans, la guerre carliste ensanglanta les provinces septentrionales, la Navarre, la Biscaye, l'Aragon, la Catalogne.

Le comte d'Espagne ne pouvait demeurer spectateur impassible du drame qui désolait la monarchie. Ennemi acharné de toute nouveauté, sincèrement attaché à la personne du Roi catholique et, depuis, à celle de son frère Don Carlos, il montra dans la défense de leurs intérêts cette animosité violente qui fit de lui l'un des plus redoutés parmi les « Apostoliques ».

Nommé en 1814 gouverneur de Tarragone, il s'érige en champion du pouvoir absolu, et cette attitude lui vaut, à la révolution de 1820, d'être relégué aux Baléares. Deux ans après, nous le retrouvons au Congrès de Vérone, plaidant devant la Sainte Alliance la cause de son souverain. En 1823, il applaudit au succès de l'expédition française qui restaure la puissance de Ferdinand VII. Désormais la voie des honneurs s'ouvre devant lui. Grand-croix de l'ordre de Charles III, capitaine général de l'Aragon, commandant de l'infanterie de la garde royale, il réprime en 1825 le complot réactionnaire de Don Jorge Bessières. Grand d'Espagne de première classe (1826), et envoyé comme capitaine général à Barcelone, il soumet la Catalogne à toutes les sévérités d'un régime dictatorial. Il commence par déjouer les menées des *agraviados* ou mécontents, qui jugent tiède la politique du ministre Calomarde et conspirent en faveur de Don Carlos du vivant même de Ferdinand, puis, secondé par le comte Villemur, chef de la police, il se donne la tâche plus appropriée à son tempérament de combattre tout ce qui, de près ou de loin, semble se rattacher aux hommes de 1820 et à leurs principes. Des emprisonnements et des exécutions ont lieu en 1828 et en 1829. Enfin, au bout de cinq ans, Marie-Christine, régente pendant une maladie du Roi, met fin au proconsulat du comte d'Espagne (1832) et le remplace par Llauder.

A la mort de Ferdinand VII, España se range sans hésiter sous la bannière de Don Carlos. Il prend les armes pour sa cause et guerroie en Navarre. Forcé en 1835 de se réfugier en territoire français, il y est désarmé et interné trois années. En 1838, il s'échappe et reparaît dans la Péninsule.

Cependant, après l'échec de sa grande expédition de 1837 contre Madrid, le Prétendant avait laissé pour le représenter en Catalogne le maréchal de camp Urbiztondo. Ce dernier, tandis que Cabrera bataille en Aragon, et qu'en Navarre Maroto se prépare à conclure avec les christinos la convention de Vergara, s'efforce vainement à créer une armée solide et régulière. Contrecarré par la junte catalane de Berga, il ne peut avoir raison des habitudes d'indépendance de chefs de bandes, tels que Tristany, Ibañez ou Eroles. Il s'épuise à la peine. Après un intérim du colonel Segarra, Carlos de España lui succède.

Il ne tarde pas à faire regretter Urbiztondo. A peine arrivé, il entreprend de rétablir par la terreur une exacte discipline. Sa justice cruelle, encore qu'impartiale, et son peu de succès contre le constitutionnel baron de Meer, lui aliénent les esprits. De Paris, le Prétendant annule sa nomination et lui substitue de nouveau le colonel Segarra. Mais la junte de Berga a résolu de se débarrasser du comte d'Espagne.

Elle le convoque à Avia où se tiennent ses séances. Là, après avoir éloigné son escorte par un subterfuge, on s'empare de sa personne. On l'oblige à quitter son uniforme de général pour les vêtements d'un paysan. On le hisse sur un mulet et, dans ce méchant appareil, on le dirige, lui assure-t-on, vers la frontière, sur Andorre, sous la conduite d'un des membres de la junte, le docteur Ferrer. A Organa, l'on rencontre le brigadier Porredon. C'est le principal ennemi du comte d'Espagne. Dès lors tout se prépare pour sa perte. A Casellas on le jette en prison. Il en sort à 8 heures du soir, le 8 novembre 1839. Sur la route du pont de la Sègre, le sinistre cortège s'arrête. España reste seul dans la nuit avec le guide qui doit le mener à Andorre. Ils se remettent en marche. A l'entrée du pont, deux hommes attendent. Ils se saisissent du comte, l'étourdissent d'un coup de bâton, ligottent ses membres et l'étranglent avec une corde. Puis on dépouille le cadavre de ses vêtements, on lui attache une grosse pierre au cou, et on le précipite dans le fleuve. « Encore de l'eau qui va à la rivière ! » s'écrie avec ironie le capitaine Balta, l'un des assassins[1].

Ainsi périt le comte d'Espagne, vainqueur de Pampelune.

1. G. Hubbard, *Histoire contemporaine de l'Espagne*, 2ᵉ série, t. II. — H. Reynald, *Histoire de l'Espagne depuis la mort de Charles III jusqu'à nos jours*, passim, etc.

PRINCIPALES SOURCES

MANUSCRITS

Archives du ministère de la Guerre.

1) *Archives historiques.* —Correspondance de l'armée
d'Espagne (juin, juillet, août, septembre, octobre,
novembre 1813). — *Rapport du général Cassan.* —
Journal du blocus de Pampelune et *Analyse du Journal
du blocus de Pampelune*, par le baron Louis DE MAU-
CUNE. — *Mémoire sur la défense de Pampelune*, par le
major LE GENTIL DE QUÉLERN.

2) *Archives administratives.* — Dossiers de Cassan, de
Maucune, de Le Gentil de Quélern, de Doguereau, etc.

BIBLIOGRAPHIE

AUTEURS FRANÇAIS

AUGOYAT (lieutenant-colonel), *Précis des campagnes et des
sièges d'Espagne et de Portugal de 1807 à 1814, d'après
l'œuvre de M. Belmas..., les dépêches du duc de Wel-*

lington et autres ouvrages, accompagné d'une carte militaire de la Péninsule. — Paris, 1829, in-8°.

BELMAS (Commandant J.), *Journaux des sièges faits ou soutenus par les Français dans la Péninsule de 1807 à 1814, rédigés d'après les ordres du gouvernement sur les documents existant aux Archives de la Guerre et au Dépôt des fortifications*. Paris, 1836-1837; 4 vol. in-8° et un atlas gr. in-fol.

CAREL (Commandant Auguste), *Précis historique de la guerre d'Espagne et du Portugal de 1808 à 1814, contenant la réfutation des ouvrages de MM. Sarrazin et Alphonse de Beauchamp, avec des détails sur la bataille de Toulouse*. Paris, 1815; in-8°.

CLERC (commandant), *Campagne du maréchal Soult dans les Pyrénées occidentales en 1813-1814, d'après les archives françaises, anglaises et espagnoles*. Paris, 1894; in-8°.

DUMAS (Lieutenant-colonel J.-B.), *Neuf mois de campagne à la suite du maréchal Soult*. Paris, 1907; in-8°.

FÉE (A.-L.-A.), *Souvenirs de la guerre d'Espagne, dite de l'Indépendance (1809-1813)*. Paris, 1856; in-12.

GEOFFROY DE GRANDMAISON, *Le Siège de Pampelune*, dans la *Revue hebdomadaire* du 11 octobre 1913.

GIROD DE L'AIN (Maurice), *Vie militaire du général Foy*. Paris, 1900; in-8°.

GUILLON (Ed.), *Les guerres d'Espagne sous Napoléon*. Paris, 1902; in-12.

Mémoires et correspondance politique et militaire du roi JOSEPH, publiés par A. du Casse, t. IX. Paris, 1854; in-8°.

Mémoires militaires du maréchal JOURDAN (*Guerre d'Espagne*) *écrits par lui-même...*, publiés par le vicomte de Grouchy. Paris, 1899; in-8°.

LAMIRAUX (Général), *Études de Guerre. — La manœuvre de Soult (1813-1814)*. Paris, 1902; in-8°.

LAPÈNE (Édouard), *Campagnes de 1813 et 1814 sur l'Èbre,*

les *Pyrénées et la Garonne, précédés de considérations sur la dernière guerre d'Espagne*. Paris, 1823 ; in-8°.

MARTIN (E.), *La Gendarmerie française en Espagne. Campagnes de 1807-1814*. Paris 1898 ; in-8.

PELLOT (Joseph), *Mémoires sur la campagne de l'armée française, dite des Pyrénées, en 1813 et 1814*. Bayonne, 1818 ; in-8°.

SARRAZIN (maréchal de camp), *Histoire de la guerre d'Espagne et de Portugal de 1807 à 1814..., ornée de la carte d'Espagne et de Portugal, où sont tracées les marches des armées françaises, anglaises et espagnoles... dressée par M. Lapie, directeur du cabinet topographique du Roi*. Paris, 1814 ; in-8°.

Mémoires du maréchal SUCHET, *duc d'Albuféra, sur ses campagnes en Espagne depuis 1808 jusqu'à 1814, écrits par lui-même*. Paris, 1828 ; 2 vol., in-8°, atlas in-fol.

THIERS (A.), *Histoire du Consulat et de l'Empire ; t. VIII et XVII*. Paris, 1860 ; in-8°.

AUTEURS ANGLAIS

The Peninsular War, March 1811, to the close of the War in 1814, by J. N. ANDERSON *F. R. Hist. soc. Barrister at Law*. London, 1906.

ATKINSON (C. T.), *The composition and organisation of the british force in the Peninsula, 1808-1814*, dans *English Hist. Rev.*, 1902, p. 110-133.

Campaign of the left wing of the allied army in the western Pyrenees and South of France, in the years 1813-1814 under field marshal the marquess of Wellington. Illustrated by a detailed plan of the operations and numerous plates of mountain and river scenery drawn undetched by captain BATTY, *of the first of grenadier guards*. London, 1823 ; in-4°.

Memoir, written by general sir HEW DALRYMPLE, *bart., of*

his procedings as connected with the affairs of Spain and the commencement of the Peninsular war. London, 1830; in-8°.

Account of the war in Spain, Portugal and the South of France from 1808 to 1814 inclusive... By JOHN T. JONES, lieutenant-colonel, corps of royal engineers. Second edition (Maps). London, 1821; 2 vol., in-8°.

The private Journal of Judge Advocate LARPENT, *attached to the head quarters of lord Wellington during the Peninsular War, from 1812 to its close.* London, 1854.

Histoire de la guerre de la Péninsule et dans le midi de la France depuis l'année 1807 jusqu'à l'année 1814, publiée à Londres par W.-F.-P. NAPIER, lieutenant-colonel. Traduction revue, corrigée et enrichie de notes par M. le lieutenant-général comte MATHIEU DUMAS (continuée par M.-A. FOLTZ, chef d'escadron au corps royal d'état-major). Paris, t. I à X, 1828, 1830, 1834, 1836, 1838, Treuttel et Wurtz; et t. XI et suiv., 1844, Leneveu; 13 volumes in-8°.

Wellingtons campaigns Péninsula — Waterloo (1808-1815), also Moore's campaign of Corunna for military Students, by major general C. W. ROBINSON. London, 1906.

Histoire de la guerre de la Péninsule sous Napoléon, par ROBERT SOUTHEY, poète lauréat d'Angleterre, traduite par M. LARDIN. Paris, 1818.

Histoire de la guerre de la Péninsule (années 1808 et suivantes) par le lieutenant-général CHARLES WILLIAM VANE, marquis de Londonderry. Paris, 1828; 2 vol., in-8°.

Journal du lieutenant Woodberry, 1813-1815, traduit de l'anglais par GEORGES HÉLIE. Paris, 1896, in-12.

AUTEURS ESPAGNOLS

Observaciones sobre la historia de la guerra de España que escribieron los señores Clarke, Southey, Londonderry y

Napier, por D. Jose Canga Argüelles. Londres, 1829; 2 vol., in-8°.

Arteche y Moró (général de), *Guerra de la Independencia. Historia militar de España de 1808 à 1814.* Madrid, 1901. (Public. du dépôt de la Guerre.)

Resumen historico militar de la guerra de la Independencia española de 1808 à 1814, por Julian Sanz Martinez, sargento de infanteria. Madrid, 1880.

Cuadro historico-cronologico de los movimientos y principales acciones de los ejercitos beligerantes en la Peninsula, por la seccion de historia militar; in-plano, 1818.

Esplicacion del cuadro historico-cronologico de los movimientos y principales acciones de los ejercitos beligerantes en la Peninsula, durante la guerra de España contra Bonaparte, formado en 1818 por la seccion de historia militar. Barcelona, 1822; in-4°.

Comte de Toreno, *Historia del Levantamiento, guerra y revolucion de España desde 1806 hasta 1814*, 5 vol. Madrid, 1837-1838.

Marin (Ibañez) *Bibliografia de la guerra de la Independencia*, Madrid, 1908; in-4°.

FIN

TABLE DES MATIÈRES

		Pages.
Avant-propos		VII

LIVRE PREMIER

Pampelune investie.

Chapitre Ier. — Le passé de Pampelune		1
— II. — Pampelune au lendemain de Vitoria.		8
— III. — Cassan, Maucune, Quélern		22
— IV. — L'organisation de la défense et les premières sorties		44
— V. — Le mirage de la délivrance.		68

LIVRE II

L'effort de Soult.

Chapitre Ier. — Les embarras du roi Joseph		82
— II. — Arrivée de Soult. — Ses instructions. — Ses projets		100
— III. — La marche sur Pampelune		115
— IV. — La retraite de Sumbilla		131

Pages.

Chapitre V. — San-Marcial. — Perte de Saint-Sébastien 143
— VI. — Pampelune et le plan de Wellington. 164

LIVRE III

L'agonie de Pampelune.

Chapitre Iᵉʳ. — D. Carlos de España, commandant du blocus 179
— II. — Les combats de septembre. 193
— III. — Pampelune affamée. 208
— IV. — La dernière sortie. — Les menaces de D. Carlos. 223
— V. — Le sacrifice. 236
— VI. — Après la capitulation 253
— VII. — Le sort des adversaires. 270
Principales sources. 293

3924. — Tours, Imp. E. Arrault et Cⁱᵉ

9 782329 023199